陕西省普通高等学校优势学科"中国语言文学"建设项目经费资助

陕西省社会科学规划项目"汉语复句格式与认知层面关系研究"（2015K026）研究成果

"小三角"视域下 汉语复句问题研究

丁力 宋增文 主编

中国社会科学出版社

图书在版编目（CIP）数据

"小三角"视域下汉语复句问题研究/丁力，宋增文主编. —北京：
中国社会科学出版社，2018.8
ISBN 978 – 7 – 5203 – 2575 – 2

Ⅰ.①小⋯ Ⅱ.①丁⋯②宋⋯ Ⅲ.①汉语—复句—研究
Ⅳ.①H14

中国版本图书馆 CIP 数据核字（2018）第 107469 号

出 版 人	赵剑英
责任编辑	周晓慧
责任校对	无 介
责任印制	戴 宽

出　　版	中国社会科学出版社
社　　址	北京鼓楼西大街甲 158 号
邮　　编	100720
网　　址	http://www.csspw.cn
发 行 部	010 – 84083685
门 市 部	010 – 84029450
经　　销	新华书店及其他书店

印　　刷	北京明恒达印务有限公司
装　　订	廊坊市广阳区广增装订厂
版　　次	2018 年 8 月第 1 版
印　　次	2018 年 8 月第 1 次印刷

开　　本	710 × 1000　1/16
印　　张	20.75
插　　页	2
字　　数	300 千字
定　　价	88.00 元

编委会

（以姓氏笔画为序）

目　　录

目　录

序

　　2017 年 12 月初，我从位于科技城绵阳的前身为清华分校的西南科技大学来到位于汉中的原为北大分校的陕西理工大学，见到阔别已久的老相识老朋友丁力教授，他命我为他主编的三部书写序。这三部书是《小三角视域下汉语复句问题研究》《小三角视域下汉语因果类复句研究》《小三角视域下汉语转折类复句研究》，分量厚重，是陕西省社会科学规划项目"汉语复句格式与认知层面关系研究"（2015K026）系列研究成果，即将在陕西省普通高等学校优势学科中国语言文学建设项目经费资助下出版，十分令人兴奋。

　　丁力博士，是享誉中外声闻遐迩的著名语言学家邢福义教授的高足，陕西理工大学汉语言文字学学科负责人，在顶级刊物《中国语文》等上发表三十几篇论文。他遵循邢福义先生提出的"两个'三角'"的研究思路，努力践行华中师范大学"求实创新　立德树人"的校训，践行华大语言研究所和语言学系"抬头是山，路在脚下"的所训和系训，践行陕西理工大学"明德、砺志、博学、笃行"的校训，堪称楷模，令人钦佩。丁力教授的高足——优秀研究生宋增文君，也擅长汉语复句格式与认知层面关系研究，仅读研期间就发表了 12 篇论文。丁力教授为首的团队在前人已有精湛研究成果如王维贤等《现代汉语复句新解》、邢福义《汉语复句研究》等论著的基础上，又把现代汉语复句研究扎扎实实地向前推进了一步。

　　复句是重要的句子类型，情况十分复杂。复句分类有两分法和三分法两种。两分法一般是先分为联合复句和偏正复句，然后再往下分。例如：

序

北京大学中国语言文学系汉语教研室编《现代汉语》上册①：

一　联合复句　（一）并列　（二）选择　（三）递进
（四）连贯　（五）分合
二　偏正复句　（一）转折　（二）因果　（三）假设
（四）条件　（五）目的
（六）相承　（七）补充（1993 年版《现代汉语》改为时间）

胡裕树主编《现代汉语》②：

一　联合复句　（一）并列关系　（二）连贯关系
（三）递进关系　（四）选择关系
二　偏正复句
（一）因果关系
（二）转折关系
（三）条件关系　1. 假设的条件　2. 特定的条件　3. 无条件的条件
（四）让步关系

北京大学的《现代汉语》和胡裕树主编的《现代汉语》这两部书关于联合复句和偏正复句下面各类都是平列的。
邢公畹主编的《现代汉语教程》③ 和马庆株主编的《现代汉语》④关于复句的分类是：

一　联合复句　（一）并列关系　（二）连贯关系

① 高等教育出版社 1958 年版。
② 上海教育出版社 1981 年版。
③ 南开大学出版社 1992 年版。
④ 中国社会科学出版社 2010 年版。

（三）递进关系　（四）选择关系

二　偏正复句

（一）顺接的偏正复句　1. 因果关系　2. 目的关系　3. 条件关系　4. 假设关系

（二）转接的偏正复句

1. 单纯转折关系　A 重转（但是　可是）　B 轻转（只是　不过）

2. 让步转折关系　A 一般让转关系　B 假设让转关系

虽然也是二分的，但明显不同于前面分类的偏正复句下面各个小类不是平列的，而是先分为顺接、转接两类，然后在顺接、转接两类下面再分别列出所属小类。

王维贤先生等《现代汉语复句新解》①也是二分的，分出许多层。每次都是二分，每次用一个标准。与上面分类的不同之处在于，先分为意合句和形合句，在形合句里再逐层分类：

一　单纯的

（一）条件的

1. 一般条件

（1）必要条件（唯一条件）

（2）非必要条件（充分条件）　A 充分条件　B 无条件

2. 非一般条件（复杂条件）

（1）假设　A 一般假设　B 转折

（2）非假设

A 因果　a 一般因果　b 非一般因果（复杂因果）　i 推断 ii 转折

B 非因果——目的

（二）非条件的（联合的）

---

① 华东师范大学出版社 1994 年版。

1. 选择 （1）相容的 （2）非相容的 A 一般的（不相容） B 非一般的（优选）

2. 非选择

（1）简单并列

（2）非简单并列 A 连贯 B 非连贯 a 递进 b 非递进 i 总分 ii 非总分

二 非单纯的——"否则"句

邢福义《汉语复句研究》①中复句分类是直接三分的，比较简明。具体分类如下：

一 因果类复句 （一）因果句 （二）推断句 （三）假设句 （四）条件句 （五）目的句

二 并列类复句 （一）并列句 （二）连贯句 （三）递进句 （四）选择句

三 转折类复句 （一）转折句 （二）让步句（实让 虚让 总让 忍让） （三）假转句

逻辑学和语言学兼善的王维贤先生和曾被苏联译者誉为"汉语逻辑语法学派奠基人"的邢福义先生都是从逻辑角度研究复句的，他们各具特色，各有千秋。邢福义《汉语复句研究》2006 年荣获中国高校第四届人文社会科学研究优秀成果一等奖。

强将麾下无弱兵。丁力教授主编《小三角视域下汉语复句问题研究》分析并列复句和跨类复句（跨并列、因果类，跨并列、转折类，跨因果、转折类，跨并列、因果、转折类）。《小三角视域下汉语因果类复句研究》和《小三角视域下汉语转折类复句研究》分别做了几类因果句和转折句的专题研究。专题研究把复句研究引向深入，具有启示意义。这套系列专书包括丁力教授指导的研究生所写的 14 篇

---

① 商务印书馆 2001 年版。

硕士学位论文，选题相关，弘扬了邢福义先生和丁力老师的学术思想，每个题目都力争做到"充分观察、充分描写、充分解释"，在前人已有许多研究成果的情况下又有新的开拓、新的发现，发前人之所未发处很多，值得称道，闪光之处令人耳目一新，令人佩服！例如，宋增文《"如果 A，就 B"句式考察》提出，"如果"句是跨类复句，提出并分析了因果型、并列型、转折型"如果"句分别包含的复合语义关系。假设关系中包含因果、推断、目的、条件、选择、并列、转折等关系。丁力老师指导学位论文写作的方法很科学，每篇论文都要讨论多次，既保证了写作水平，又让参与讨论者考虑别人的论文，切实提高了研究生的培养质量。这种方法值得推而广之。

以宋增文君为代表的陕西理工大学年轻语言科学工作者的迅速崛起尤其令人欣喜。师生可以形成人才群，形成学派。中国应该对世界、对语言科学有较大的贡献，应该有中国的学派。一种语法研究理论方法好不好，检验的标准只能是语法研究的实践。我们应该以兼容并包的胸怀尊重、欣赏、学习和借鉴同胞的学术贡献，包括学术理论方法的贡献。学派形成是学科走向成熟的标志，盼望看到中国诸多学派的形成和壮大。中国语法学者应该有充分的学术自信，有充分的中国特色的学术道路自信。盼望百花齐放百家争鸣的学术春天持久繁荣，分量厚重的实实在在的系列成果不断涌现，盼望中国学者包括丁力教授为首的人才群为汉语语法研究不断做出新的贡献！

是为序。

马庆株

于南开大学龙兴小区忧乐斋

2018 - 05 - 20

复句格式与认知层面关系散论

——兼谈小句拓展结构的认知层面问题

（代前言）

丁 力

一

人们借用不同关系词语构建不同复句格式①，其目的到底是什么？在我们看来，一个重要的目的就是表达大脑思维不同认知层面的相互关系。

大脑思维的一个重要认知层面，是客观反映层面。所谓客观反映层面，是指人们在认识客观世界的过程中，大脑直接反映客观现实的认知层面。例如：

（1）李华虽然是中国人，可他却是黄头发。

（2）李华是北方人，王莹也是北方人。

在以上两例中，不管哪一例，客观反映层面的认识都是前分句 A 真实，后分句 B 真实。用信赖程度②来描述就是：

---

① 参见邢福义《汉语复句研究》，商务印书馆 2001 年版，第 303—337 页。

② 信赖程度是美国数学家 G. 波利亚（1985）在《数学与似真推理》一书中提出的概念，用来描述人们对命题的相信程度，用概率符号 P {x}（x 表示任一命题）来刻画，其值取区间 [0, 1] 中的某个值。比如，P {x} =0，表示 x 假；P {x} =0.5，表示不知道 x 是真是假；P {x} =1，表示 x 真；0<P {x} <0.5，表示 x 成立的可能性小；0.5 <P {x} < 1，表示 x 成立的可能性大。P {y/x}，表示在 x 真的条件下对 y 的信赖程度。

1

$$P\{A\}=1，并且 P\{B\}=1$$

这就带来一个问题：既然从客观反映层面看，上述两个复句都表示 A 真实，B 也真实，那么为什么还要选用不同的复句格式？这就不能不分析它们在主观推测层面所存在的差异了。

主观推测层面是大脑思维另一个重要的认知层面，是指人们在认识客观世界的过程中，大脑依据自己的生活经验、背景知识等，对客观现实情况进行主观猜测、主观认定的认知层面。

比如例（1），从客观反映层面看，李华是中国人是真实的，李华是黄头发也是真实的，但说话人不仅仅想表达客观反映层面所具有的这种认识，他还想表达自己的另一种认识："如果李华是中国人，那么他是黄头发的可能性小。"用信赖程度来描述，就是 $0<P\{$李华是黄头发/李华是中国人$\}<0.5$，而这样的认识当然属于主观推测层面的认识。为了表达客观反映层面与主观推测层面在认识客观世界中所存在的上述关系，说话人选用了转折类复句中的复句格式"虽然 A，可｜却 B"。

再如例（2），从客观反映层面看，李华是北方人是真实的，王莹是北方人也是真实的，但说话人不仅仅想表达客观反映层面所具有的这种认识，他还想表达自己的另一种认识："李华是北方人既不影响王莹是北方人成立，也不影响王莹是北方人不成立，也就是李华是北方人对王莹是北方人并不存在任何制约作用。"用信赖程度来描述，就是 $P\{$王莹是北方人/李华是北方人$\}=0.5$，而这样的认识当然也属于主观推测层面的认识。为了表达客观反映层面与主观推测层面在认识客观世界中所存在的上述关系，说话人选用了并列类复句中的复句格式"A，也 B"。

复句格式与认知层面的对应关系比较复杂。有的复句格式与认知层面的对应关系相对稳定，有的复句格式与认知层面的对应关系并不稳定。复句格式与认知层面具有什么样的对应关系，这是复句考察不能不关注的问题。

二

所谓复句格式与认知层面的对应关系相对稳定，是指特定的复句格式能稳定地对应特定认知层面所具有的特定认识。

汉语因果类复句中的复句格式"因为 A，所以 B"就属于这种情况。该复句格式能稳定地表达大脑不同认知层面所具有的下列认识：

主观推测层面：$0.5 < P\{B/A\} \leq 1$

客观反映层面：$P\{B/A\} = 1$

$\qquad P\{A\} = 1$，并且 $P\{B\} = 1$

例如：

（3）因为他的档期有问题，所以我们决定用新人。（周星驰《喜剧之王》)①

（4）因为青岛的节气晚，所以樱花照例是在四月下旬才能盛开。（老舍《五月的青岛》)

（5）因为它难读，所以它不普及。（姚淦铭《老子谈成功之道》)

（6）因为雍正在天坛斋戒所要祭天，所以雍正没在场。（阎崇年《清十二帝疑案（七）雍正（上）》)

比如例（3），从主观推测层面看，说话人认为，在他的档期有问题的情况下，我们决定用新人应该成立或成立的可能性大（$0.5 < P\{$我们决定用新人/他的档期有问题$\} \leq 1$）；从客观反映层面看，说话人认定：如果他的档期有问题是真实的，那么我们决定用新人也是真实的（$P\{$我们决定用新人/他的档期有问题$\} = 1$），而说话人知道：他的档期有问题是真实的（$P\{$他的档期有问题$\} = 1$），由此推出的我们决定用新人事实上也是真实的（$P\{$我们决定用新人$\} = 1$）。

这里有个问题需要说明一下：在"因为 A，所以 B"复句格式中，主观推测层面的 $0.5 < P\{B/A\} \leq 1$ 以及客观反映层面的 $P\{B/A\} = 1$，这两种不同认识之所以能够在说话人大脑中同时存在，是因

① 本文语料主要采自北京大学中国语言学研究中心（CCL）语料库，个别为网络语料。在此表示衷心感谢。未标明出处的例句为自拟。

为它们反映的是大脑不同认知层面的认识。比如例(5),主观推测层面的认识是:在它难读的情况下,"它不普及"应该成立或成立的可能性大($0.5 < P\{它不普及/它难读\} \leq 1$),而这样的认识是说话人依据自己的生活经验、背景知识等,对两种情况——"它难读"以及"它不普及"所具有的相互关系的一种主观猜测;而在客观反映层面,他明确认定:如果它难读是真实的,那么它不普及也是真实的($P\{它不普及/它难读\} = 1$),这样的认识就不是主观猜测,而是客观现实情况在说话人大脑中的反映。值得注意的是,尽管主观推测层面的$0.5 < P\{B/A\} \leq 1$与客观反映层面的$P\{B/A\} = 1$都反映了大脑不同认知层面的认识,二者存在明显差异,但它们还是紧密相关的,具有无法割裂的内在联系,也就是说话人主观推测层面对客观现实的猜测和推断,会不知不觉地影响他客观反映层面对客观现实的理解和判断。对于"因为A,所以B"这样的复句格式来说,说话人之所以在客观反映层面具有$P\{B/A\} = 1$这样的认识,实际上是以主观推测层面的认识$0.5 < P\{B/A\} \leq 1$为依据的。如果主观推测层面不能形成$0.5 < P\{B/A\} \leq 1$这样的认识,那么他在客观反映层面要想形成$P\{B/A\} = 1$这样的认识,也就成了无源之水、无本之木。

不妨观察下列两个病句:

(7)﹡因为村子的东头住着赵二宝,所以村子的西头住着刘大明。

(8)﹡因为路上堵车,所以老王及时赶到了会场。

比如例(7),在主观推测层面,说话人不可能依据生活经验、背景知识等形成这样的认识:在村子的东头住着赵二宝的情况下,村子的西头就应该住着刘大明或住着刘大明的可能性大(即$0.5 < P\{B/A\} \leq 1$不成立),因而在客观反映层面,说话人也就无法形成这样的认识:如果村子的东头住着赵二宝,那么村子的西头就会住着刘大明(即$P\{B/A\} = 1$不成立)。由于客观反映层面$P\{B/A\} = 1$不成立,说话人也就无法借用"因为A,所以B"这样的复句格式来表达"村

子的东头住着赵二宝"与"村子的西头住着刘大明"这两个命题实际上不可能存在的因果联系。事实上，依据背景知识，说话人形成的主观推测层面的认识应该是 P｛B/A｝＝0.5，也就是村子的东头住着赵二宝对村子的西头住着刘大明不存在制约作用，说话人如果想表达自己的思想，他可以选用并列类复句中的复句格式"A，而 B"："村子的东头住着赵二宝，而村子的西头住着刘大明。"

再如例（8），在主观推测层面，说话人不可能依据生活经验、背景知识等形成这样的认识：在路上堵车的情况下，老王就应该及时赶到会场或及时赶到会场的可能性大（即 0.5＜P｛B/A｝≤1 不成立），因而在客观反映层面，说话人也就无法形成这样的认识：如果路上堵车，那么老王就会及时赶到会场（即 P｛B/A｝＝1 不成立）。所以，说话人同样无法借用"因为 A，所以 B"这样的复句格式来表达"路上堵车"与"老王及时赶到会场"这两个命题实际上不可能存在的因果联系。事实上，依据背景知识，说话人形成的主观推测层面的认识应该是 0＜P｛B/A｝＜0.5，也就是在路上堵车成立的情况下，老王及时赶到会场的可能性小，说话人如果想表达自己的思想，可以选用转折类复句中的复句格式"虽然 A，可｜仍然 B"："虽然路上堵车，可老王仍然及时赶到了会场。"

三

所谓复句格式与认知层面的对应关系不稳定，是指特定的复句格式不能稳定地对应特定认知层面所具有的特定认识。

这种情况又可以从两个不同的视角来观察。第一个视角，特定复句格式所构成的复句分属复句三分系统中的不同复句类型，而不同复句类型的认知层面反映不同的特定认识。汉语中的"一 A，就 B"复句格式就属于这种情况。由该复句格式构成的复句可能属于并列类复句，也可能属于因果类复句。①

---

① 邢福义：《汉语复句研究》，商务印书馆 2001 年版，第 519—524 页。

属于并列类复句的如：

（9）话一出口，眼泪就沿着腮帮子滚了下来。（老舍《四世同堂》）

（10）她一回到自己的化妆间，剧务就来告诉她，有人在剧场后面的院里等她。（陈建功、赵大年《皇城根》）

（11）她放慢脚步，想看个究竟，刚一转身，就看见老三向她跑过来。（艾米《山楂树之恋》）

（12）他一说完，马上跑得不见踪迹。（于晴《红苹果之恋》）

这时，"一 A，就 B"复句格式所反映的不同认知层面的认识是：

主观推测层面：$P\{B/A\}=0.5$。

客观反映层面：$P\{A\}=1$，并且 $P\{B\}=1$。

比如例（9），从主观推测层面看，说话人当然会认为"话出口对眼泪沿着腮帮子滚了下来"不会形成任何制约作用（$P\{$眼泪沿着腮帮子滚了下来/话出口$\}=0.5$）；从客观反映层面看，说话人自然知道，话出口是真实的（$P\{$话出口$\}=1$），眼泪沿着腮帮子滚了下来也是真实的（$P\{$眼泪沿着腮帮子滚了下来$\}=1$）。

属于因果类复句的又有两种不同情况：一是"一……就……"表示条件，相当于"只要……就……"；二是"一……就……"表示因果，相当于"由于/因为……（所以）就……"[1] 在这两种不同情况下，认知层面所反映的认识也存在着差异。

先看表条件的"一……就……"例句：

（13）一闭上眼睛就能看到他们，和真的一模一样。（余华《偶然事件》）

（14）整天一想到回家我就恶心。（六六《双面胶》）

---

[1] 邢福义：《汉语复句研究》，商务印书馆 2001 年版，第 521—523 页。

(15) 人一撕破脸，就不对劲了。(李敖《李敖对话录》)

(16) 一打她，她就躲到他的身后去。(白先勇《白先勇短篇小说集》)

这时，"一A，就B"复句格式所反映的不同认知层面的认识是：

主观推测层面：$0.5 \leqslant P\{B/A\} \leqslant 1$。

客观反映层面：$P\{B/A\} = 1$。

比如例 (13)，从主观推测层面看，说话人当然会认为"闭上眼睛"对"能看到他们"不会形成任何制约作用（$P\{$能看到他们/闭上眼睛$\} = 0.5$）；从客观反映层面看，说话人知道，只要"闭上眼睛"是真实的，能看到他们也是真实的（$P\{$能看到他们/闭上眼睛$\} = 1$）。再如例 (15)，从主观推测层面看，说话人认为，在"人撕破脸"的情况下，"不对劲了"成立或成立的可能性大（$0.5 < P\{$不对劲了/人撕破脸$\} \leqslant 1$）；从客观反映层面看，说话人知道，只要"人撕破脸"是真实的，"不对劲了"也是真实的（$P\{$不对劲了/人撕破脸$\} = 1$）。

这里有个问题需要说明一下：如果主观推测层面的认识是 $0.5 < P\{B/A\} \leqslant 1$，那么客观反映层面就能形成 $P\{B/A\} = 1$ 这样的认识，这比较容易理解。但其中还包含着这样一种情况：主观推测层面的认识是 $P\{B/A\} = 0.5$，而客观反映层面照样能形成 $P\{B/A\} = 1$ 这样的认识，好像就不那么合理了。其实，这种主观推测层面的认识与客观反映层面的认识之所以能够彼此关联，是因为相同或类似的生活经验等一次次重复的结果。再如例 (13)，尽管从主观推测层面看，"闭上眼睛"对"能看到他们"不会形成任何制约作用（$P\{$能看到他们/闭上眼睛$\} = 0.5$），但如果每次闭上眼睛都能看到他们，那么依据这样的生活经验，说话人在客观反映层面照样会形成这样的认识：只要"闭上眼睛"是真实的，"能看到他们"也是真实的（$P\{$能看到他们/闭上眼睛$\} = 1$）。

再看表因果的"一……就……"例句：

（17）一想到崔晓勇小自己14岁，她打断了这非分之想。（王宏武、王成志《公款包装的"爱情"》）

（18）这个女的是女老师，报上一曝光，觉得脸上没面子了，就自杀了……（李敖《李敖有话说》）

（19）仔细一分析，就发觉这其中问题不少。（《报刊精选》1994年）

（20）一想起了这些往事，他就精神焕发信心百倍了。（曲波《林海雪原》）

这时，"一A，就B"复句格式所反映的不同认知层面的认识是：

主观推测层面：$0.5 < P\{B/A\} \leq 1$。

客观反映层面：$P\{B/A\} = 1$，

$P\{A\} = 1$，并且 $P\{B\} = 1$。

比如例（17），从主观推测层面看，说话人会认为在"想到崔晓勇小自己14岁"的情况下，她"打断了这非分之想"成立或成立的可能性大（$0.5 < P\{$她打断了这非分之想/想到崔晓勇小自己14岁$\} \leq 1$）；从客观反映层面看，说话人认定：如果"想到崔晓勇小自己14岁"是真实的，那么她"打断了这非分之想"也是真实的（$P\{$她打断了这非分之想/想到崔晓勇小自己14岁$\} = 1$），而说话人知道：想到崔晓勇小自己14岁是真实的（$P\{$想到崔晓勇小自己14岁$\} = 1$），由此推出的她"打断了这非分之想"也是真实的（$P\{$她打断了这非分之想$\} = 1$）。

第二个视角，也就是特定复句格式所构成的复句都属于复句三分系统中的相同复句类型，但这种相同的复句类型在不同认知层面照样会反映不同的特定认识。比如，转折类复句中的复句格式"虽然A，但是/但B"就属于这种情况。该复句格式反映了大脑不同认知层面的认识，包括两种不同类型。

第一种类型，"虽然A，但是/但B"表示大脑不同认知层面所具有的下列认识：

主观推测层面：$0 < P\{B/A\} < 0.5$。

客观反映层面：$P\{A\} = 1$，并且 $P\{B\} = 1$。

例如：

（21）我虽然愿意嫁给何利文，但是，我并不爱他。（岑凯伦《合家欢》）

（22）他们虽然不彻底，但究竟是认真的。（张爱玲《自己的文章》）

（23）全村虽然分成了三派，但这个会得在一块开。（刘震云《故乡天下黄花》）

（24）他们虽然都是江南的，但是他们实际上正好是我们传统的两个胡琴体系的不同的传承人。（袁静芳《刘天华的二胡情韵》）

比如例（21），从主观推测层面看，说话人会认为在"我愿意嫁给何利文"的情况下，"我并不爱他"的可能性小（$0 < P\{$我并不爱他$/$我愿意嫁给何利文$\} < 0.5$）；而从客观反映层面看，说话人知道，"我愿意嫁给何利文"是真实的（$P\{$我愿意嫁给何利文$\} = 1$），"我并不爱他"也是真实的（$P\{$我并不爱他$\} = 1$）。

这些由"虽然 A，但是/但 B"复句格式所构成的复句都属于实让句，这种实让句其实是由因果类复句转化来的，可称为因果逆转实让句。[1] 能转化成因果逆转实让句的因果类复句，其复句格式在主观推测层面所反映的认识是 $0.5 < P\{B/A\} \leqslant 1$，因而与它相对应的因果逆转实让句的复句格式"虽然 A，但是/但 B"，其主观推测层面所反映的认识自然是 $0 < P\{B/A\} < 0.5$。[2] 比如例（23）"全村虽然分

---

① 邢福义：《语法问题探讨集》，湖北教育出版社 1986 年版，第 273—295 页。

② 因果类复句转化成因果逆转实让句，是通过否定后一分句实现的（参看邢福义《语法问题探讨集》，第 291 页）。我们知道，$P\{B/A\} + P\{\neg B/A\} = 1$。由于因果类复句在主观推测层面的认识是 $0.5 < P\{B/A\} \leqslant 1$，由因果类复句转化成的因果逆转实让句，其主观推测层面的认识应该是 $0.5 < 1 - P\{\neg B/A\} \leqslant 1$，$0.5 - 1 < -P\{\neg B/A\} \leqslant 1 - 1$，$0.5 > P\{\neg B/A\} \geqslant 0$，即 $0 \leqslant P\{\neg B/A\} < 0.5$。但由于因果逆转实让句在主观推测层面的认识受客观反映层面的认识 $P\{A\} = 1$ 并且 $P\{\neg B\} = 1$（即 A、$\neg$B 同真）的制约，不可能出现 $P\{\neg B/A\} = 0$（即 A 真而 B 假）的情况，因此，因果逆转实让句在主观推测层面的认识实际上只能是 $0 < P\{\neg B/A\} < 0.5$。只不过为方便起见，我们在因果逆转实让句中，仍将后一分句记为 B，而没有记为 $\neg$B。

9

成了三派，但这个会得在一块开"，就是由因果类复句"因为全村分成了三派，所以这个会不得在一块开"转化而成的。在上述因果类复句中，其主观推测层面所具有的认识是：在"全村分成了三派"的情况下，"这个会不得在一块开"成立或成立的可能性大（$0.5 <$ P｛这个会不得在一块开/全村分成了三派｝$\leqslant 1$）；而在上述因果逆转实让句中，其主观推测层面所具有的认识是：在"全村分成了三派"的情况下，"这个会得在一块开"的可能性小（$0 <$ P｛这个会得在一块开/全村分成了三派｝< 0.5）。

第二种类型，"虽然 A，但是/但 B"表示大脑不同认知层面所具有的下列认识：

主观推测层面：P｛B/A｝$= 0.5$。

客观反映层面：P｛A｝$= 1$，并且 P｛B｝$= 1$。

例如：

（25）太阳系舰队虽然已经基本解除武装，但火星基地中的人类仍然掌握着现代技术。（刘慈欣《三体Ⅲ》）

（26）虽然话少，但陈墨涵的情绪还算好的。（高希希《历史的天空》）

（27）她虽然做了祖母，但仍未做外婆。（岑凯伦《合家欢》）

（28）她虽然没有曼曼的天真美丽，但还活泼可爱……（谢冰莹《穷与爱的悲剧》）

比如例（25），从主观推测层面看，说话人当然会认为"太阳系舰队已经基本解除武装"对"火星基地中的人类仍然掌握着现代技术"不存在任何制约作用（P｛火星基地中的人类仍然掌握着现代技术/太阳系舰队已经基本解除武装｝$= 0.5$）；从客观反映层面看，说话人知道，"太阳系舰队已经基本解除武装"是真实的（P｛太阳系舰队已经基本解除武装｝$= 1$），而"火星基地中的人类仍然掌握着现代技术"也是真实的（P｛火星基地中的人类仍然掌握着现代技术｝$= 1$）。

这些由"虽然 A，但是/但 B"格式构成的复句也都属于实让句，这类实让句其实是由并列类复句转化来的，可称为并列逆转实让句。[1] 能转化成并列逆转实让句的并列类复句，其复句格式的主观推测层面所反映的认识是 $P\{B/A\}=0.5$，因而与它相对应的并列逆转实让句的复句格式"虽然 A，但是/但 B"，其主观推测层面所反映的认识自然也是 $P\{B/A\}=0.5$。[2] 比如例（27）"她虽然做了祖母，但仍未做外婆"，就是由并列类复句"她做了祖母，还做了外婆"转化而成的。在上述并列类复句中，其主观推测层面所具有的认识是：在"她做了祖母"的情况下，"她做了外婆"可能成立，也可能不成立，也就是前者对后者并无制约作用（$P\{$她做了外婆/她做了祖母$\}=0.5$）；而在上述并列逆转实让句中，其主观推测层面所具有的认识是：在"她做了祖母"的情况下，"她仍未做外婆"可能成立，也可能不成立，同样是前者对后者并无制约作用（$P\{$她仍未做外婆/她做了祖母$\}=0.5$）。

复句格式"虽然 A，但是/但 B"的上述两种不同类型所反映的大脑不同认知层面具有的特定认识，可以用下列公式来概括：

主观推测层面：$0<P\{B/A\}\leqslant 0.5$[3]。

客观反映层面：$P\{A\}=1$，并且 $P\{B\}=1$。

有个问题需要注意：并列逆转实让句及相关的并列类复句的认知层面所反映的认识，其信赖程度的值可以完全相同，甚至各分句都能够由相同的分句充当。这时，自然无法依据信赖程度的值来认识这两

---

[1] 邢福义：《语法问题探讨集》，湖北教育出版社 1986 年版，第 273—295 页。

[2] 并列类复句转化成并列逆转实让句，也是通过否定后一分句实现的（参看邢福义《语法问题探讨集》，第 291 页）。同样，并列类复句在主观推测层面的认识是 $P\{B/A\}=0.5$，因此，由并列类复句转化成的并列逆转实让句，其主观推测层面的认识就是 $P\{\neg B/A\}=1-0.5$，即 $P\{\neg B/A\}=0.5$。只不过为方便起见，我们在并列逆转实让句中，同样将后一分句记为 B，而没有记为 $\neg B$。

[3] 王维贤认为，转折关系的一个重要特征是 A 成立，B 成立的可能性小。很明显，这只涉及主观推测层面的 $0<P\{B/A\}<0.5$，尚未涉及主观推测层面的 $P\{B/A\}=0.5$。应该说，王维贤的认识在当时已经非常深刻了，但仍然没有全面反映转折关系所具有的重要特征。参见《论"转折"》，《逻辑与语言研究》第 2 辑，中国社会科学出版社 1982 年版，第 111—117 页。

种不同复句的差异。要想区分它们，还须关注其他方面的语言特征。例如：

      （29）王莹虽然是个女人，可她也是个军人哪！

      （30）王莹既是个女人，也是个军人！

这两个复句由相同的分句构成，认知层面所反映的认识，其信赖程度的值也完全相同：从主观推测层面看，二者所反映的认识都是王莹是个女人对她是个军人并无任何制约作用（$P\{$王莹是个军人$/$王莹是个女人$\}=0.5$）；从客观反映层面看，二者所反映的认识都是王莹是个女人是真实的（$P\{$王莹是个女人$\}=1$），王莹是个军人也是真实的（$P\{$王莹是个军人$\}=1$）。因此，我们只能依赖其他语言特征来区分这两种不同类型的复句。比如，作为并列逆转实让句，例（29）前一分句可隐含道义命题p，后一分句可隐含道义命题q，p、q间存在语义对立关系：

      （31）王莹既然是个女人（A），因此，她不应该从事这种危险的工作（p）。

      （32）王莹既然是个军人（B），因此，她应该从事这种危险的工作（q）。

p、q间所存在的这种语义对立关系，应该是我们语感上感觉例（29）前后分句存在转折关系的重要心理依据。而作为并列类复句，例（30）前后分句却可以分别隐含具有语义一致关系的p、q：

      （33）王莹既然是个女人（A），因此，她有她（女人）的迷人之处（p）。

      （34）王莹既然是个军人（B），因此，她有她（军人）的迷人之处（q）。

p、q 间所存在的这种语义一致关系，应该是我们语感上感觉例（30）前后分句存在并列关系的重要心理依据。而例（29）中的前后分句在说话人的内心世界中是不会分别隐含具有这种语义一致关系的 p、q 的。①

四

其实，不仅仅复句格式会涉及认知层面的问题，小句一旦包含拓展功能词，具有特定的拓展结构，往往也会涉及不同认知层面的关系问题。下面，仅就几种具有特定拓展结构的小句进行简要的举例性说明。

先看"才"字句。

"才"字句的拓展结构是"NP + Nt′ + 才 + VP"。② 其中的 NP 充当主语，为名词性词语；"Nt′ + VP"充当谓语，Nt′ 是重读的表时点的名词性词语，VP 是动词性词语。该拓展结构所反映的大脑思维不同认知层面的认识是：

主观推测层面："NP + VP"事件应在 Nt 前（某时）发生。

客观反映层面："NP + VP"事件在 Nt 时发生。

主客反映层面："NP + VP"事件在 Nt 时发生得太晚了。

这里所说的主客反映层面，是大脑思维的又一认知层面，它以主观推测层面和客观反映层面为依据，反映语言使用者的心理评价、价值判断、逻辑推演等。例如：

---

① 不同复句格式在认知层面所反映的认识，其信赖程度的值可以完全相同，这其实是不少复句格式都存在的一个问题。这说明，认知层面只是复句格式考察的一个方面。要想全面认识复句格式，还要考察复句格式其他方面的语言特征。而这应该是复句考察的另一个问题了。

② 与拓展功能词"才"相关联的小句拓展结构的构成及用法非常复杂和丰富（参看吕叔湘主编《现代汉语八百词》，商务印书馆 1999 年版，第 107—108 页），这里只对其中一种情况进行简要说明，并且为方便起见，不再采用信赖程度来描述。后面考察的小句拓展结构也有类似情况。

（35）你昨天夜里两点钟才睡，听说你今天一早就醒了。（周而复《上海的早晨》）

（36）李先生在睡午觉，照例近三点钟才会进书房。（钱锺书《猫》）

（37）还在扎雾，大概九点钟才开得成。（罗广斌《红岩》）

（38）电船要九点钟才来接，蜜糖便乘机去跟"乐乐"玩。（岑凯伦《蜜糖儿》）

比如例（35），说话人本来认为你昨天夜里应该两点钟以前（比如晚上 11 点钟）睡（主观推测层面），可事实上你是昨天夜里两点钟睡的（客观反映层面），说话人因此认为你昨天夜里两点钟睡太晚了（主客反映层面）。如果没有拓展功能词"才"，"你昨天夜里两点钟睡"就无法表达上述各认知层面间的相互关系。

再看"就"字句。

"就"字句的拓展结构是"NP + Nt′ + 就 + VP"。与上述"才"字句的拓展结构相比，只是拓展功能词"就"替换了拓展功能词"才"。该拓展结构所反映的大脑思维不同认知层面的认识也同"才"字句的拓展结构紧密相关：

主观推测层面："NP + VP"事件应在 Nt 后（某时）发生。

客观反映层面："NP + VP"事件在 Nt 时发生。

主客反应层面："NP + VP"事件在 Nt 时发生得太早了。

例如：

（39）大家都睡不着，四五点钟就爬起来了。（柳建伟《突出重围》）

（40）那晚上他贴的是独有的"本儿戏"，九点钟就上场……（老舍《兔》）

（41）我因为无相熟住处，当夜十点钟就上了回青岛的火车。（沈从文《三年前的十一月二十二日》）

（42）旅长陈兴允奉彭总指示，上午十点钟就赶来了。（杜

鹏程《保卫延安》）

比如例（39），说话人本来认为大家应该在四五点钟以后（比如六七点钟）爬起来（主观推测层面），可事实上大家是四五点钟爬起来的（客观反映层面），说话人因此认为大家四五点钟爬起来太早了（主客反映层面）。如果没有拓展功能词"就"，"（大家）四五点钟爬起来了"无法表达上述各认知层面间的相互关系。

现在来看"竟然"句。

"竟然"句的拓展结构是"NP + 竟然 + VP"。其中NP为主语，VP为谓语。该拓展结构所反映的大脑思维不同认知层面的认识是：

主观推测层面："NP + VP"事件不可能发生或发生的可能性极小。

客观反映层面："NP + VP"事件发生了。

主客反映层面：说话人感到惊讶或诧异。

例如：

（43）女儿竟然已经认不出她们的父亲了。（鲁豫有约《男角》）

（44）他们竟然都不了解——这些瞎子们！（李敖《李敖对话录》）

（45）他们竟然说出了口径很一致的荒唐辩解。（胡玥、李宪辉《女记者与大毒枭刘招华面对面》）

（46）我竟然爱上了我们的班主任高原老师……（卞庆奎《中国北漂艺人生存实录》）

比如例（43），说话人本来认为女儿不可能已经认不出她们的父亲或认不出的可能性极小（主观推测层面），可事实上女儿已经认不出她们的父亲了（客观反映层面），说话人因此感到非常惊讶（主客反映层面）。如果没有拓展功能词"竟然"，"女儿已经认不出她们的父亲了"就无法表达上述各认知层面间的相互关系。

最后来看"还……呢"句。

"还……呢"句的拓展结构是"还 + NP + 呢"。其中 NP 为名词性词语。该拓展结构所反映的大脑思维不同认知层面的认识是：

主观推测层面：被称为 NP 的事物具有符合说话人心意的某种特征，因而眼下被称为 NP 的特定事物本应具有符合说话人心意的这种特征。

客观反映层面：事实上，眼下这个被称为 NP 的特定事物不但不具有这种特征，反而具有与此相对的、不符合说话人心意的那种特征。

主客反映层面：说话人指责眼下被称为 NP 的特定事物，认定该事物不配称为 NP。

例如：

（47）就你那熊样，还将军呢！（萧隐《七色神剑》）

（48）撞了人还不管她，还三好学生呢！（张绮雯《我错了》）

（49）还大哥呢，说话吓死人家了。（上官潇潇《青春泪流满面》）

（50）还大学生呢！比泼妇还泼！（六六《双面胶》）

比如例（47），说话人原本以为，将军应该果敢勇猛，有将军样，因而眼下这位将军也应该这样（主观推测层面），可事实上，眼下这位将军一点儿将军样都没有，却熊样十足（客观反映层面），所以说话人指责这个所谓的将军，认为他不配称为将军（主客反映层面）。如果没有拓展功能词"还"，当然也包括语用功能词"呢"，只说"将军"，自然无法表达上述各认知层面间的相互关系。

五

复句格式与认知层面存在着密切的联系。人们借用不同关系词语构建不同复句格式，就是为了表达大脑思维客观反映层面与主观推测层面等不同认知层面的相互关系。客观反映层面是人们在认识客观世界的过程中，大脑直接反映客观现实的认知层面；主观推测层面是人们在认识客观世界的过程中，大脑依据自己的生活经验、背景知识等，对客观现实情况进行主观猜测、主观认定的认知层面。汉语中有的复句格式与认知层面存在着稳定的对应关系，也就是特定的复句格式能稳定地对应特定认知层面所具有的特定认识；有的复句格式与认知层面不存在稳定的对应关系，也就是特定的复句格式不能稳定地对应特定认知层面所具有的特定认识。其实，不但复句格式，小句拓展结构也会涉及不同认知层面的关系问题。考察复句格式，包括小句拓展结构与认知层面的相互关系，这对我们观察人类是如何借用自己"独有"的语言来表达和理解复杂的思想，无疑具有积极的价值和意义。

第一编
"哪怕 A，也 B"句式探析

李向阳

作者简介：李向阳（1989.6—　），女，河南濮阳人，陕西理工大学 2013 级汉语言文字学专业硕士研究生，师从丁力教授，研究方向为现代汉语语法。读研期间，发表《"一 A 就 B"句的认知层面探究》等学术论文 5 篇，主持陕西理工学院研究生创新基金项目 1 项，参与 1 项。曾获陕西理工大学研究生一等奖学金、二等奖学金，研究生论文大赛三等奖等荣誉。现在河南濮阳从事高中语文教学工作。

绪　　论

复句研究近几年来展开得如火如荼，学者们对让步转折复句的研究也逐渐呈现出系统化、多元化发展。多数学者研究让步句时常会选择"即使……也……"为代表，关于句式"哪怕……也……"的研究较为少见。"哪怕"引导的复句多会被顺带提及，并没有进行系统研究。对"哪怕"句的归类问题，学者们也是仁者见仁，并没有达成统一意见。邢福义在《汉语复句研究》中指出："复句可以从不同角度进行分类。其中，复句的关系分类是最重要的分类，是建构复句系统的基础性工作。"① 他在此基础上提出的"复句三分系统"理论，对复句的研究有着深远的意义。我们根据"复句三分法"，结合邢福义的"小三角"理论，对"哪怕……也……"句式进行深层次、多角度的分析。本编主要介绍研究目的及范围、历史发展与研究现状、理论基础和研究方法、本编结构和语料来源说明。

一　研究目的及范围

"哪怕……也……"是现代汉语复句中一个比较复杂的复句。它是以连词"哪怕"和副词"也"分别引导两个分句所构成的复句。为方便描述，以下写为"哪怕 A，也 B"，其中"A"与"B"是这一复句格式中的两个分句成分。

让步转折复句以"虽然……但是……""宁可/即使/哪怕/纵然/即便……也……""无论……都……"等为代表。一直以来，学者普

---

① 邢福义：《汉语复句研究》，商务印书馆 2001 年版，第 6 页。

3

遍认为，由让步连词"即使"和"哪怕"与副词"也"分别构成的让步句属同一类句式，只是使用的连词不同而已。

仔细考察我们会发现，"哪怕"和其他让步关联词的来源和成词方法有明显不同，此外，在本编收集的例子中，相当一部分由"哪怕"引导的复句与其他让步转折复句有很大的差别。吕叔湘在《中国文法要略》中特别指出，"那怕"（"哪怕"）与"即使""就是"等词不属于一个系统①。朱珏的《"即使……也……"复句研究》认为，"哪怕……也……"与"即使……也……"在语义程度和语体色彩等方面会有一些细微的差别②。韩栋的《"哪怕"的多角度研究》对"哪怕"本身的词性意义以及相关项的句法结构、语义关系进行了研究③。但对"哪怕 A，也 B"这一复句框架，整个结构所表示的语义特点等还少有人进行系统研究，因此，有必要对"哪怕 A，也 B"句式进行深层次、多角度探析。

那么，本编的研究对象就是由"哪怕"和"也"前后相匹配关联形成的"哪怕 A，也 B"复句句式。

二 历史发展与研究现状

"哪怕"作为"哪怕 A，也 B"中关键的连词，有必要对其来源进行考究，从"哪怕"的词汇化和"哪怕 A，也 B"句式的归类问题方面来分析。

（一）"哪怕"的词汇化

"哪怕"在元代以前很少出现，只在《朱子语类》中出现一例：

（1）天下只有一个道理，紧包在那下，撒破便光明，那怕不通！（宋·朱熹《朱子语类》卷120）

---

① 李向阳：《"哪怕"与"即使"句式对比分析》，《绥化学院学报》2015年第8期，第86页。

② 朱珏：《"即使……也……"复句研究》，学位论文，上海外国语大学，2007年。

③ 韩栋：《"哪怕"的多角度研究》，学位论文，河南大学，2009年。

　　这里的"那"字，是加在整个句子上的语气副词，表反诘，否定整个句子。而"怕"是及物动词表"害怕"的意思，与后面的 XP 相结合，因此"那"和"怕"不在同一句法结构层面①。出现的层次是：［那（副词）］＋｛［怕（动词）］＋［XP］｝。

　　据韩栋考证，到了元代，这种结构发生了变化，有些"那怕"所在的句子后又出现了一个句子，与前一分句构成复句②。如：

　　（2）那怕他物盛财丰，顷刻间早已成空。（元曲《风雨像生货郎旦》）

　　两个分句之间有明显的让步之义，此时"那怕"由表示否定、反诘义的"那"与表示害怕义的"怕"构成，凝结为连词，表示"不怕""无所畏惧"的意思。而"那怕"便承担了引导复句让步义作用的连词，初步完成了语法化。此时的句法结构为：［那］＋［怕］＋［XP］。

　　到了明代，"那怕"作为连词的使用大量涌现，使"那怕"从联系不太紧密的短语，逐渐成为让步连词稳定下来。如：

　　（3）"父王宽心！不是孩儿空口所言，孩儿有个退兵良策，那怕他百万南兵，也不在孩儿心上。（明小说《三宝太监西洋记》）

　　（4）若遇大江昏迷，屡现此势，倘有鸟鹊飞腾，定来歇翅，那怕你上万论千，尽被他一气吞之。（明小说/吴承恩《西游记》）

　　上述两例中前一分句与后一分句都构成了让步转折关系，例（3）中用了句间连词"那怕"和关联副词"也"。例（4）只用了句间连词，并没有用关联副词。这时候的句式"那怕……（也）……"初步形成。

---

①　刘红妮：《"哪怕"的词汇化》，《南开语言学刊》2010 年第 1 期，第 144 页。
②　韩栋：《"哪怕"的多角度研究》，学位论文，河南大学，2009 年。

清代"那怕"的连词用法占统治地位。一直到晚清及以后，在词形上，"哪怕"才逐渐取代"那怕"。到近代"哪怕……也……"句式结构也固定下来。

综上，我们可以看到，"哪怕"并不是一开始就表让步义，而是经过漫长的发展，逐步实现实词虚化。而"即便""即使""就是""就算""纵然"等表让步的连词，核心语素"即""就""纵"在古代汉语中，本身就可以充当让步连词。从来源和构词方法上看，"哪怕"与其他让步连词有很大的区别。

（二）"哪怕 A，也 B"句式的研究现状

因学者一般将"哪怕"和"即使"归为一类，所以对"即使"句的归类，也是对"哪怕"句的归类。目前，学术界对复句"哪怕 A，也 B"的属类问题各抒己见，众说纷纭，总的来说分为三种观点。

第一种，假设让步说。

这一观点认为，"即使"一类复句（包括"哪怕"句），首先是假设复句，在假设复句的前提下，又表示转折关系。冯志纯在其《试论转折关系的假设复句》中虽然承认偏句和正句在意义上有明显的转折，但是强调以假设为前提[1]。刘春阳认为，它是表转折关系的假设复句，称"即使……也……"复句为转折假设复句[2]。黄伯荣、廖序东的《现代汉语》直接把"即使""哪怕"一类复句归属为假设复句，并指出未实现的事实为相背假设复句，而已实现的事实为让步转折复句[3]。《现代汉语虚词释例》提出"哪怕"表示假设让步[4]。《现代汉语知识》把"即使……也……"归入假设复句，是转折式假设复句[5]。此外，何世达等人合写的《现代汉语》也把即使句归入假设

---

① 冯志纯：《试论转折关系的假设复句——兼谈"尽管"和"即使""不管"的区别》，《语言教学与研究》1990 年第 2 期，第 52 页。

② 刘春阳：《"即使……也……"式复句的逻辑分析》，《郑州大学学报》1998 年第 3 期，第 53 页。

③ 黄伯荣、廖序东：《现代汉语》（下册），高等教育出版社 2007 年版，第 128 页。

④ 北京大学中文系 1955 级、1957 级语言班：《现代汉语虚词释例》，商务印书馆 1982 年版，第 261、338 页。

⑤ 朱士葆：《现代汉语知识》，企业管理出版社 1999 年版。

复句的大类中。

第二种，单纯让步说。

这一观点认为，"即使"一类复句仅仅属于让步复句。

樊明亚在其《话说"即使"》中明确指出："把即使句单作为让步复句，与假设复句、转折复句分列，这样做是完全正确的。"① 黎锦熙的《新著国文语法》、王力的《中国现代语法》、吕叔湘的《中国文法要略》、胡裕树的《现代汉语（重订本）》、申小龙的《汉语语法学》等，把"即使"句归入让步句，又根据 A 分句的特点，分为设然让步和已然让步。此外，赞同让步观点的还有韩栋《"哪怕"的多角度研究》等。

第三种，让步转折说。

这一观点认为，"即使"一类复句属让步转折句。邢福义在《汉语语法三百问》中首先将"即使"句归于转折类复句，其次是让步句②。丁力在《"即使"句的关系词语与句法关系》中明确指出，"即使"类的复句为让步转折句③。孙云在其《谈谈即使句、宁可句、无论句》中认为，即使句分句间除了存在让步关系外，还存在转折关系。并且指出，在这类复句中，应把转折关系看成是主要的意念关系④。

之所以有不同的分类，是因为他们观察的角度不同，是由分类方法不统一造成的。综合起来，无非是从以下三个不同的角度进行的划分：

其一，依据前分句本身的真假问题。

采用复句二分法的"假设让步说"认为，分句 A 是一种假设，是并未发生的事物。因此把"哪怕"句归类为假设复句。如黄伯荣、

---

① 樊明亚：《话说"即使"》，《上饶师专学报》（哲学社会科学版）1988 年第 3、4 期，第 75 页。

② 邢福义：《汉语语法三百问》，商务印书馆 2002 年版，第 194、223 页。

③ 丁力、李建国：《"即使"句的关系词语与句法关系》，《陕西理工学院学报》2012 年第 3 期，第 56 页。

④ 孙云：《谈谈即使句、宁可句、无论句》，《内蒙古师范大学学报》（哲学社会科学版）1983 年第 7 期，第 122 页。

廖序东在《现代汉语》中，把"哪怕"句归类为偏正复句的假设复句，是以假设为前提，其中 A 分句提出假设，B 分句的结果和假设不一致，称之为假设复句中的"相背关系"。而邢福义的《现代汉语的"即使"实言句》指出"A 分句"也可以表事实发生的事情，有力地质疑了假设说①。申小龙也根据 A 项是否已经发生，将"哪怕"句分为设然让步和已然让步。

其二，只根据关联词的性质。

"单纯让步说"就是根据连词"哪怕""即使"等词的性质进行的归类。把即使句单单作为让步复句，与假设复句、转折复句分列。但"哪怕 A，也 B"句式，是运用于生活中，由关联词"哪怕……也……"和 A、B 两项构成的。复句关联词是用来联结两个分句的纽带和桥梁，脱离了两分句之间的关系，纽带作用便不存在，因此只看关联词的性质而忽略分句之间的语义关系进行强行分类，从实际检验来看，这种方法是有局限性的。

其三，依据 A 与 B 之间的语义关系。

因为角度不同，并且有交叉，所以二分法犯了归类混乱、考察不全的毛病。而仅考虑关联词，忽略分句之间的语义关系，也是有局限性的。邢福义在其《汉语复句研究》中指出："应该严格按照 P、Q 之间关系的异同来决定复句类的分合。"②首次提出从分句间的语义关系对其进行考察，对于复句的研究，有一定的借鉴意义。

因此，我们从分句 A 与 B 之间的语义关系上对"哪怕 A，也 B"句式进行考察，对前人的观点进行完善。

三　本编理论基础和研究方法

邢福义在《汉语复句研究》中指出："复句可以从不同角度进行分类。其中，复句的关系分类是最重要的分类，是建构复句系统的基础性工作。"并且提出复句的关系分类，其着眼点是分句与分句之间

①　邢福义：《现代汉语的"即使"实言句》，《语言教学与研究》1985 年第 4 期，第 34 页。

②　邢福义：《汉语复句研究》，商务印书馆 2001 年版，第 461 页。

的关系。在此基础上邢福义提出了复句三分法，将复句分为因果类复句、并列类复句、转折类复句①，打破了对复句的常规认识规律，这对复句的研究具有重要的意义。

丁力进一步深化了复句三分系统，在《复句三分系统分类的心理依据》中根据 A 与 B 的语义关系及信赖程度分为顺向制约、逆向制约和非制约三种关系，并且首次提到了复句的认知层面。认知层面包括主观推测层面和客观反映层面，从信赖程度上讲，说话人使用不同的复句，就是为了反映两个层面的不一致关系②。内容中认知层面的两种关系，分别是客观事理关系和主观判定关系。

周杨钰、宋春阳在《顺承关联词语正名》中指出：顺向制约也叫顺承关系，是指顺着上文语义的方向承接下去的分句的关系③。人们在对复句前后分句进行主观推测的过程中，可依据前一分句的成立，推出后一分句成立或者很可能成立④。

逆向制约是指逆着上文语义的方向表转折的关系。分句前后不一致、相互对立。人们在对复句前后分句进行主观推测的过程中，可依据前一分句的成立，推出后一分句不成立或者很可能不成立⑤。

非制约是指分句之间既不互为因果，又不互相对立，是人们在对复句前后分句进行主观推测的过程中，既不能依据前一分句的成立，推出后一分句成立或者很可能成立，也不能依据前一分句的成立，推出后一分句不成立或者很可能不成立⑥。

在研究方法上，广泛搜集句式实例，采用形式与意义相验证的方法，多角度分析各个例句，力图全方位地解析"哪怕"句式的各种语言现象。

---

① 邢福义：《汉语复句研究》，商务印书馆 2001 年版，第 38—47 页。
② 丁力：《复句三分系统分类的心理依据》，《汉语学报》2006 年第 3 期，第 26—29 页。
③ 周杨钰、宋春阳：《顺承关联词语正名》，《现代汉语》（语言研究版）2012 年第 9 期，第 24—26 页。
④ 丁力：《汉语语法问题研究》，三秦出版社 2012 年版，第 3 页。
⑤ 同上。
⑥ 同上书，第 2 页。

四 本编结构

我们立足于丁力提出的三种关系，即A、B为顺向制约关系、A、B为非制约关系、A、B为逆向制约关系之上，每一节采用邢福义"小三角"理论中的语表形式、语里内容、语用价值对这三种关系进行"由表及里、由里究表、表里互证"的"表里辨察"，并在"表里辨察"的基础上"考究语值"①。

语表形式指显露在外的可见形式，我们采用替换、添加、删除、移位对比等方式对关系词语和分句的特征进行考察。

语里内容指隐含在内的不可见的关系或内容，在复句中，语里意义主要表现为逻辑—语法关系。在语里内容方面，深入分析A与B的语义关系，并从认知层面对句式的信赖程度进行考察。

关于语用价值，重视在比较中考究研究对象的语用效应，回答它到底有何价值的问题②。在语用价值上，通过分析具体的语言环境来考察复句的传信功能、着意焦点、A项和B项的性质以及该句式独特的表述效果。

五 语料来源说明

本编所使用的语例，大部分来源于北京大学汉语言学研究中心的古代汉语和现代汉语语料库网络检索系统，部分来源于网上新闻、贴吧等网络资源。本编得出的结论，正是建立在分析每一例句特征规律基础上的。本编所引例句均标明作者及其作品出处。

---

① 李宇明：《邢福义选集·跋》，东北师范大学出版社2001年版，第2页。
② 邢福义：《语法研究中"两个三角"的验证》，《华中师范大学学报》2000年第5期，第38—39页。

第一章　A 与 B 为顺向制约关系

顺向制约是指顺着上文语义的方向承接下去的分句关系。人们在对复句前后分句进行主观推测的过程中，可依据前一分句的成立，推出后一分句成立或者很可能成立。

在顺向制约关系中，A 导致 B，A 对 B 有顺向积极推导作用，B与 A 顺向承接，具有一致性。试分析下面的例子：

（1）从主任那儿得到哪怕只是一点儿松动的口风，他也心满意足了。(《中国农民调查》——朱镕基在清华的赠书)

在上述例子中，一方面，A "从主任那儿得到只是一点儿松动的口风"是导致 B "他心满意足"的原因，A 对 B 有顺向积极推导作用。B 是顺着 A 的语义方向承接下去的结果。另一方面，人们根据 A "从主任那儿得到只是一点儿松动的口风"的情况下，能推测出 B "他心满意足"的可能性很大。这种类型的句子为顺向制约 "哪怕 A，也 B" 句。

顺向制约 "哪怕 A，也 B" 句，在语表形式、语里内容、语用价值三方面有其独特的性质。

第一节　语表形式

我们通过主语与关系词的位置关系、前分句的情况、后分句的情况以及句子的整体特征来考察这类句子的外在形式特征。

一 主语与关系词语的位置关系

在这类"哪怕 A，也 B"中，前后分句的主语有两种情况：第一种情况是 A、B 主语一致；第二种情况是 A、B 主语不同。

（一）当 A、B 主语相同时

A、B 主语相同，进入"哪怕 A，也 B"句式。主语有时候只出现一次，有时候都不出现，一般不会出现两次。

1. 主语只出现一次的情况

前后分句主语一致，主语可以出现在前分句，也可以出现在后分句，不影响句意。但出现在后分句时，必须在关系词"也"前面。如：

（2）两戏都不能拍，可我不写出来对不起死去的和活着的。我写出来了，哪怕只给朋友们看看，我也算了结一番心愿。（邓友梅《邓友梅选集》）

→我写出来了，哪怕我只给朋友们看看，也算了结一番心愿。

→我写出来了，我哪怕只给朋友们看看，也算了结一番心愿。

例（2）中，主语"我"在前分句时，可以放在关系词之前，也可以放在关系词之后，不影响句意；主语在后分句的时候，放在关系词前面，统领分句。如果放在后面，句子便不成立。

2. 主语在前后分句中都不出现的情况

主语没有出现的情况有三种：

第一，说话遵循经济适用原则，省略主语是个很普遍的现象。主语可以是第一人称也可以是第三人称。听话人可根据自己的认识或上下文的意思推断出主语，或在前文已提到主语。如：

（3）（语境：他就是不服软。）刘二娘：当初哪怕说一句求

饶的话，也不会挨打了。（百度贴吧）

例（3）中，刘二娘说这句话时，听话人已经根据语境了解到"他的儿子不服软"这个语言背景，此处主语省略后，也可以从上下文语境里推断出来，"哪怕"的主语指的就是刘二娘的儿子。

第二，祈使句中的第二人称代词，也可以省略。如：

（4）别说是病后虚弱的身体，就是铁汉子也撑持不住。回庙里去吧，哪怕只躺一个时辰也是好的。（姚雪垠《李自成2》）

例（4）是一个祈使句，我们直接可以看出主语就是听话人。

第三，主语比较抽象或宽泛，不需要指出。如：

（5）欣赏京剧必须具备最起码的中国历史知识，哪怕是民间传说的也行。（豆丁网《中国京剧史》）

例（5）中，A 为"欣赏京剧必须具备最起码的中国历史知识"，B 是"也行"，旨在说明一个道理，或一种看法，主语比较宽泛，没有特指，可以指所有的人，此时可以省略。

（二）当 A、B 主语不同时

A、B 主语不同，进入"哪怕 A，也 B"句式。一般两个主语都出现，有时候只可以出现一个。

1. 两个主语都出现

如果上下文没有明显提示，或不能根据语境推测出主语，两个主语都不能删除，删除后就会有指向不明、表述不清的毛病。如：

（6）哪怕你只是随便耍几剑，那些人也就服气了！（电视剧《花千骨》）

例（6）中，A"随便耍几剑"的主语是花千骨，B 项"就服气了"的主语是"那些人"，删除后句子成了"哪怕只是随便耍几剑，也就服气了"，语义表述不清晰。

2. 只出现一次

如果主语可以根据上下文或语境推测出来，前分句的主语可以省略。如：

（7）（我走可以，你好歹把钱给我呀！）哪怕只给一个子儿，我也好交代啊。（电视剧《抓住彩虹的男人》）

例（7）中，说话者说这句话时，前面已经交代过主语，此处"哪怕 A，也 B"句中，前分句 A 的主语可以省略。

后分句主语不可省略，并放在关系副词"也"前面，统领后分句。试比较：

哪怕你只给一个子儿，我也好交代啊。
a. ＊哪怕你只给一个子儿，也好交代啊。
b. ＊哪怕你只给一个子儿，也我好交代啊。

在变式 a 中，去掉后分句主语"我"后，往往会被理解成前后分句主语相同，就会有表述不清的毛病。在变式 b 中，后分句主语"我"放在关系词"也"后，句子不通，不符合语法要求。因此，当主语不同时，后分句主语不能省略，且应放在关系词"也"前。

二　前分句的情况

从分句 A 的句法成分与特征、关系词"哪怕"的替换与删除、"哪怕"的排比和递进句式方面，对前分句进行研究。

（一）分句 A 的句法成分与特征

1. 分句 A 的句法成分

顺向关系中的 A，只能是含有谓词性成分的短语或句子。

第一种，A 为短语。如：

（8）哪怕捡一个，也算有收获。（百度贴吧）

例（8）中，A为"捡一个"，是由动词"捡"和数量词"一个"组成的谓词性短语。

第二种，A是一个句子。如：

（9）哪怕当时你吼一声，也会有人救你的。（百度贴吧）

例（9）中，A为"当时你吼一声"，是由时间状语"当时"、主语"你"和述宾短语"吼一声"构成的句子。

2. 分句A的特征

分句A中，常常带有"只""一""就"等表示范围小、数量少、程度低的词语。如：

（10）做了30年的老师对女儿说："只要能挽救孩子，我们不怕花钱，哪怕只教出来一个，我们也会为你高兴。"（《人民日报》1995年3月）

例（10）中，A为"只教出来一个"，其中副词"只"字和数量词"一个"说明老教师对女儿的期望，体现一种奉献精神。

（二）关系词"哪怕"的替换、删除与移位

在顺向制约"哪怕A，也B"句式中，"哪怕"有时可以替换为"倘若""假如""好歹""就算"等。但它们在语义深层，又有所不同。

1. A项表假设时

"哪怕"句式可以替换为"倘若""假如"，但在语义和感情色彩方面有明显不同。如：

（11）在她临上火车的时候，哪怕他说过一句挽留的话，她也会回心转意。（北大语料库）

例（11）中，假设条件为"他说过一句挽留的话"，结果为"她也会回心转意"。隐含的大前提是，任何挽留行为或说出的挽留的话，结果她也会回心转意。A"他说过一句挽留的话"，是最小的要求。用"哪怕"表无奈或期待感情色彩比较强烈。

将关系词"哪怕"替换为"倘若""假如"和"如果"。试比较：

→在她临上火车的时候，倘若他说过一句挽留的话，她也会回心转意。

→在她临上火车的时候，假如他说过一句挽留的话，她也会回心转意。

→在她临上火车的时候，如果他说过一句挽留的话，她也会回心转意。

在替换后，在 A"他说过一句挽留的话"前提下，就会出现 B"她会回心转意"的结果。但只是一种直接假设，没有表让步的含义。表述比较直接，感情色彩比较弱。

2. A 表原因或目的时

"哪怕"可以替换为"就算"，表示退一步说。例：

（12）哪怕为了母亲，也得好好活下去。（手机网易网）
→就算为了母亲，也得好好活下去。

例（12）中，A 为"为了母亲"，B 为"好好活下去"。为了母亲是好好活下去的一个重要原因，也是目的。表示活下去的理由有很多，退一步说仅仅因为 A"为了母亲"，也要去做 B"好好活下去"。

3. A 表建议时

"哪怕"可以替换为"好歹"，表示为达到目的 B 所做出的最小的要求，最少的妥协。如：

（13）你哪怕吃一口，我们也算没白瞎功夫。（网评《咱们结婚吧》）

你好歹吃一口，我们也算没白瞎功夫。

例（13）中，A"你吃一口"是一个建议，是为了达到 B"我们没白瞎功夫"的最小的要求，最小的妥协。

4."哪怕"与"即使"的替换

在顺向制约关系"哪怕"句中，关系词"哪怕"不能替换为"即使"，替换后语义会有所变化。试分析：

（14）哪怕你在皇上跟前替我多美言几句，这事儿也好办了。（聪明的小疯子《后官之丑女皇后》）

→ * 即使你在皇上跟前替我多美言几句，这事儿也好办了。

例（14）中，A 为"你在皇上跟前替我多美言几句"，B 为"这事儿也好办了"，这里的 A 为 B 的原因，A 导致 B，A 对 B 的发生有积极作用。

我们在读替换后的句子时，会感觉到别扭，因为这句话触犯了"即使"句的语法规则。我们都知道"即使 A，也 B"句式，表达的是一种让步转折的关系，B 的发生不是因为 A 的发生，无论 A 发不发生转变都不会影响 B 的发生[1]。在上述"哪怕"例句中，A 本来是 B 的充分条件，到"即使"句中却变成了转折关系，关系词和语里内容有了冲突，因此，无论是在语法还是语义关系上，这都是个病句。如将上述例子改为：

→即使你在皇上跟前替我多美言几句，这事儿也不好办。

---

① 李向阳：《"哪怕"与"即使"句式对比分析》，《绥化学院学报》2015 年第 8 期，第 86—88 页。

改动之后,这个例子便能说通了,但表述的意思与原文相反,A 与 B 之间成为让步转折关系,而不是顺向结果关系。

因此在顺向制约关系"哪怕 A, 也 B"句式中,"哪怕"不能替换为"即使"。

5. 关系词"哪怕"的删除

"哪怕"可以直接删除,但强调语气减弱。试比较:

(15) a. 求和不管是对了还是错了,我希望董事长能给我们小股东一次机会,哪怕一次,也算董事长承认我们小股东的存在。(遥远的救世主,电视剧《天道》)

b. 求和不管是对了还是错了,我希望董事长能给我们小股东一次机会,一次,也算董事长承认我们小股东的存在。

例(15)a 中,A 为"一次",B 为"算董事长承认我们小股东的存在",此处关系词"哪怕"修饰 A "一次",用来说明他的这种要求很低,强调语气偏重;变式 b 中,去掉关系词"哪怕"后,句式由让步句转化为陈述句,强调语气变弱。

6. 关系词"哪怕"的移位

"哪怕 A, 也 B"可直接移位,变为句式"B, 哪怕 A"。如:

(16) 哪怕就为了这双鞋子,她也会回来的。

→她会回来的,哪怕就为了这双鞋子。(网评电影《灰姑娘》)

例(16)中,把 B "她会回来的"提前,去掉关系词"也"字,强调义增强,这里 A "就为了这双鞋子"表补充,起衬托作用,说明 B "他会回来的"一定会发生的基本条件或理由。

(三)"哪怕"排比、递进句式

在很多"哪怕"复句中,不单单有一层逻辑意义,有时会出现多层逻辑关系的现象,有必要对其进行研究。

1. "哪怕 A，哪怕 C，也 B" 句式

一般出现多个关系词 "哪怕"，构成的基本句式为 "哪怕 A，哪怕 C，也 B"。如：

（17）哪怕我说过一句反动的话，哪怕这话是你们胡编乱造的，也算叫我明明白白啊。（冯骥才《一百个人的十年》）

例（17）中，A 为 "我说过一句反动的话"，C 为 "这话是你们胡编乱造的"，B 为 "算叫我明明白白"。这里 A "我说过一句反动的话" 与 C "这话是你们胡编乱造的" 之间构成并列关系，满足 A、C 条件之一，就可以导致 B 项 "算叫我明明白白" 的发生。

A "我说过一句反动的话" 是 B "算叫我明明白白" 的条件，因此 A、B 为因果关系。同理，B、C 之间也是因果关系。

2. "哪怕 A，甚至 C，也 B" 句式

"哪怕" 句有时会与副词 "甚至" 连用，构成 "哪怕 A，甚至 C，也 B" 句。如：

（18）这几天，她有事无事总想到拜音得里那里去，哪怕是同他讲一句话也行，甚至能看上他一眼，也感到满足。（李文澄《努尔哈赤》）

例（18）中，A 为 "同他讲一句话"，C 为 "能看上他一眼"，B 为 "感到满足"。这里的 A "同他讲一句话" 和 C "能看上他一眼" 都是导致 B "感到满足" 的条件，因此 A 和 B 是因果关系，C 和 B 也是因果关系。而关系词 "甚至" 表示退一步讲，表明要求的降低，因此 A、C 之间为递进关系。

三　后分句的情况

从分句关系词 "也" 的替换与连用角度对后分句进行研究，这有三种情况：A 仅表假设，B 为结果；A 表 B 的目的或原因；A 表建

议，B为目的。

（一）A仅表假设，B为结果时

副词"也"可以替换为"就""那么"。试比较：

（19）当初哪怕你再努力一点，现在也和别人一样读大学了。（百度知道）

　　→当初哪怕你再努力一点，现在就和别人一样读大学了。

　　→当初哪怕你再努力一点，那么现在和别人一样读大学了。

例（19）中，A为"当初你再努力一点"，B为"现在和别人一样读大学"。时间状语"当初"说明A只是一种假设情况，B为A的结果。"也"替换为"就"和"那么"以后，也能说明A与B的假设条件与结果的关系。此时，"也"可以替换为"就"或"那么"。

（二）A表B的目的或原因时

副词"也"后与"得""必须"等词连用表示一种坚定的态度。

（20）而我弟弟那时候又小，才七岁，所以就牵扯到他俩。对我来说，哪怕就为了母亲也得咬着牙活下去。（电视访谈《鲁豫有约》）

　　→而我弟弟那时候又小，才七岁，所以就牵扯到他俩。对我来说，哪怕就为了母亲也必须咬着牙活下去。

例（20）中，A"就为了母亲"，是B"咬着牙活下去的"的原因和目的。关系词"也"与"得"和"必须"连用，表现一种"咬着牙活下去"的决心，体现出一种坚定的态度。

（三）A表建议，B为目的时

1. 关系词"也"的替换

这里，关系词"也"可以替换为"以便""以免"，目的义明显。如：

（21）哪怕你往前推一点点，我也好够得着。（无忧无虑中学语文网）

→哪怕你往前推一点点，以便我好够得着。

→哪怕你往前推一点点，以免我够不着。

例（21）中，A 项"你往前推一点点"表示一种建议，以达到 B 项这一目的。表示条件和结果的关系，关系词"也"可以替换为"以便"或"以免"，表目的和建议。

2. 关系词"也"与其他词的连用

这里，关系词"也"后往往添加"能""会""就"等能愿动词，表示一种愿望。

（22）哪怕你向厂长招呼一声，我们的事情也好办多了。

→哪怕你向厂长招呼一声，我们的事情也能好办多了。

→哪怕你向厂长招呼一声，我们的事情也会好办多了。

→哪怕你向厂长招呼一声，我们的事情也就好办多了。

例（22）中，B"我们的事情好办多了"是一个愿望，A"你向厂长招呼一声"是为了实现这个愿望所提出的最小的建议和要求。B 项关系词"也"后添加"能""会""就"等能愿动词，更能表现说话者的希望和期许。

第二节　语里内容

在语里内容方面，我们深入分析 A 与 B 的语义关系，并从认知层面对句式的信赖程度进行考察。

一　语义关系

在顺向制约"哪怕 A，也 B"句中，A 对 B 有积极的影响，B 是 A 的结果，A 与 B 之间有顺承关系。如：

（23）哪怕就喝一口水呢，胃也好受一点。（寻医问药网）

例（23）中，A分句为"就喝一口水"，B分句为"胃好受一点"。隐含着现在还没有喝水，我们称现状为C。A表示喝一口水，是在现状C的基础上做得一点点积极改变、最小发展。此处隐含着A是C发展的最小值。喝一口水会导致胃不再那么难受，最小值A对B有积极影响，B是A的顺向结果。用图式可以表示为：

（最小发展）

（现状）C → A

（无影响）↓ ↙（顺向结果）

B

（一）句子为假设句时

假设句中的A表假设，B是A的结果，如：

（24）白文氏气得又哭："他越是不叫饶我越生气，他哪怕哭一声儿也不打了。"（郭宝昌《大宅门》）

例（24）中，根据上下文我们可以推出，A"他哭一声"是一种假设情况，现实中并没有发生，而B"也不打了"，是在假设条件A发生的情况下产生的结果，这里的A与B是假设和结果的关系。

（二）句子为目的句时

目的句B表示目的，A表示为了达到B的目的所需要的最低要求。如：

（25）其中匈牙利甚至把话说到这样一个地步：只要周恩来接受邀请，哪怕只停留一天，也是对他们的莫大支持。（智南《周恩来与赫鲁晓夫》）

例（25）中，B"对他们的莫大支持"是匈牙利说这句话的目的，为了这个目的，他提了A"周恩来接受邀请，只停留一天"这样

22

的最低要求来表现他们对实现目的的期望。

（三）句子为因果句时

因果句中的 A 是原因也是目的，B 为结果。如：

（26）哪怕就为了自己的幸福，也得用尽全力去拼一把。（华图官方贴吧）

例（26）中，A"为了自己的幸福"是一种期望和目的，正是因为这个目的，促使 B"用尽全力去拼一把"的发生，因此 A 是 B 的原因，B 是结果。

二　认知层面

认知层面是指人们对客观事物或现象的概括认识以及对这种概括认识的主观判定，它包括主观推测层面和客观反映层面[①]。信赖程度可以表示人们对命题的判断与客观现实之间的关系，运用信赖公式更能清晰直观地表述分句之间的语义关系。

（一）主观推测层面

主观推测层面是大脑思维中的一个认知层面，该层面所反映的认识不是客观现实情况在大脑中的直接反映，而是人们根据自己的生活经验、背景知识等，对客观现实情况所进行的一种主观猜测或判断[②]。

在顺向制约"哪怕 A，也 B"句中，A 是 B 发生的原因，B 是 A 发生的结果。说话人说这句话时，听话者或一般认识是，在 A 成立的情况下，B 发生的可能性大，用信赖程度表示为 $0.5 < P\{B/A\} < 1$。如：

（27）听着这个宏伟的计划，记者却想起了同在鄯善的吐沟千佛洞，哪怕只有 300 万元，它也不至于无路可攀，也不至于生

---

① 李向阳：《"一 A 就 B"句的认知层面探究》，《绥化学院学报》2014 年第 12 期，第 55 页。

② 丁力：《汉语语法问题研究》，三秦出版社 2012 年版，第 44 页。

生被黄沙掩埋。(《人民日报》2000 年)

在例（27）中，听话者或一般认识是，在 A 项"同在鄯善的吐沟千佛洞有 300 万元"成立的情况下，B 项"不至于无路可攀，不至于生生被黄沙掩埋"成立的可能性很大。用信赖程度表示为 0.5 < P｛不至于无路可攀，不至于生生被黄沙掩埋/同在鄯善的吐沟千佛洞有 300 万元｝<1。

因此，顺向制约"哪怕 A，也 B"句的主观推测层面为 0.5 < P｛B/A｝<1。

（二）客观反映层面

客观反映层面是大脑思维中不同于主观推测层面的另一认知层面，该层面所反映的认识不是人们依据自己的生活经验、背景知识等对客观现实情况所进行的一种主观猜测或判断，而是客观现实情况在大脑中的直接反映①。

顺向制约"哪怕 A，也 B"句，在客观现实中分为两种情况：一般现在时 P｛B/A｝= 1，P｛A｝= 0.5 和虚拟过去时 P｛B/A｝= 1，P｛A｝= 0，P｛B｝= 0。

1. 表一般现在时

在一般现在时中，A 表示还没有发生只是有待发生，而 B 在 A 成立的情况下才能发生。如例（21）：

哪怕你往前推一点点，我也好够得着。

此例中，A 为"你往前推一点点"，表示一种建议是现在还没有发生，有待发生的事，P｛你往前推一点点｝= 0.5，而 B"我好够得着"则是 A 的目的和结果，B 在 A 成立的情况下才成立，即 P｛我好够得着/你往前推一点点｝= 1。因此，顺向制约"哪怕 A，也 B"句式，在表一般现在时时，P｛B/A｝= 1，P｛A｝= 0.5。

---

① 丁力：《汉语语法问题研究》，三秦出版社 2012 年版，第 47 页。

2. 表虚拟过去时

虚拟过去时，是对过去的某个时间点或时间段发生的事情进行假设，整个句子都属于假命题。此时 A 和 B 都没有发生，而 A 是 B 的充分条件，B 在 A 发生的情况下发生。如例（19）：

当初哪怕你再努力一点，现在也和别人一样读大学了。

此例中，A "当初你再努力一点"，是对过去的一种假设，事实上 A 并没有发生，即 P｛当初你再努力一点｝=0；B "现在和别人一样读大学了" 事实上也没有发生，即 P｛现在和别人一样读大学了｝=0；A 是 B 的条件，B 是 A 的结果，B 在 A 成立的情况下才成立，因此 P｛现在和别人一样读大学了/当初你再努力一点｝=1，即 P｛B/A｝=1，P｛A｝=0，P｛B｝=0。

第三节　语用价值

语用价值是指一个句子独特的语用功能，包括传递信息、凸出信息焦点以及不同的表述效果。

在日常生活中，人们运用语言进行交际的过程，实际上是信息传递的过程。这个信息传递过程的实质就是新旧信息不断交织变换的过程。新旧信息不仅要不断地相互转化，在语义上还要有逻辑联系[①]。我们发现，让步的连接成分 "哪怕" 不仅可以预设信息，还可以传递新信息。如例（11）：

在她临上火车的时候，哪怕他说过一句挽留的话，她也会回心转意。

---

① 陈俊彤：《"诚然" 和 "纵然" 的多角度对比研究》，学位论文，湖北师范学院，2013 年。

（一）预设信息

在"哪怕 A，也 B"句式中，让步标为"哪怕"。当说话人运用"哪怕"句时，一提到让步标"哪怕"，听话人就会自觉地调动大脑中关于让步的相关知识，并对后面的预设项做准备。

在"哪怕 A，也 B"句式中，说话者用"哪怕"引出预设项 A。"他说过一句挽留的话"，听话者自然会想到与之相关的项。

　　哪怕他说过一句挽留的话，

　　a. 他有挽留的意向。

　　b. 结果不像现在这样。

　　c. 结果会好的。

　　d. 她会回心转意。

　　……

（二）新信息

A 分句为预设信息，预设后面有应接信息，B 就是为该句传递的新信息。

1. 应接标

当说话人运用"哪怕"句时，一提到应接标"也"，听话人就会自觉地调动大脑中关于句式"哪怕……也……"的相关知识，并为后面的新信息做准备。在表顺向制约时，听话者自觉地将其引入顺向结果项。如：

　　在她临上火车的时候，哪怕他说过一句挽留的话，她也……

听话者自然地结合说话者的语气以及具体语境产生知觉反应，选择与其最相符的一项。在这句话中，听话者会自然地选择与其最相符的项。

2. 应接项

在"哪怕 A，也 B"句式中，应接项为 B 项。

26

在她临上火车的时候，哪怕他说过一句挽留的话，她也会回心转意。

在这个句子中，B "她会回心转意" 是为该句传递的新信息。与听话者选择的最相符项相吻合，更能说明 A 与 B 的顺向制约关系。

一　着意焦点

焦点是一个句子在意义上比较突出的部分，是说话人希望听话人格外注意的部分①；是新信息的核心，是说话人、作者最想让听话人、读者知道、注意的部分②。所谓着意焦点，它在句子中负载着说话人特别关注和特别强调的语义信息③。

句子逻辑重音的位置不同，焦点也不同，句子的意思也就随之改变了，句子的焦点取决于逻辑重音④。重读的句法成分都是着意焦点，它们负载着说话人特别关注和特别强调的语义信息。

（一）顺向制约 "哪怕句" 中假设句、条件句、目的句的信息焦点

顺向制约 "哪怕 A，也 B" 句中的假设句、条件句、目的句中，信息焦点在 A 分句。并且逻辑重音在核心动词上。如：

（28）哪怕我再早来一步，结果也不会如此。（网易博客）

（29）他功夫很深，哪怕只闻一闻，也能辨别出是不是有毒。（新天龙八部吧）

例（28）为假设句，B "结果不会如此" 是对现实的否定，基于

---

①　袁毓林：《句子的焦点结构及其对语义解释的影响》，《当代语言学》2003 年第 4 期，第 323 页。

②　龚一文：《"即使" 的篇章功能研究》，学位论文，上海师范大学，2011 年。

③　丁力：《现代汉语列项选择问研究》，华中师范大学出版社 1998 年版，第 96 页。

④　赵敏：《"连" 字句、"甚至" 句、"即使" 句的对比分析》，学位论文，暨南大学，2004 年。

这个否定反推出它的前提假设 A "我再早来一步"。A 是为了否定 B 而对过去的一个假设，"早来"表示当时这个动作发生的情况下就可以出现 B。此时"早来"重读，也是这个句子的逻辑焦点。例（29）为条件句，A 中的"闻一闻"是 B 的一个充分条件，B "能辨别出是不是有毒"是 A 的结果，逻辑重音落在"闻一闻"这个谓词上，进一步突出对描述对象的肯定。

目的句如例（21）：

> 哪怕你往前推一点点，我也好够得着。

此例中，B "我好够得着"是一个目的，为了达到这个目的，说话人提出 A "你往前推一点点"的建议，这个建议就在核心动词"推"上，是说话者最期待听话人发出的动作，逻辑重音落在"推"上，表明说话者的动机和要求。

（二）顺向制约"哪怕"句中因果的信息焦点

顺向制约"哪怕 A，也 B"因果句中，信息焦点在 B 分句上。如：

> （30）乔致庸哪怕为了重拾乔家复字号的信誉，也要把高粱霸盘继续做下去。（朱秀海《乔家大院》）

例（30）中，A "为了重拾乔家复字号的信誉"是原因，B "要把高粱霸盘继续做下去"是结果，这句话中，A 是为了突出强调 B，突出了乔致庸的决心，因此重点在 B 上。

二　表述效果

表述效果是指"主观化"的表达功能。"主观性"是语言的一种特性，即在一个人的话语中多少会含有说话人表达"自我"的成分。换言之，说话人在说出一段话时，总会表明自己说这段话的立场、态度和感情，也就是话语中留下的具有说话者自身特点的印记①。

（一）信息焦点在 A 分句时

1. 假设句

顺向制约"哪怕"句中的假设句，一般表遗憾、责怪。如：

（31）哪怕我再早来一步，结果也不会如此。（句子迷《佳句欣赏》）

例（31）是对过去的时间点进行的一种假设，B"结果不会如此"是说话人期待的结果，只要满足 A"我再早来一步"就会出现 B。而事实上因为 A 没有发生，导致 B 也没有发生，表达了对自己的一种自责、遗憾和悔恨之感。

2. 条件句

顺向制约"哪怕"句中的条件句，一般表建议、条件、愿望。如：

（32）你再多给我点时间，哪怕就一天，我也会给你个满意的答复。

（33）一别十二载，娘想儿都想出病来了，哪怕早一分钟见到也是好的啊！（《蒋氏家族全传》）

例（32）中，B"我会给你个满意的答复"是听话人和说话人都期待的结果，为了达到这个结果，说话人提出 A"你再多给我点时间，就一天"这样的条件和建议，目的就是让听话人满足条件 A。例（33）交代了语境"一别十二载，娘想儿都想出病来了"，A 中的"早一分钟"，突出了"娘"想见到儿子的迫切心情和愿望。

---

① 沈家煊：《语言的"主观性"和"主观化"》，《外语教学与研究：外国语文》（双月刊）2001 年第 33（4）期，第 268—275 页。

3. 目的句

顺向制约"哪怕"句中的目的句，表建议、期待。如例（21）：

哪怕你往前推一点点，我也好够得着。

此例中，B"我好够得着"是目的，为了达到目的 B，说话者提出 A"你往前推一点点"这样的建议，表现出一种期待的心情。

（二）信息焦点在 B 分句时

顺向制约"哪怕"句的信息焦点在 B 分句时，表示强调和决心。如：

（34）"他迟早准会回来的，"她向自己说，"哪怕为了穿这双皮鞋。"（加西亚·马尔克斯《百年孤独》）

（35）早晚有一天，我也会做出点成绩给你看的，哪怕就为了让你后悔说出这样的话。（天涯论坛）

例（34）中，A 和 B 是典型的因果关系，A"为了穿这双皮鞋"是原因，B"他迟早准会回来的"是结果，说话人说这句话，就是为了突出强调 B 发生的必然性。例（35）中，A 和 B 表示因果关系，A"就为了让你后悔说出这样的话"是原因，B"早晚有一天，我会做出点成绩给你看的"是结果，说话人说这句话，目的就是突出强调 B，表现出一种决心。

因此，在顺向制约"哪怕 A，也 B"句式中，着意焦点在前分句时，假设句一般表遗憾、责怪；条件句一般表建议、条件、愿望；目的句表建议、期待。着意焦点在后分句时，表示强调和决心。

第二章　A 与 B 为非制约关系

非制约是指分句之间既不互为因果，又不互相对立，是人们在对复句的前后分句进行主观推测的过程中，既不能依据前一分句的成立，而推出后一分句成立或者很可能成立；也不能依据前一分句的成立，而推出后一分句不成立或者很可能不成立。

在非制约关系中，A、B 是并列平行关系，不能通过 A 的成立判断出 B 成立或者不成立。这里"哪怕 A，也 B"句式表强调或选择。如：

(36) 哪怕他是皇上，他也是我的儿子。(网评《少年天子》)

(37) 哪怕我穿双漏洞的破袜子，也不穿他给我买的新的。(百度知道)

例 (36) 是表强调，A 为"他是皇上"，B 为"他是我的儿子"，我们既不能通过 A "他是皇上"来判断出他是不是我儿子，也不能通过 B "他是我的儿子"来判断出 A "他是皇上"。A、B 两个身份为平行关系，强调 B。

例 (37) 是表选择，A 分句为"穿双破洞的袜子"，B 分句为"不穿他给我买的新的"，表示说话者的一种主观选择，A、B 为平行选择关系。

第一节　语表形式

同样，分析非制约关系"哪怕"句的语表形式特征时，我们通过主语与关系词的位置关系、前分句的情况、后分句的情况以及句子的整体特征来考察这类句子的外在形式特征。

一 主语与关系词语的位置关系

非制约关系"哪怕 A, 也 B"句式中, 主语必须一致, 只出现一次或不出现。

(一) 只出现一次的情况

主语可以放在前分句, 也可以放在后分句。放在前分句的时候, 可以在关系词前, 也可以在关系词后, 不影响句意。放在后分句的时候, 主语只能在关系词"也"的前面, 引领后分句。如果主语放在"也"的后面, 就会出现语句不通的毛病。如:

(38) 你哪怕穿这条裙子, 也别穿那条。(腾讯网)

→哪怕你穿这条裙子, 也别穿那条。

→哪怕穿这条裙子, 你也别穿那条。

→*哪怕穿这条裙子, 也你别穿那条。

(二) 主语前后分句都不出现的情况

在祈使句、已知主语 (根据语境可以推测出来) 或主语比较宽泛时, 句中主语可以省略不出现。如:

(39) (前文:"你能不能换一个乐器") 哪怕选个葫芦丝也别选钢琴。(百度提问)

(40) 哪怕吃窝边草, 也不吃回头草。(爸妈在线心理网)

在例 (39) 祈使句中, 根据上下文可以了解到, 主语是第二人称"你"。此时, 根据语言经济适用性原则, 可以省略主语。省略后, 不影响句意。例 (40) 表示一个观点, 主语比较宽泛, 可以适用多数人。此时省略主语, 不影响句意。

二　前分句的情况

从关系词"哪怕"的替换与删除对前分句进行研究。

（一）关系词"哪怕"的替换

1."哪怕"与"就算""就是"的替换

在非制约关系"哪怕"句中，"哪怕"有时可以替换为"就算""就是"。如：

（41）他是一个要面子的人，哪怕你背地里打他，也不要当众说他。（网易新闻网）

→他是一个要面子的人，就算你背地里打他，也不要当众说他。

→他是一个要面子的人，就是你背地里打他，也不要当众说他。

例（41）中，A"你背地里打他"，是一种选择，也是一种让步，替换为"就算""就是"，让步意明确。

2."哪怕"与"宁可/宁愿"的替换

在表主观意愿选择时，如果 B 明显不如 A，"哪怕"可替换为"宁可/宁愿"。如：

（42）a. 这些姑娘都是挑剔的主儿，哪怕少买一件，也要买质量好的。（魔兽世界玩儿法）

b. 这些姑娘都是挑剔的主儿，宁愿/宁可少买一件，也要买质量好的。

例（42）中，A 为"少买一件"，B 为"买质量好的"，这里把关系词"哪怕"替换为"宁可/宁愿"都可以表示为了选择 B，而不得不选择"少买一件"，表示一种忍让选择关系。此时可以替换。

但它们之间一般不能随意替换，替换后也有细微区别，试分析：

"宁愿、宁可"句的 A、B 两项可以是等级相同的平行选择关系，具有明显对比性，意愿选择度比较强；而"哪怕"句不可以，两项之间本来就有一个劣势选项，A 应该明显地不如 B。如：

（43）宁当鸡头，不做凤尾。（人民网《生命时报》）

→*哪怕当鸡头，不做凤尾。

（44）狄拉克则说："一个理论家宁可要一个美的方程，也不要一个丑的但结果与实验数据更相近的方程式。"（吴国胜《科学通史》）

→*狄拉克则说："一个理论家哪怕要一个美的方程，也不要一个丑的但结果与实验数据更相近的方程式。"

例（43）中，"鸡头"和"凤尾"具有明显的反义性和对比性，此时通过用关系词"宁可"来表达说话者个人的意愿选择，这句话中说话者的主观意愿是选择 A。A、B 好坏难分，但到底是"鸡头"好还是"凤尾"好，仁者见仁，听话者和一般人的选择也不尽相同。而这里的"宁可"不能替换为"哪怕"。在由"哪怕"连接的 A 和 B 中，B 一定是比 A 差的选择，听话者和一般人都会明显地趋向于选 B，分歧比较小，但听话者选择了 A，更表明了一种反常选择性。

同理，例（44）中，A"一个美的方程"和 B"丑的但结果与实验数据更相近的方程式"具有明显的反义对比性，A、B 好坏难分，对一般人而言，选 A 还是选 B 仁者见仁，用"宁可"只能代表说话人的主观意愿选择。因为 A、B 不存在优劣之分，所以这里的"宁可"也不能用"哪怕"进行替换。

说话者与主语不相同时，"宁愿、宁可"代表的是主语的主观意愿选择；"哪怕"代表的只是说话者的主观意愿选择。如：

（45）a. 你哪怕出去走走，也别老在家呆着。（福建船政交通学院吧）

*b. 你宁愿/宁可出去走走，也别老在家呆着。

c. 我宁愿/宁可出去走走，也别老在家呆着。

例（45）a 中，A "你出去走走" 表示一种建议，说话者和实施者（主语）并非同一人，只是表示说话人内心的选择和建议。而这里的 "宁可/宁愿" 句只能代表施事的主观意愿选择，（45）b 中，"你出去走走" 是说话者的主观意愿，而说话者和实施者不一致，因此 A 不是施事者的主观意愿，因此将 "哪怕" 替换为 "宁可/宁愿"，就会有语句不同、表述不清的毛病。将句子改为变式 c，这时说话者和施事者一致，就可以用 "宁可/宁愿" 了，但又和原句语义不符，因此，这里的 "哪怕" 不能替换为 "宁愿/宁可"。

（二）关系词 "哪怕" 的删除

非制约关系 "哪怕" 句中，在具体的两项特指选择中，删除关系词 "哪怕" 后，句子照样成立，但强调意愿减弱。试比较：

（46）a. 我哪怕选他当我的老师，也不选你。（《糗事百科》）

b. 我选他当我的老师，也不选你。

例（46）中，A "选他当我的老师" 是被选项，B "你" 是弃选项。a 句中运用关系词 "哪怕"，表达出一种让步意，即虽然 A 不好，但只要不选 B 也忍了，表现出一种忍让，比较和强调意味较重。b 句中，删除关系词 "哪怕" 后，只表示说话者的一种选择，平铺直叙，比较和强调意味较轻。

三　后分句的情况

从分句 B 的特征，关系词 "也" 的省略和 B 分句的整体移位角度对后分句进行研究。

（一）分句 B 的特征

非制约关系 "哪怕 A，也 B" 句式中，B 分句往往含有 "不、别、不要" 等表示否定的词语表弃选项，也有含 "要，得" 表示肯定的词语做被选择项的。如：

（47）哪怕你每天粗茶淡饭，也别老大鱼大肉。（短文学网《随感日记》）

（48）哪怕自己做，也不要抄别人的。（《句子迷》）

（49）哪怕不买对的，也得买贵的。（搜狐滚动）

例（47）中 B 分句"别老大鱼大肉"中含有否定词"别"，表示一种舍弃的含义。同理，例（48）中 B 分句"不要抄别人的"中含有否定词"不要"，也是指对 B 的否定、舍弃。例（49）中 B 分句"得买贵的"含有肯定词"得"，表现出选 B 的决心。

（二）关系词"也"的省略

1. "也"在"哪怕 A，也 B"句式中不能省略，省略后句子表述不完整，强调性减弱。如：

（50）每一个防守动作都分解为一个细节让她们去领会，哪怕练习时动作慢一些，也要求做到位。（学佛网《吉祥经》讲记）

→*每一个防守动作都分解为一个细节让她们去领会，哪怕练习时动作慢一些，要求做到位。

例（50）中，A 为"练习时动作慢一些"，B 为"要求做到位"，用关系词"也"连接两个分句，去掉"也"后，句子不完整，意思表达不明确。

（三）B 分句的整体移位

B 分句可以整体移位，将句式变为"B，哪怕 A"。如例（50）：

每一个防守动作都分解为一个细节让她们去领会，哪怕练习时动作慢一些，也要求做到位。

→每一个防守动作都分解为一个细节让她们去领会，要求做到位，哪怕练习时动作慢一些。

此例中，B "要求做到位" 整体前移，是为了引起听话人的注意，从而达到强调的目的。

第二节 语里内容

在语里内容方面，我们依然深入分析 A 与 B 的语义关系，并从认知层面对句式的信赖程度进行考察。

一 A 与 B 有共同的论域

在非制约关系 "哪怕 A，也 B" 句式中，A 与 B 有共同的论域。这里所说的论域，是指 A、B 所共同涉及的语义范畴，该范畴可用某一特征的命题语句来表述①。如：

（51）哪怕用手拧，也别用锤子敲。（《作业帮》）
（52）哪怕他是个杀人犯，他也是我的救命恩人。（百度知道）

例（51）中的 A "用手拧" 和 B "用锤子敲" 的共同论域是 "用什么工具，怎么用"；例（52）中的 A "他是个杀人犯" 和 B "是我的救命恩人" 的共同论域是 "他的身份"。没有共同语义场的两项，无法进入该句式，如：

哪怕用手拧，他也是我的救命恩人。

此例中，A 为 "用手拧"，B 为 "他是我的救命恩人"，A 是 "用什么工具，怎么用"，B 是 "他的身份是什么"，A、B 论域不同，因

---

① 丁力：《现代汉语列项选择问研究》，华中师范大学出版社 1998 年版，第 69 页。

此无法进入非制约关系"哪怕A,也B"句式中。

二 A与B的语义关系

在非制约关系"哪怕A,也B"句式中,A与B的关系有两种:一是表选择;二是表提醒强调。

（一）表选择时

这里A、B是并列选择关系,有一个被选项和弃选项,为便于分析,非制约关系"哪怕A,也B"句式中的A、B两项,均表示不带否定词的两个并列选项。如:

哪怕要好桃一个,也不要烂桃一筐。

上述例子中,A分句为"要好桃一个",B分句为"不要烂桃一筐",为便于分析A与B的这种选择关系,我们把A和B定为不含否定词的选项,这里A为"要好桃一个",B为"要烂桃一筐"。

1. 二选一

A、B是给定的两个选项,一般来说,说话者认为听话人或一般人会选B,但说话者通过B的对比而选A,以强调选择或决心。如:

（53）哪怕喝白水,也别喝可乐。（《寻医问药网》）
（54）哪怕选你,我也不选他。（新浪博客）

例（53）中说话者认为听话者一般会选择B"喝可乐",而通过选择A"喝白水"来强调否定B,即"不要喝可乐"。

例（54）中,说话人通过B"你"做对比,来表达不选A"他"的决心。

2. 多者选择

A是一个极端项,只是表一个范围,为了弃选B,在A表示的范围内做任何选择都可以,是一个多选项。

（55）你哪怕应一句，也别不说话。（天涯论坛）

（56）在别人眼里你是很好，在我看来，我哪怕娶个聋子也不娶你。（百度贴吧）

例（55）中，A 为"应一句"，B 为"不说话"。"应一句"是一个极端项，表示一种范围，是不沉默的最低要求，在这个范围里进行选择，说一句或说多句都可以。A 是这个范围内最小的要求，或最差的妥协。

同理，例（56）中，A"娶个聋子"是一个极端的选项，它并不是特指，而是代表一个范围，即"除了你以外的所有人"。

（二）表强调时

A、B 不是选择关系，A 表示假设，"哪怕 A，也 B"是在姑且承认 A 的基础上来强调事实 B。如：

（57）哪怕他是个十恶不赦的人，他也是我的丈夫啊。（天涯论坛·感情天地）

例（57）中，A 与 B 是平行并列关系，A"他是个十恶不赦的人"与 B"他也是我的丈夫"都表示一个人物的两种不同身份，是一种并列的关系。但是 A 一般比较明显，这里 A"他是个十恶不赦的人"，是大家所公认的，或大家所在意的人物身份和特征，容易被大家记起，而另一个身份 B"他是我的丈夫"则容易被大家忽略，此时是用来强调 B 的。

三　认知层面

（一）主观推测层面

在非制约"哪怕 A，也 B"句中，A 与 B 是平行关系，说话人说这句话时，听话者或一般认识是，既不能通过 A 判断 B 是否成立，也不能通过 B 推测出 A 成立的可能性。用信赖程度公式表示为 $P\{B/A\}=0.5$。前面提到非制约关系"哪怕 A，也 B"句式有两种情况：选择和强调。

1. 表选择时

两选一为 P｛A｝< P｛B｝；多项选择为 P｛minA｝< P｛B｝。

1）两选一

A、B 为两个并列选项，一般认识是倾向于选择 B，所以 P｛A｝< P｛B｝。如例（37）：

哪怕我穿双漏洞的破袜子，也不穿他给我买的新的。

此例中，说话者的一般认识是，A "穿双漏洞的破袜子"与 B "穿他给我买的新的"存在平行选择关系，互不干涉，因此 P｛穿他给我买的新的/穿双漏洞的破袜子｝= 0.5，与 A 比较起来，人们一般倾向于选 B，用信赖公式表示为：P｛穿双漏洞的破袜子｝< P｛穿他给我买的新的｝。即 P｛A｝< P｛B｝，P｛B/A｝= 0.5。

2）多项选择

A 不代表指定选择项，而是表示一个范围，这个范围可以表述为：minA。此时一般认识是倾向于选 B，所以 P｛minA｝< P｛B｝。如例（56）：

在别人眼里你是很好，在我看来，我哪怕娶个聋子也不娶你。

此例中，A "娶个聋子"是一个极端项，表面上看是个具体项，其实暗含着一个范围，即除了 B "你"以外的任何人。而一般认识是，在主观意愿上选 B "你"比选 A "一个聋子"的概率要大，即 P｛min 娶个聋子｝< P｛娶你｝。因此，表选择时的主观判定关系是：两选一时为 P｛A｝< P｛B｝；多项选择时为 P｛minA｝< P｛B｝。

2. 表强调时

当主语担当多重身份时，会着重其中一项而忽视另一项。人们也无法从其中一项推测出另一项。如例（36）：

哪怕他是皇上，他也是我的儿子。

此例中，A 为"他是皇上"，B 为"他是我的儿子"，人们既不能通过"他是皇上"来判断"他是我的儿子"成立，也不能通过"他是我的儿子"来判断"他是皇上"是否成立。用信赖程度表示为：P｛他是我的儿子/他是皇上｝＝0.5。这里的 A 和 B 为并列关系，但人们一般更会注意 A 的身份而忽视了 B，因此 P｛他是皇上｝＞P｛他也是我的儿子｝，即 P｛A｝＞P｛B｝，P｛B/A｝＝0.5。

因此，非制约关系"哪怕 A，也 B"句的主观推测层面为：P｛B/A｝＝0.5，表两选一时 P｛A｝＜P｛B｝；表多项选择时 P｛minA｝＜P｛B｝；表强调时 P｛A｝＞P｛B｝。

（二）客观反映层面

1. 表选择时

1）二选一

A、B 为两个并列选项，在客观事实上选择了 A，所以 P｛A｝＞P｛B｝。如例（37）：

哪怕我穿双漏洞的破袜子，也不穿他给我买的新的。

此例中，A"穿双漏洞的破袜子"与 B"穿他给我买的新的"，在客观事实上，说话者选择了 A。用信赖公式表示为：P｛穿双漏洞的破袜子｝＞P｛穿他给我买的新的｝。因此，两选一"哪怕"句的客观反映为：P｛A｝＞P｛B｝。

2）多项选择时

A 表示的范围项与 B 进行比较，客观事实上弃选了 B，所以 P｛minA｝＞P｛B｝。如例（56）：

在别人眼里你是很好，在我看来，我哪怕娶个聋子也不娶你。

此例中，前面提到，A 只表示一个范围，是指 B 以外的任何选择。在客观实际上，说话者内心选择了 A，而弃选了 B。用信赖公式表示为：$P\{\min 娶个聋子\} > P\{娶你\}$，即 $P\{\min A\} > P\{B\}$。

2. 表强调时

如例（36）：

　　哪怕他是皇上，他也是我的儿子。

这里的 A "他是皇上" 与 B "他是我的儿子" 事实上都是客观发生的事实。用信赖程度表示为：$P\{他是皇上\} = 1$，$P\{他是我的儿子\} = 1$。即 $P\{A\} = 1$，$P\{B\} = 1$。

因此，非制约 "哪怕 A，也 B" 句的客观反映层面为：表两选一时为 $P\{A\} > P\{B\}$；多项选择时为 $P\{\min A\} > P\{B\}$；表强调时 $P\{A\} = 1$，$P\{B\} = 1$。

第三节　语用价值

我们依然从句子的着意焦点和表述效果方面对非制约关系 "哪怕 A，也 B" 句的语用价值进行分析。

一　着意焦点

非制约关系 "哪怕 A，也 B" 句中，表选择和表强调时的着意焦点有所不同。

（一）表选择时

非制约关系 "哪怕 A，也 B" 句表示二选一或多项选择时，信息焦点在弃选项。如：

　　（58）哪怕少食多餐，也不要暴饮暴食。（百度《拇指医生》）

例（58）中，A "少食多餐" 为被选项，B "暴饮暴食" 为弃选

项。这句话通过 A 烘托强调 B 不要暴饮暴食，因此，信息焦点在
"不要暴饮暴食"上。

（二）表强调时

非制约关系"哪怕 A，也 B"句表示强调时，信息焦点在提示
项。如：

（59）哪怕它是一条狗，它也是一条生命。（人人网）

例（59）中，A 为"他是一条狗"，B 为"是一条生命"，人们
往往只会注意到 A"它是一条狗"的身份，而忽视了应该注意到它也
是一条生命。这句话重点提示要爱护它，因此信息焦点在提示项"它
是一条生命"上。

二 表述效果

非制约关系"哪怕 A，也 B"句的表述效果有三种：表一般选
择、表决心和表强调。

（一）表一般选择

这类句子只表示个人在两个选项中的一般选择，平铺直叙，感情
色彩较差。有两种情况：取前弃后和弃前取后。

1. 取前弃后

这一类句子中关系词"也"后经常带"不要、别、不"等否定
词。如：

（60）哪怕坐轮船，也别坐飞机。（万游网）

例（60）中，A"坐轮船"为被选项，B"坐飞机"为弃选项，
B 分句中含有否定词"别"。这类句子都是取前弃后。

2. 弃前取后

这一类句子的前分句往往含有表示"不"的否定词，后分句常有
"得、要"等表示肯定的词。

（61）哪怕不吃米饭，也得吃几口菜。（四海美食网）

（62）我去试试，他哪怕不看姐姐的面子，也得看他老爹的面子。（糗事百科）

例（61）中，A分句"不吃米饭"中含有否定词"不"，B分句"得吃几口菜"中含有表示肯定的词"得"。A为弃选项，B为弃选项。这类句子都是弃前取后。同理，例（62）中，A分句含有否定词"不"，B含有肯定词"得"，弃A取B。

（二）表决心

A一般为极端项，表一个范围内的多项选择，通过对比A和B，从而烘托出弃选B的决心。如例（37）：

哪怕我穿双漏洞的破袜子，也不穿他给我买的新的。

例（37）中，A"穿那双漏洞的破袜子"是一个极端选项，表示除B"他买的新的"以外的任意一双袜子，用A这种极端项来烘托弃选B的决心。

（三）表强调

当A、B都存在时，人们往往重视A而忽视B，通过A来强调B的存在和真实性。B不因A的改变而改变。如例（36）：

哪怕他是皇上，他也是我的儿子。

例（36）中，A"他是皇上"与B"是我的儿子"，都是主语"他"的两个身份，大家往往都会重视A，而忽视了B的存在。说话者运用该句式，是为了烘托强调B。

第三章 A 与 B 为逆向制约关系

所谓逆向制约是指前后分句的语义是相反的，某一结果并不是由某种原因顺承而来的，指逆着上文语义的方向表转折的关系。分句前后不一致、相互对立。人们在对复句的前后分句进行主观推测的过程中，可依据前一分句的成立，推出后一分句不成立或者很可能不成立。

容忍性让步句和转折句在前后分句语义上的区别就在于它们的前后分句间是否存在因果违逆的关系。所谓因果违逆，是指作为结果的乙事不是作为原因的甲事的顺承结果，而是与甲事的顺承结果相反的逆转结果①。

（63）儒家有云："万物静观皆自得"，只要您做到内心平静，哪怕是身处茅屋，也能感到充实而满足。（新浪网《读书频道》）

例（63）中，A 为"身处茅屋"，B 为"能感到充实而满足"；一般而言，身处茅屋是一种艰苦的生存环境，不会有幸福感，更不会感到充实而满足，但 B 并不是作为原因的 A 的顺承结果，而是一种逆转结果，A、B 为转折关系。

第一节 语表形式

在分析逆向制约关系"哪怕"句的语表形式特征时，我们同样通

---

① 邢福义、王国胜：《现代汉语》，华中师范大学出版社 2003 年版，第 368 页。

过主语与关系词的位置关系、前分句的情况、后分句的情况以及句子的整体特征来考察这类句子的外在形式特征。

一 主语与关系词语的位置关系

在这类"哪怕 A,也 B"句中,前后分句的主语也有两种情况:第一种情况是 A、B 主语一致;第二种情况是 A、B 主语不同。

(一)当 A、B 主语相同时

1. 主语只出现一次的情况

在逆向制约"哪怕 A,也 B"句中,如果只出现一个主语,那么它可以出现在前分句,也可以出现在后分句。如:

(64)要把自己磨练得无比强韧,哪怕毕业之后不得不像陆步轩一样要靠杀猪卖肉为生,你也照样能挺起胸膛,打拼出新的天地。(百度文库《完美大学必修课读书文摘》)

→哪怕你毕业之后不得不像陆步轩一样要靠杀猪卖肉为生,也照样能挺起胸膛,打拼出新的天地。

→你哪怕毕业之后不得不像陆步轩一样要靠杀猪卖肉为生,也照样能挺起胸膛,打拼出新的天地。

例(64)中,主语"你"出现在前分句时,主语可以在关系词"哪怕"前,也可以在"哪怕"后;出现在后分句时,必须在关系词"也"的前面贯穿整个句子,否则语法不通,句子不成立。

2. 前后分句主语都不出现的情况

在逆向制约"哪怕 A,也 B"句中,主语一般都会出现。但在两种情况下,主语可以省略:

其一,祈使句的主语,或主语比较抽象或宽泛,不需要指出,主语可以省略。如:

(65)很多事情都要到最后的时刻才会决出分晓,所以哪怕已经"知其不可为",你也要再坚持一分钟。(黑格尔《哲学史

讲演录》)

　　→很多事情都要到最后的时刻才会决出分晓，所以哪怕已经"知其不可为"，也要再坚持一分钟。

　　例（65）祈使句中主语"你"可以省略，原意不变。而且这里的"你"也不仅限于对方，是一个一般原理，适用于大多数人，主语比较宽泛，此时可以省略。

　　其二，主语在上下文出现，或根据上下文能推断出来。如：

　　（66）国君根本不需要是圣人或超人。只要忠实地执行他们的法术，哪怕是仅有中人之资也能治国，并且治得很好。（冯友兰、涂又光《中国哲学简史》）

　　例（66）中，在"哪怕"句的前文，已经交代了主语"国君"，根据语言的经济性原则，此时主语可以省略。

　　（二）当 A、B 主语不同时

　　A、B 主语不同时，一般两个主语都会出现，但在一定条件下也可以只出现一个。

　　1. 两个主语都出现

　　在逆向制约"哪怕"句中，A、B 主语不同时，一般两个主语都会出现，如：

　　（67）牛顿为此一生记恨胡克，哪怕几十年后，胡克早就墓木已拱，他还是不能平心静气地提到这个名字。（百度文库《牛顿的历史事实》）

　　例（67）中，A 分句的主语是"胡克"，B 分句的主语"他"指的是"牛顿"，如果省略掉其中任何一个主语，就会有表述不清的毛病。

　　2. 主语只出现一个

　　当 A、B 主语不同时，"哪怕"句的主语可以只出现一个的情况有两种：

其一，前分句的主语可以根据语言环境推测出来时，可以省略。如：

（68）哪怕让她当女王，她也不肯在家呆一天的。（社会科学《当代世界文学名著鉴赏词典》）

例（68）中，根据语境可以推断出 A 分句的主语是"我"，此时可以省略，但 B 分句的主语"她"第一次出现，省略以后，后分句指向不明，表述不清，因此不能省略。

其二，后分句的主语出现在前分句中，为避免累赘，此时可以省略。试比较：

（69）a. 要时刻保持冷静的头脑，坚决杜绝贪念，要想到，哪怕只有一次要赌一把的热血来潮的冲动，也会让你追悔莫及的。（百度知道《股票基本分析方法简述》）

b. 要时刻保持冷静的头脑，坚决杜绝贪念，要想到，哪怕只有一次要赌一把的热血来潮的冲动，这种冲动也会让你追悔莫及的。

例（69）中，B 分句为"会让你追悔莫及"，根据语义可知，B 分句的主语是"这种冲动"，包含在 A 分句中。如果 B 分句的主语不省去，就比较生硬和累赘。

二 前分句的情况

我们从分句 A 的特征、关系词"哪怕"的替换和删除方面，对逆向制约关系"哪怕"句的前分句进行研究。

（一）分句 A 的特征

逆向制约关系"哪怕 A，也 B"句中，A 的性质比较广泛，可以是不及物动词、名词、数量词、形容词、形容词的比较级形式、主谓短语、介词短语或句子。

第一种，A 是不及物动词。如：

（70）哪怕爬，我也得爬回去。（沈夜《古剑奇谭2》）

例（70）中，A 为"爬"，是一个不及物动词。

第二种，A 是名词。这里的名词必须具有典型性，可指极小、极大的事物或人物。如：

（71）哪怕小学生，也可以利用这个简单的公式来做一些计算。（凯迪社区《［灌水］爱因斯坦突然灵光一闪（阅读之十三）》）

例（71）中，A 为"小学生"，是一个名词，具有典型性，表极小的人物。

第三种，A 是数量词。A 一般表示极大或极小的数，进入"哪怕A，也B"句式，数量词一般重读。如：

（72）时间是最为重要的因素，不管多么好的发明和发现，如果比别人晚了，哪怕1％秒，也就不成其为发明了。（北大语料库）

例（73）中，A 为"1％秒"，是一个数量词，表示一个夸张的极小值，为了突出时间的重要性，这个极小值应该重读。

第四种，A 是形容词。如：

（73）哪怕荒唐，也得继续演下去。（高考恋100天）

例（73）中，A 为"荒唐"，是一个形容词。

第五种，A 为比较级形式。如：

（74）哪怕再累，也不能有半句怨言。（《独家观察》）

例（74）中，A 为"再累"，是"累"的比较级形式。

第六种，A 为主谓短语。如：

（75）哪怕拖一百年，中国人也不会祈求取消制裁。（邓小平《中国人不会乞求取消制裁》）

例（75）中，A"拖一百年"是一个主谓短语。

第七种，A 是介词短语。如：

（76）这话哪怕在家里，也不能乱说。（腾讯网）

例（76）中，A 为"在家里"，是一个表地点的介词短语。

第八种，A 是一个句子。

（77）哪怕假鸡蛋做得比真鸡蛋还美味，还有营养，也不能当做真鸡蛋来卖。（琛颢《假鸡蛋充斥市场谁来监管?》）

例（77）中，A 为"假鸡蛋做得比真鸡蛋还美味"是一个句子。

（二）让步连词"哪怕"的替换

"哪怕"可以替换为"宁可""即使""即便""就算""纵然"，但是有区别的。

1. "哪怕"与"宁可"的替换

"哪怕 A，也 B"中，A 与 B 有忍让关系时，"哪怕"可以替换为"宁可"。张宝胜指出："'宁可'复句表达的意思是，说话人认为要想达到某种结果，必须付出某种代价，而说话人认为应该付出这种代价。"① 如：

---

① 张宝胜：《"宁可"复句的语义特征》，《语言研究》2007 年第 1 期，第 56 页。

（78）哪怕自己饿着，也要让孩子吃饱。（好豆网《亲子乐园》）

→宁可自己饿着，也要让孩子吃饱。

例（78）中，A 为"自己饿着"，B 为"要让孩子吃饱"，这里表示为了达到 B 而不得不忍受 A，在这种表忍让的情况下"哪怕"可以替换为"宁可"。

2. "哪怕"与"即使、即便、就算"的替换

在表假设让步时，"哪怕"在大多数情况下都可以替换为"即使、即便、就算"。如：

（79）哪怕是北大的学生，找工作也可能充满了周折。（任雨中、张锐《完美大学必修课》）

→即使是北大的学生，找工作也可能充满了周折。

→即便是北大的学生，找工作也可能充满了周折。

→就算是北大的学生，找工作也可能充满了周折。

例（79）中，"哪怕"替换为"即使、即便、就算"，替换以后意义相同。

但"即使、即便、就算"三词的语法功能基本相同但略有区别："即使、即便"较书面化，"就算"较口语化。

（80）a. 只要能够达到目的，即便言过其实，也在所不计。（道客巴巴《历史学是什么：新时期几种史学定义简议》）

b. 只要能够达到目的，即使言过其实，也在所不计。

c. 只要能够达到目的，就算说得有点不符合实际，也可以不计较。

例（80）中，a、b 两个句子较书面化，c 句较口语化。

3. "哪怕"与"纵然、纵使"的替换

逆向制约"哪怕 A，也 B"句中，在 A 表假设时，"哪怕"可替

换为"纵然、纵使"。如:

（81）纵然/纵使他有三头六臂，又能奈我何?

→哪怕他有三头六臂，又能奈我何?

例（81）中，A为"他有三头六臂"表示一种假设，"哪怕"和"纵然、纵使"可以相互替换。

但它们也有各自的特征，不能随意替换。

第一，"纵然、纵使"比"哪怕"更具书面色彩。如:

（82）a."奴才万死不辞，纵然/纵使前面刀山火海也在所不惜!"（爱嗑瓜子《盛世为后》）

b.哪怕前面刀山火海，也没有丝毫惋惜。

例（82）中，"纵然、纵使"是早期就出现的让步连词，带有明显的文言文色彩，而"哪怕"则较口语化。

第二，"纵然"中的A可以是事实，表示暂且承认，而"哪怕"中则不能。如:

（83）a.（我知道你心里不踏实）你纵然有千般疑问，也得按律履行。

b.你哪怕有千般疑问，也得按律履行。

例（83）a中，A为"你有千般疑问"，表示一种事实；而（84）b中，"你有千般疑问"，表示一种假设。

第三，"纵然A，也B"中，A为事实时，可以表示对A的一种肯定和评价。如:

（84）a.你去纵然能解决部分问题，但不能让你去冒险。

b.你去哪怕能解决部分问题，但不能让你去冒险。

例（84）a 中，A "你能解决部分问题" 表示事实，用 "纵然" 一词表示对 A 的部分肯定和评价；而 b 句中 A 仅仅表示一种假设，并没有对 A 作出评价和肯定。

（三）关系词 "哪怕" 的删除

"哪怕" 一般不可以删除，仅仅在 A 是比较级形式或有明显的虚拟性的情况下，才可以删去不用，语义不变。

1. 不删除的情况

关系词 "哪怕" 一般不能删除，删除后表述不清，语义不明。如：

　（85）a. 哪怕这个东西不值钱，也照样会高价卖出。
　　　　b. 这个东西不值钱，也照样会高价卖出。

例（85）a 句中，关系词 "哪怕" 表示一种假设让步；b 句中，删除关系词 "哪怕" 后，表示一种客观事实陈述，只表示一般转折，而没有表让步义。

2. 可以删除的情况

关系词 "哪怕" 可以删除而不影响句意的情况有两种：

第一种，A 项是比较级形式，如：

　（86）哪怕你人数再多，也是一样东西都买不到的。
　　　　你人数再多，也是一样东西都买不到的。

例（86）中，A 为 "你人数再多" 是一个表示比较级的句子，表示让步转折，删除 "哪怕" 后，也有很强的假设让步性，句意不变。

第二种，A 项有明显的虚拟性，如：

　（87）哪怕天上下刀子，我也要跟你去。
　　　　天上下刀子，我也要跟你去。

例（87）中，A 为"天上下刀子"，是一种不可能发生的假设情况，让步色彩浓郁，去掉关系词"哪怕"后，也有明显的假设让步义。

三 后分句的情况

从关系副词"也"与"还""都"的替换及关系词"也"的删除角度来对后分句进研究。

（一）关系副词"也"与"还""都"的替换

"也""还""都"是现代汉语中使用频率极高的副词，它们都可以作为表联结两个分句的关系词，但它们在语义上具有明显的区别。当它们单独使用时，进入让步句后，能够凸显不同的表达功能。[①] 不同的搭配体现了使用者主观上不同的表达意愿以及分句之间不同的深层语义关系。如"还"字突出了重复动作与原动作之间的连续性，而"都"字的基本语义是"总括全部"[②]。试比较：

（88）哪怕世人用再嘲讽的口气来讥笑我们，我们也不能改变这一立场。

这里的"也"表示同样的意思。

（89）哪怕是我们女性观众，都会觉得热血沸腾，激情澎湃。
（90）人生在世，做过各种不同的工作，哪怕是性质截然不同的工作，都是有意义的。（吴兴人《戴博的履历》）

例（89）中"都"表范围，不仅包括男性也包括女性。例（90）中"都"表示"所有的不同的工作"，同样表示范围。

---

① 唐凤燕：《现代汉语"即使"复句探析》，学位论文，暨南大学，2003 年。
② 朱珏：《"即使……也……"复句研究》，学位论文，上海外国语大学，2007 年。

（91）只要被我叮上了，就不会轻易放弃，哪怕碰一千次壁，我还会一千零一次找上门去。

例（91）中，"还"字突出了重复动作与原动作之间的连续性。这里的意思是：如果一直不成功，找上门这件事情就不会停止。

从上面的例子可以看出，"也"与"还""都"有着十分明显的区别，它们之间不可以随意替换。

（二）关系词"也"的删除

关系词"也"和"还""仍然""都""同样""照样"等词连用时，"也"可以删去，不影响句意。如：

（92）这件事简直成了大哥的心腹之患，他咬牙切齿发誓说，哪怕到七十岁，这个婚也还是要离的。

→这件事简直成了大哥的心腹之患，他咬牙切齿发誓说，哪怕到七十岁，这个婚还是要离的。

例（92）中，B 为"婚是要离的"，"也还"连用表示做这件事情的决心，去掉"也"字，仍然可以表示事情的不变性。

（93）a. 谎言就是谎言，哪怕重复一千遍也仍然是谎言。（《人民日报》2000 年）

b. 谎言就是谎言，哪怕重复一千遍仍然是谎言。

例（93）中，B 为"是谎言"，"仍然"和"也"表示"同样"的意思，去掉"也"后，句子意思不变。

（94）叙述中插进死者的几封遗书，而且对于找到的每一张字条，哪怕是最小的字条，也都加以认真研究。（《少年维特的烦恼》）

例（94）中，B"加以认真研究"，这里的"都"是全部的意思，省略"也"句意不变。

（95）主力队员都没有很好的投篮机会。而辽宁队年轻球员只要得到机会，哪怕是在 3 分线外也同样敢于出手。（新华社 2004 年 12 月新闻报道）

例（95）中，B"敢于出手"，这里的"也"和"同样"都表示照样的意思，省略"也"意思不变。

四 整体句式

"哪怕"句有时候会出现在多层级的复句中，此时，不能把"哪怕"与所在复句孤立开来，需要在多级复句中考察"哪怕"句的特征。

（一）"B，哪怕 A"句式

"哪怕，也 B"句中 B 整体位移，构成"B，哪怕 A"句式，句意不变。而 B 提前会更引人注意，表强调，A 放其后，表衬托或补充。如：

（96）搞市场经济首先要更新意识，要敢于否定自己，哪怕是自己最得意的产品。

例（96）中，B"搞市场经济首先要更新意识，要敢于否定自己"整体移位到前半句，表示突出强调，A"是自己最得意的产品"起补充衬托作用。

（二）"哪怕 A，哪怕 C，也 B"句式

两个"哪怕"分句连用，此时 C 与 A 表示一种递进关系，其中第二个"哪怕"替换为"甚至"，则更加说明了这一点。试比较：

（97）哪怕希望极其渺茫，哪怕根本就没有希望，他也一样

竭尽全力去争取。(朱小平、吴金良《蒋氏家族全传》)

　　→哪怕希望极其渺茫，甚至根本就没有希望，他也一样竭尽全力去争取。

　　例 (97) 中，A 为"希望极其渺茫"，C 为"根本就没有希望"，B 为"他一样竭尽全力去争取"。A 表示希望小，C 表示没希望，A、C 两项是一种递进关系。A 为消极项，对 B 这一积极结果的发生产生阻碍。而 C 是 A 的递进项，对 B 的发生产生更大的阻碍，但结果 B 仍然不变。各项之间的语义关系，用关系图来表示为：

(递进)

(消极) A　→　C (更消极)

(逆因果) ↓　↙ (逆因果)

B (积极)

　　(三)"别说 C，哪怕 A，也 B"句式

　　C 与 A 具有递进关系。这种递进关系是指对 B 的发生所产生的制约性的大小关系。这有两种情况：第一种是条件由差到好，却仍然产生了消极结果；第二种是条件由好到差，但却产生了积极结果。

　　第一种，条件由差到好，却仍然产生了消极结果。

　　从 C 到 A，条件由差到好：级别由低到高，关系由疏到亲，利益由小到大等。一般而言，C 产生积极结果的可能性不确定，但通过比 C 条件更好的 A 来说明产生消极结果的必然性。如：

　　(98) a 别说是普通读者了，哪怕是专家学者，也会觉得这个文章很晦涩。

　　(99) a 别说一个外人了，哪怕是你的家人，也不会支持你。

　　(100) a 别说一点股份，哪怕你把整个公司都给他，也不能满足他的野心。

　　例 (98) a 中，从 C 到 A，身份由低到高。一般而言 C "普通读者"产生消极结果 B "觉得这个文章很晦涩"的可能性不确定，但通

57

过对比条件更好的A"专家学者"来说明一般读者"觉得这个文章很晦涩"发生的必然性。

同理,例(99)a中,由C到A,关系由疏到亲。一般而言"一个外人不会支持你"的可能性不确定,通过对比A"你的家人"都不会支持你来说明,产生消极结果B的必然性;例(100)a中,以C到A,利益由小到大,通过对比A"把整个公司都给他"产生的结果B"不能满足他的野心",来说明在C发生的情况下产生B的必然性。这里,各项之间的语义关系用关系图表示为:

(递进)

C → A(积极)

(因果)↓ ↙(逆因果)

B(消极)

第二种,条件由好到差,却仍然产生积极结果。

从C到A,条件由好到差:级别由高到低,关系由亲到疏,利益由大到小等。一般而言,C产生积极结果的可能性不确定,但通过对比条件更差的A来说明产生积极结果的必然性。如:

(98)b 别说是专家学者了,哪怕是普通的读者,也能理解这篇文章。

(99)b 别说你的家人了,哪怕是一个外人,也会支持你的。

(100)b 别说把整个公司都给他,哪怕只是一点股份,他也心满意足了。

例(98)b中,由C到A,身份由高到低。一般而言C"专家学者"产生积极结果B"理解这篇文章"的可能性不确定,但通过对比条件更差的A"一般读者"来说明专家学者能理解这篇文章的必然性。同理,例(99)b中,从C到A,关系由亲到疏。一般而言"你的家人支持你"的可能性不确定,通过对比A"一个外人"都会支持你来说明产生积极结果B发生的必然性;例(100)b中,从C到A,利益由大到小,通过对比A"只是一点股份"产生的积极结果 B "他心满意足了"，来说明 C "把整个公司都给他"发生的情况下，产生积极 B 的必然性。这里，各项之间的语义关系用关系图表示为：

（递进）

C→ A（消极）

（因果）↓↙（逆因果）

B（积极）

（四）"哪怕 C，也 B，何况 A"句式

C 与 A 具有递进关系。这种递进关系是指对 B 的发生所产生的制约性的大小关系。

1. 由有利到不利

以有利条件 C 产生消极后果，来证明不利条件 A 产生消极后果的必然性。如：

（101）这件事情，哪怕是皇后娘娘也犯头疼，何况你我二人。

（102）确实，这部著作哪怕对学者来说也有些枯燥晦涩，何况是普通读者。

例（101）中，C 为"皇后娘娘"，A 为"你我二人"，对这件事的处理，C 比 A 更具有有利条件。通过对比更有利条件 C "皇后娘娘"所产生的消极结果 B "犯头疼"，来说明 A 产生消极结果 B 的必然性。同理，例（102）中，C 为"学者"，A 为"普通读者"，从对这部著作的理解来看，C 比 A 更具有有利条件。通过对比更有利条件 C "学者"所产生的消极结果 B 项"有些枯燥晦涩"，来说明普通读者对这部著作感到枯燥晦涩的必然性。这里，各项之间的语义关系用关系图表示为：

（退步）

（有利）C →A（不利）

（逆因果）↓↙（因果）

B（消极结果）

59

2. 由不利到有利

以不利条件 C 产生积极后果, 来证明有利条件 A 产生积极后果的必然性。如:

> （103）这道题, 哪怕小学生也会做, 何况是高中生。

例（103）中, C 为"小学生", A 为"高中生", 在做这道题的事情上, A 比 C 更具有有利条件。通过对比不利条件 C "小学生"所产生的积极结果 B "会做这道题", 来说明 A 产生积极结果 B 的必然性。这里, 各项之间的语义关系用关系图表示为:

（递进）
（不利）C→ A（有利）
（逆因果）↓↙（因果）
B（积极结果）

（五）"如果/只要 C, 哪怕 A, 也 B"句式

在这类句式中, A 为 B 的条件, B 是结果, A 为阻碍 B 发生的不利条件。如:

> （104）如果你听上去很自信, 哪怕你满嘴胡言乱语, 别人也会信任你。（百度知道）
> （105）只要你脸蛋长得还算过得去, 哪怕一个字也不认识, 也照样能当演员。（百度贴吧）

例（104）中, C "你听上去很自信"为 B "别人会信任你"的原因, B 是 C 的结果。A "你满嘴胡言乱语"对 B "别人会信任你"产生障碍, 但只要 C 发生, A 对 B 产生不了任何影响。同理, 例（105）中, C "你脸蛋长得还算过得去"是 B "能当演员"的充分条件, B 是 C 的结果。A "一个字也不认识"是 B "能当演员"的不利条件, 但只要 C 发生, B 必然发生, A 对 B 产生不了任何影响。这里, 各项之间的语义关系用关系图表示为:

60

（退步）

（条件）C → A （不利因素）

（顺因果）↓↙（逆结果）

B（结果）

第二节　语里内容

在语里内容方面，我们依然深入分析 A 与 B 的语义关系，并从认知层面对句式的信赖程度进行考察。

一　A 与 B 的语义关系

在逆向制约"哪怕 A，也 B"句中，A 对 B 有制约作用，B 是在阻碍条件 A 发生的情况下，依然发生的逆结果。如：

（106）我想了一个晚上，第二天早上决定还是干，哪怕 24 个人全反对我也要干。（《谁认识马云》）

例（106）中，A 为"24 个人全反对"，B 为"我要干"。一般而言，"24 个人全反对"对"我要干"有强烈的制约作用，但事实上 B 并不会受到 A 的影响，B 是 A 的逆结果。

（一）A 是假设，B 是 A 的反向结果

一般情况下 A 的存在会对 B 的发生产生制约，或导致非 B，但事实上 A 依然会导致 B，B 就是 A 的逆结果。如：

（107）我要娶她，这事儿我已经决定了，哪怕全家人反对，我也不会改变我的主意。

例（107）中，A 为"全家人反对"，B 为"我不会改变我的主意"。一般而言，A"全家人反对"会对我的主意产生制约，或导致自己改变主意，但事实上产生了逆结果"我不会改变我的主意"。

（二）B是目的，A是B可能产生的结果

坚持B就有可能产生A的不良后果。但施事者为了达到B，不得不忍受可能出现的A结果，从而肯定B。如：

（108）哪怕上班会迟到，我也要先送你去。

例（108）中，A为"上班会迟到"，B为"我要先送你去"。一般情况下，说话人坚持"要先送你去"，就有可能出现A"上班会迟到"的结果。但说话人宁愿忍受结果A，也要坚持B。

大前提：B $\Longrightarrow$ A（B很有可能导致A）。

小前提：A为不良后果。

结果：为了选择B，忍受由于B带来的A。

目的：肯定B，表决心。

（三）A表范围

A表范围时有两种情况：一种A为极端值，另一种A是比较级形式。

1. A为极端值

A只是表示一种极端值，隐含一个范围，这个范围用C来表示。这里A为C中最极端的例子，是对B形成最大障碍的一项。如：

（109）特别是徽因，严重的妊娠反应使她几乎吃不下任何东西，哪怕喝口水也会呕吐。（张清平《林徽因》）

（110）哪怕一只苍蝇，也无法逃逸。

→哪怕一只苍蝇，都无法逃逸。

例（109）中，A为"喝口水"，B为"会呕吐"。这里的A"喝口水"是一个极端值，表示一个范围C"吃不下任何东西"。在这个范围中，"喝口水"是最轻微的量，最难引起"呕吐"。但事实上A也能引起B，以此说明在这个范围以内的任何东西都会导致B的发生。同理，例（110）中，A为"一只苍蝇"，是一个极端值，暗含一个范围"所有有生命的东西"。在这个范围内，苍蝇非常小，很容易逃逸。但事实上，A 却依然导致 B，以此说明这个范围内的一切生命都无法逃逸。这里的关系词"也"可以替换为"都"，更能表现这个范围。

2. A 为比较级

当 A 为比较级形式时，隐含一种现状，这个现状用 C 来表示。C 分为有利现状、不利现状和一般现状。

第一种，C 为不利现状。

A 为 C 的比较级形式，指更不利的条件。在这种消极条件下，却产生了积极结果 B。如：

（111）希望他们能收下我，哪怕再低的工资，我都愿意在那儿待下去。

例（111）中，A 为"再低的工资"是一个比较级形式，隐含一种现状 C"低工资"。这里的 C"低工资"是对 B"愿意在那儿呆下去"产生的不利条件，A 是比 C 更不利的条件。而在这种消极条件下，却产生了积极结果 B。更说明 B 是 A 的逆结果。三者之间的语义关系可以用下图来表示：

（消极退步）

（不利现状）C　→　A（更不利项）

（逆因果）↓ ↙（逆因果）

B（积极结果）

第二种，C 为有利现状。

A 为 C 的比较级形式，指更有利的条件。在这种有利条件下，却产生了消极结果 B。如：

（112）哪怕你再有钱，去医院也同样可能是这种情况。（《创业者对话创业者》）

例（112）中，A"你再有钱"是一种比较级形式，隐含现状C"你很有钱"。C为有利的条件，A是比C更有利的条件。而在这种有利条件下，却产生消极结果B"去医院同样可能是这种情况"，更说明B是A的逆结果。三者之间的语义关系可以用下图来表示：

（积极发展）

（有利现状）C → A（更有利项）

（逆因果）↓ ↙（逆因果）

B（消极结果）

第三种，C为一般现状。

C表示一般现状，没有好坏之分。A为现状C的进一步推移，发展为一个极端值。而B并不会随着C的发展而变化。如：

（113）哪怕再过一万年，我的答案也不会变。

例（113）中，A"再过一万年"是一个将来的时间点，隐含现状C"现在"。这句话的隐含义为"现在我的答案如此，将来也不会变"。A中"一万年"为一个极端发展值，而在这种极端发展值下依然产生B"我的答案不会变"。三者之间的语义关系可以用以下图来表示：

（发展）

（现状）C→A（极端值）

（逆因果）↓ ↙（逆因果）

B（结果）

二 认知层面

从主观推测层面和客观反映层面分析逆向制约"哪怕A，也B"的认知层面。

（一）主观推测层面

在逆向制约"哪怕A，也B"句式中，A对B有制约作用。这有三种情况。

1. 当 B 是 A 的逆结果时

一般认识是 A 的发生会阻碍 B 的发生，人们一般根据 A 的发生来推测出 B 发生的可能性很小，用信赖程度表示为：$0 < P\{B/A\} < 0.5$。如：

（114）尤其是遇上领导有点头痛脑热的时候，"靠"者蜂拥而至，哪怕路途遥远，也风尘仆仆地赶来慰问，关怀之情溢于言表。（《人民日报》1998 年）

例（114）中，说话者认为一般认识是，A "路途遥远" 会对 B "风尘仆仆地赶来慰问" 产生制约作用，人们往往根据 A 的发生而主观推测 B 发生的可能性很小，用信赖程度描述为：$0 < P\{$风尘仆仆地赶来慰问/路途遥远$\} < 0.5$，即 $0 < P\{B/A\} < 0.5$。

2. 当 A 是 B 产生的结果时

这里，B 很可能产生 A，A 是不好的结果。在 B 产生不好的结果 A 的情况下，一般会认为 B 发生的可能性会很小。用信赖程度表述为：$0.5 < P\{A/B\} < 1$，$0 < P\{B/A\} < 0.5$。如：

（115）哪怕被他骂，我也要试着去说服他。

例（115）中，一般认识是，从 B "试着去说服他" 的发生推测出 A "被他骂" 发生的可能性较大，用信赖程度描述为：$0.5 < P\{$被他骂/我要试着去说服他$\} < 1$，$0.5 < P\{A/B\} < 1$。另外，在坚持 "试着去说服他" 会带来 "被他骂" 这样的负面结果的情况下，人们一般认为会放弃 B，即在 A 发生的情况下，坚持 B 的可能性很小，用信赖程度描述为：$0 < P\{$试着去说服他/被他骂$\} < 0.5$，即 $0 < P\{B/A\} < 0.5$。

3. 当 A 表示一个范围时

A 表示一个极端值或一个比较级形式，暗含一个范围，这个范围我们用 minA 来表示。一般认识是，在这个范围以内的任何一项发生

的情况下,B发生的可能性很小。用信赖程度表述为:$0<P\{B/minA\}<0.5$。如:

(116)风尘仆仆地奔走在梁峁沟壑间,他留给干部、群众的最后一句话是:"哪怕困难大过天,也要修好咱们的梯田。"

(117)爸爸孙远和(右)对女儿说:"以后哪怕家里生活再困难,也要想法送你和小妹去上学。"(《人民日报》1998年)

例(116)中,A"困难大过天"是一个夸张的说法,是一个极端值,暗含的范围是"所有的困难",用minA表示。一般认识是,在面对极大的困难时,B"要修好咱们的梯田"的可能性很小,用信赖程度描述为:$0<P\{要修好咱们的梯田/min困难大过天\}<0.5$,即$0<P\{B/minA\}<0.5$。

例(117)中,A为"以后家里生活再困难",是一个比较级形式,暗含一个范围"比现在困难"的所有状态,用minA表示。一般认识是,在比现在还要困难的所有情况下,B"要想法送你和小妹去上学"成立的可能性很小,用信赖程度表示为:$0<P\{要想法送你和小妹去上学/min以后家里生活再困难\}<0.5$,即$0<P\{B/minA\}<0.5$。

(二)客观反映层面

逆向制约"哪怕A,也B"句中,客观事实表现为,B在A成立的情况下,依然成立;A可以为真命题,也可以是假命题。用信赖程度表述为:$P\{B\}=1$,$P\{B/A\}=1$,$P\{A\}=0.5$或$P\{A\}=0$。如:

(118)现在国家危急,我已经准备好拼一死报答国家,哪怕刀山火海,我也毫不害怕。(社会科学《中华上下五千年》)

(119)在书院里,学生、师生、师友之间积极开展学术争辩,哪怕是面红耳赤,也决不影响彼此的情谊。古代学生入官学要有种种限制,甚至把处罚的……(自然科学《中国儿童百

科全书》）

例（118）中，A 为"刀山火海"，B 为"我毫不害怕"。在假设 A 发生的情况下，B 依然发生，用信赖程度表述为：P｛我毫不害怕｝＝1，P｛我毫不害怕/刀山火海｝＝1，即 P｛B｝＝1，P｛B/A｝＝1；这里的 A"刀山火海"是一个假命题，根本不可能存在，因此，P｛刀山火海｝＝0，即 P｛A｝＝0。

例（119）中，在 A"争论得面红耳赤"的情况下，B"绝不影响彼此的情谊"依然发生，用信赖程度表述为：P｛绝不影响彼此的情谊｝＝1，P｛绝不影响彼此的友谊/争论得面红耳赤｝＝1，即 P｛B｝＝1，P｛B/A｝＝1；这里的 A"争论得面红耳赤"是有可能发生的真命题，因此 P｛争论得面红耳赤｝＝0.5，即 P｛A｝＝0.5。

因此，逆向制约"哪怕 A，也 B"句式的客观反映层面为：P｛B｝＝1，P｛B/A｝＝1，P｛A｝＝0.5 或 P｛A｝＝0。

第三节　语用价值

我们还是从句子的传递信息、着意焦点和表述效果方面对逆向制约关系"哪怕 A，也 B"句的语用价值进行分析。

一　传递信息

传递信息包括预设信息和新信息。

（一）预设信息

逆向制约"哪怕 A，也 B"句的预设信息，也为前分句。如：

（120）哪怕天上下刀子，我也照去不误。

说话者提到"哪怕天上下刀子……"为下文的新信息做铺垫，预设后面有转折。

（二）新信息

接着，说话者提到" ……我也照去不误"，为听话者提供了新信息，听话者接收到的新信息与预测信息相反，更能说明 A 与 B 的逆向制约关系。

二 着意焦点

逆向制约"哪怕 A, 也 B"句中，一般"哪怕"句与极端命题"哪怕"句的着意焦点有所不同。

（一）一般"哪怕"句

A 表示一般的假设，对 B 产生制约，而事实上 B 并不受 A 的影响，为了突出 B 的坚决性和不变性，此时 B 为着意焦点。

在二分法中，将"哪怕"归类于偏正复句，"也"引导的后分句为正句，更能说明后分句是全句所着重表达的焦点。

（121）我决定了，哪怕她不同意，我也会把你接到家里。

例（121）中，A 为"她不同意"，B 为"我会把你接到家里"。一般来说，A 会对 B 产生制约，而此时 B 依然发生，突出强调"我会把你接到家里"的决心。因此着意焦点在 B。

（二）极端命题"哪怕"句

在 A 表极端值的时候，既可以往高里说，也可以往低里说，都是为了让步，为 B 所表达的意思做铺垫。

A 表一个范围，突出强调在这个范围内、任何情况下都会发生 B，此时 A 往往重读。着意焦点在 A。

（122）哪怕你占他一点点便宜，他也会记仇。

例（122）中，A 为"你占他一点点便宜"，是一个往小里说的极端值，表示的范围是"你占他任何便宜"。这里的数量词"一点点"应重读，表强调，因此，A 为着意焦点。

三　表述效果

逆向制约"哪怕 A，也 B"句式，可用来表示决心或表强调。

（一）表决心

表示在任何情况下说话者都不会改变自己的决定，表示说话者的一种决心。如例（120）：

> 哪怕天上下刀子，我也照去不误。

此例中，A 为"下刀子"，是一个极端值，一般而言，对 B "我照去不误"产生最强烈的制约。但事实上 A 并不影响 B 的发生。说话者运用这种极端值，主要是为了突出 B 的决心。

（二）表强调

表示在任何情况下，都不会影响 B 的发生，突出强调 B 的特征。

> （123）千百年来，福州百姓赏灯、闹灯，乐此不疲，哪怕经历十年浩劫，也无法扼杀人们对它的喜爱。（《人民日报》1996年 2 月）
>
> （124）看来，要保留一点古朴的情趣，哪怕仅仅是一条老街，也是何等的艰难。（《人民日报》1998 年）

例（123）中，一般而言，A "经历十年浩劫"会对 B "无法扼杀人们对它的喜爱"产生制约作用，而实际上 B 并未受其影响，突出强调 B "无法扼杀人们对它的喜爱"的特质。

同理，例（124）中，A 为"仅仅是一条老街"，B 为"是何等的艰难"。这里，以仅仅保留一条老街都很艰难来突出强调保留古朴情趣的艰难性。

结　语

　　本编根据邢福义的"复句三分系统"理论和丁力的《复句三分系统分类的心理依据》，将"哪怕A，也B"句分为顺向制约"哪怕A，也B"句、非制约"哪怕A，也B"句和逆向制约"哪怕A，也B"句三种，并结合邢福义的"小三角"理论，从"语表、语里、语值"三个方面对以上三类"哪怕"句进行深入分析。

　　邢福义的"复句三分系统"与"小三角"理论给我们的研究提供了依据。丁力进一步深化了复句三分系统，在其《复句三分系统分类的心理依据》中根据A与B的语义关系及信赖程度将其分为顺向制约、逆向制约和非制约三种关系，为我们提供了新的研究思路。本编正是在这些研究的基础上将"哪怕A，也B"句式分为：顺向制约"哪怕A，也B"句、非制约"哪怕A，也B"句、逆向制约"哪怕A，也B"句。以这三种制约关系的"哪怕"句为大纲，从句子的语表形式、语里内容、语用价值三个层面对各类句子进行全方位深入探析。

　　在语表形式上，我们通过主语与关系词的位置关系、前分句的情况、后分句的情况以及句子的整体特征来考察这类句子的外在形式特征。

　　在语里内容方面，我们深入分析A与B的语义关系，并从认知层面（包括主观推测层面和客观反映层面）对句式的信赖程度进行考察。

　　在语用价值上，研究句子的传递信息、凸出信息焦点以及不同的表述效果。

一　顺向制约关系"哪怕 A，也 B"句

（一）在语表形式上

分句 A 中，常常带有"只""一""就"等表示范围小、数量少、程度低的词语，并且在语句中重读。A 仅表假设，B 为结果时，副词"也"可以替换为"就""那么"；A 表 B 的目的或原因时，副词"也"后与"得""必须"等词连用表示一种坚定的态度；A 表建议，B 为目的时，关系词"也"可以替换为"以便""以免"，目的义明显，关系词"也"后添加"能""会""就"等能愿动词，表示一种愿望。

（二）在语里内容上

在顺向制约"哪怕 A，也 B"句中，A 对 B 有积极的影响，B 是 A 的结果，A 与 B 之间有顺承关系。在主观推测层面，A 是 B 发生的原因，B 是 A 发生的结果。说话人说这句话时，听话者或一般认识是，在 A 成立的情况下，B 发生的可能性大，用信赖程度表示为 $0.5 < P\{B/A\} < 1$。在客观反映层面，顺向制约"哪怕"句中，实际上 A 的发生导致 B 的发生，因此 $P\{B/A\} = 1$。在一般现在时情况下，A 只是一种建议，是有待发生的事情，所以 $P\{A\} = 0.5$；在虚拟过去时情况下，A 有明显的虚拟性，并没有也不可能发生，B 是在 A 的基础上发生的，事实上也没有发生，所以 $P\{A\} = 0$，$P\{B\} = 0$。

（三）在语用价值上

顺向制约"哪怕 A，也 B"句中的假设句、条件句、目的句，其信息焦点在 A 分句；在因果句中，信息焦点在 B 分句。焦点在 A 分句时，假设句一般表遗憾、责怪；条件句一般表建议、条件、愿望；目的句一般表建议、期待。信息焦点在 B 分句时，表示强调和决心。

二　非制约关系"哪怕 A，也 B"句

（一）在语表形式上

关系词"哪怕"的替换："哪怕"有时可以替换为"就算""就是"；在表主观意愿选择时，如果 B 明显不如 A，"哪怕"可替换为"宁可/宁愿"，但它们之间一般不能随意替换，替换后也有细微的区

别。"哪怕"有时可以删除:在具体的两项特指选择中,删除关系词"哪怕"后,句子照样成立,但强调意减弱。在非制约关系"哪怕 A,也 B"句式中,B 分句往往含有"不、别、不要"等表示否定的词语表弃选项,也有含"要,得"表示肯定的词语表被选择项。

(二)在语里内容上

在非制约关系"哪怕 A,也 B"句式中,A 与 B 有共同的论域。A 与 B 的关系有两种:一是表选择;二是表提醒强调。在表示选择时,这里 A、B 选项是并列选择关系,有一个被选项和弃选项,表二选一或多项选择;在表示强调时,A、B 不是选择关系,A 表示假设,是在姑且承认 A 的基础上,来强调事实 B。

在主观推测层面,在非制约"哪怕 A,也 B"句中,A 与 B 是平行关系,说话人说这句话时,听话者的一般认识是,既不能通过 A 判断 B 是否成立,也不能通过 B 推测出 A 成立的可能性。用信赖程度表示为:$P\{B/A\} = 0.5$。在表两选一时,一般认识是选 B 的可能性大,即 $P\{A\} < P\{B\}$;在表多项选择时,A 是极端值,表示一个范围,一般认识是选 B 的可能性要大,或者 B 优于 A,即 $P\{minA\} < P\{B\}$;在表示强调时,一般认识是 A 是重点,而忽视 B,即 $P\{A\} > P\{B\}$。

在客观反映层面:非制约"哪怕 A,也 B"句的客观反映层面为:在表两选一时,选择 A,即 $P\{A\} > P\{B\}$;在表多项选择时弃选 B,即 $P\{minA\} > P\{B\}$;在表强调时,A、B 都是客观存在的事情,因此 $P\{A\} = 1$,$P\{B\} = 1$。

(三)在语用价值上

在表选择时,信息焦点在弃选项上;在表强调时,信息焦点在提示项上。在表达效果上,表一般选择时(取前弃后或弃前取后)、表决心、表强调。

三 逆向制约关系"哪怕 A,也 B"句

(一)在语表形式上

在逆向制约关系"哪怕 A,也 B"句中,A 的性质比较广泛,可以是不及物动词、名词、数量词、形容词、形容词的比较级形式、主

谓短语、介词短语句子。"也"表示同样的意思，"还"表示动作的持续性，"都"表示一个范围，这三个关系词之间有着十分明显的区别，它们之间不可以随意替换。当 B 整体位移构成"B，哪怕 A"句式时，句意不变。而 B 提前会更引人注意，表强调，A 放其后表衬托或补充。

（二）在语里内容上

1. A 与 B 的语义关系

在逆向制约"哪怕 A，也 B"句中，A 对 B 有制约作用，B 是在阻碍条件 A 发生的情况下，依然发生的逆结果。A 与 B 有以下三种具体语义关系。

第一种，A 是假设，B 是 A 的反向结果。在一般情况下，A 的存在会对 B 的发生产生制约，或导致非 B，但事实上 A 依然会导致 B，B 就是 A 的逆结果。

第二种，B 是目的，A 是 B 可能产生的结果。坚持 B 就有可能产生 A 的不良后果。但施事者为了达到 B，不得不忍受可能出现的 A 的结果，从而肯定 B。

第三种，A 表范围，A 表范围时有两种情况：一种是 A 为极端值，另一种是 A 为比较级形式。

2.. 在认知层面

在主观推测层面：在逆向制约"哪怕 A，也 B"句式中，A 对 B 有制约作用。这有三种情况：当 B 是 A 的逆结果时，一般认为在 A 成立的情况下，B 成立的可能性较小，即 $0 < P\{B/A\} < 0.5$；当 A 是 B 产生的结果时，一般认为如果坚持 B，就会出现 A，在 A 的压力下，B 成立的可能性较小，即 $0.5 < P\{A/B\} < 1, 0 < P\{B/A\} < 0.5$；当 A 表示一个范围时，A 为一个极端值或一个比较级形式，一般认识是，在这个范围以内的任何一项发生的情况下，B 发生的可能性很小，即 $0 < P\{B/minA\} < 0.5$。

在客观反映层面：在逆向制约"哪怕 A，也 B"句中，在客观事实上表现为，B 在 A 成立的情况下，依然成立；A 可以为真命题，也可以是假命题。用信赖程度表述为：$P\{B\} = 1, P\{B/A\} = 1$，

P $\{A\}$ = 0.5 或 P $\{A\}$ = 0。

（三）在语用价值上

在一般"哪怕"句中B为着意焦点；在极端命题"哪怕"句中，A为着意焦点。在表达效果上，是表决心或表强调。

四 创新之处

学者一般认为在"哪怕A，也B"句式中，A和B存在着明显的转折关系，即B是A的反向结果，是相悖的。而本编通过深入的剖析发现，A与B之间除了转折关系以外，还可以是平行关系，也可以是因果关系。

在讨论A与B的三种制约关系中，将A与B的性质关系分为三种。

第一，在顺向制约中，A本身对B有积极的作用，且B为积极结果。

第二，在非制约关系中，A对B无任何积极或消极的作用，是一个平行关系。

第三，在逆向制约关系中，一般而言，A本身对B有制约作用，但事实上并未产生任何影响。A可以是有利条件，也可以是不利条件；B可以是积极结果，也可以是消极结果。

五 研究的不足与展望

本编对"哪怕"句进行了深层次、多角度的探析，展现出自己的特点。这与"即使"句有很大的不同，由于篇幅问题，本编没有对此进行明显的对比，笔者将另作《"哪怕"与"即使"句式对比分析》一文，对"哪怕"和"即使"句做详细的对比，描述其在语表形式、语义关系、语用价值等方面所表现出的不同特征。

以后有待研究的问题有："哪怕"与"纵然、纵使、即使、就算"等其他关系词的替换问题，本编对此也略有表述，它们之间有时可以替换，有时又不可以，替换后也有许多细微的差别，它们之间这种千丝万缕的关系，尚有待进一步研究。

参考文献

一　专著

北京大学中文系 1955 级、1957 级语言班：《现代汉语虚词例释》，商务印书馆 1982 年版。

何世达：《现代汉语》，北京大学出版社 1983 年版。

王力：《中国现代语法》，商务印书馆 1985 年版。

胡裕树：《现代汉语》，上海教育出版社 1995 年版。

丁力：《列项选择问研究》，华中师范大学出版社 1998 年版。

吕叔湘：《现代汉语八百词》，商务印书馆 1999 年版。

朱士葆：《现代汉语知识》，企业管理出版社 1999 年版。

李宇明：《邢福义选集·跋》，东北师范大学出版社 2001 年版。

黎锦熙：《新著国语文法》，商务印书馆 2001 年版。

申小龙：《汉语语法学》，江苏教育出版社 2001 年版。

邢福义：《汉语复句研究》，商务印书馆 2001 年版。

邢福义：《汉语语法三百问》，商务印书馆 2002 年版。

邢福义、王国胜：《现代汉语》，华中师范大学出版社 2003 年版。

李行健主编：《现代汉语规范词典》，外语教学与研究出版社、语文出版社 2004 年版。

黄伯荣、廖序东：《现代汉语》（下册），高等教育出版社 2007 年版。

丁力：《汉语语法问题研究》，三秦出版社 2012 年版。

吕叔湘：《中国文法要略》，商务印书馆 2014 年版。

G. 波利亚：《数学与似真推理》，杨讯文译，福建人民出版社

1985 年版。

二 学术期刊

孙云:《谈谈即使句、宁可句、无论句》,《内蒙古师范大学学报》(哲学社会科学版)1983 年第 7 期。

邢福义:《现代汉语的"即使"实言句》,《语言教学与研究》1985 年第 4 期。

邢福义:《让步句的考察》,《汉语研究》1986 年第 1 辑。

樊明亚:《话说"即使"》,《上饶师专学报》(哲学社会科学版)1988 年第 3、4 期。

冯志纯:《试论转折关系的假设复句——兼谈"尽管"和"即使""不管"的区别》,《语言教学与研究》1990 年第 2 期。

刘雪春:《"即使……也……"式复句的逻辑分析》,《郑州大学学报》(哲学社会科学版)1998 年第 3 期。

邢福义:《语法研究中"两个三角"的验证》,《华中师范大学学报》(人文社会科学版)2000 年第 5 期。

沈家煊:《语言的"主观性"和"主观化"》,《外语教学与研究:外国语文》(双月刊)2001 年第 33(4)期。

袁毓林:《句子的焦点结构及其对语义解释的影响》,《当代语言学》2003 年第 4 期。

丁力:《复句三分系统分类的心理依据》,《汉语学报》2006 年第 3 期。

张宝胜:《"宁可"复句的语义特征》,《语言研究》2007 年第 1 期。

刘红妮:《"哪怕"的词汇化》,《南开语言学刊》2010 年第 1 期。

丁力、李建国:《"即使"句的关系词语与句法关系》,《陕西理工学院学报》(社会科学版)2012 年第 3 期。

周杨钰、宋春阳:《顺承关联词语正名》,《现代汉语》(语言研究版)2012 年第 9 期。

李向阳：《"一A就B"句的认知层面探究》，《绥化学院学报》2014年第12期。

李向阳：《"哪怕"与"即使"句式对比分析》，《绥化学院学报》2015年第8期。

三　学位论文

唐凤燕：《现代汉语"即使"复句探析》，暨南大学，2003年。

赵敏：《"连"字句、"甚至"句、"即使"句的对比分析》，暨南大学，2004年。

朱珏：《"即使……也……"复句研究》，上海外国语大学，2007年。

韩栋：《"哪怕"的多角度研究》，河南大学，2009年。

龚一文：《"即使"的篇章功能研究》，上海师范大学，2011年。

陈俊彤：《"诚然"和"纵然"的多角度对比研究》，湖北师范学院，2013年。

第二编

现代汉语层级对比复句研究

王桂芳

作者简介：王桂芳（1991.1—　），女，山西临汾人，陕西理工大学 2012 级汉语言文字学专业硕士研究生，师从丁力教授，研究方向为现代汉语语法。在校期间发表学术论文《"越 A，越 B"认知层面探析》。现从事在线教育教师类产品经理工作，涉及普通话语音分析、语义研究等。

绪　　论

　　层级对比复句，指前后分句具有层级性和对比性的复句，包括
"不但……而且……""不但……反而……""别说……就是……"
"尚且……何况……"四种句式，在传统意义上，一般把这四种句式
统归为递进范畴的复句。由于划分复句应遵循以分句间语义关系为标
准的原则，为了突出它在语义结构上具有层级性和对比性的特征，我
们把其称为层级对比复句。在这一章中我们分三部分来论述：层级对
比复句的研究现状；本编的研究目标、研究方法和语料说明；本编内
容的创新之处及研究意义。

一　研究现状

　　层级对比复句是现代汉语复句中较常见的一类，迄今为止，已有
很多复句方面的专著、论文对其进行专门的研究和论述。随着复句理
论研究的不断深入，其可研究的广度和深度也越来越受到语言学界的
关注。本编主要围绕层级对比复句中"不但……而且……""不
但……反而……""别说……就是……""尚且……何况……"四种
比较典型的格式进行论述。针对本编讨论的问题，我们主要从层级对
比复句的定义、分类以及近年来对这四个句式的研究情况进行综述，
并指出存在的问题以及未来的发展趋势。

（一）关于定义问题

　　对于递进复句的界定，学术界已有较统一的观点，认为"进层"
是递进复句的一个重要特点，由此来区分与其他复句的不同。例如，
王维贤认为，递进是指小句间一层进一层的关系；张斌指出，递进复

句也可以叫进层复句，是后一个分句比前一个分句在意义上更进一层，表现在事物间有进一层的关系；黄伯荣、廖序东解释说，递进复句是后面分句的意思比前面分句的意思更进一层，一般由少到多，由小到大，由轻到重，由浅到深，由易到难。反之亦可。

但是"进层"仍然是一个较开放的定义，是从宏观上概括递进复句。如何算进一层？该怎么判断？学术界对于递进复句的普遍观点是，后面分句的意思比前面分句的意思更进一层，但是这种特点并不包括所有的递进复句句式，而且递进复句中有些句式"进层"的特征并不明显，很多递进复句句式用"递进"来解释比较牵强。赵淑瑞也指出："递进关系复句分句间的关系，存在着反映客观事物量方面的差异关系，存在着客观事物间的相承相进的关系，也存在着说话人的心理关系，比较复杂。这种复句的特点概括地说是'后一分句比前一分句有更进一层的意思'。这个'进一层'的涵义却比较复杂，不是一两句话能够说明的，而所谓后一分句'程度更深，数量更大，范围更广'也只是其中的一类而已，而不是'进一层'的全部涵义。也许是考虑到它的复杂性吧，所以一般语法书对'进一层'就都概括得比较笼统。"① 因此，我们不能仅从"进一层"这个角度概括递进复句，对于复句各个句式的定义在区分其他复句的同时，也要概括这种复句中各个句式的特点。在研究过程中我们发现，层级性和对比性是这个句式两大明显的特点，因此，笔者将递进复句称为层级对比复句。

（二）关于分类问题

主张将"不但 A，而且 B"与"不但 A，反而 B"分为一类，"别说 A，就是 B"与"尚且 A，何况 B"分为另一类的观点有：

黄伯荣、廖序东将递进复句内部分为一般递进关系（不但 A，而且 B；不但 A，反而 B）和衬托递进关系（别说 A，就是 B；尚且 A，何况 B）两类。邢福义将其分为顺递复句（不但 A，而且 B）、反递复句（不但不 A，反而 B）和反逼复句（别说 A，就是 B；尚且 A，

---

① 赵淑瑞：《递进复句的类型及其分句间的关系》，《汉语学习》1985 年第 10 期。

何况 B）。张斌主编的《新编现代汉语》按分句有无否定意义将递进复句分为顺进递进复句（不但 A，而且 B）和反进递进复句（不但不A，反而 B）等。

与上述观点不同的有：

邵敬敏在轻重递进复句中将其细分为正面递进（不但 A，而且 B；尚且 A，何况 B）和反面递退（不但 A，反而 B；别说 A，就是B）。王胜群、唐朝阔将其分为顺向递进（不但 A，而且 B）和反转递进（不但不 A，反而 B；别说 A，就是 B；尚且 A，何况 B）。徐逢春将其分为顺递关系句式（不但 A，而且 B）、转递关系句式（不但非A，反而 B）、推论递进句式（尚且 A，何况 B）等。

在递进复句分类的问题上，大家研究的角度和层次不同，因此分出来的类型也不同。对于该如何分类没有统一的标准。在研究和学习过程中，"不但 A，而且 B"与"不但 A，反而 B"这两个句式由于前者的前分句经常使用肯定形式，后者的前分句经常使用否定形式，人们通常将其看作相互对应的两个句式，认为其中一个是顺向的，一个是反向的，我们遵照大家的使用习惯，将其归为一类。又因为这两个句式在语用上主要表达递进的含义，因此称为递进句式。我们将"别说 A，就是 B"与"尚且 A，何况 B"归为另一类，是因为通过研究发现，这两个句式不仅在句法表现上有明显的对称关系，而且可以相互替换，这在下面的研究中会具体论述。因此，本编将层级对比复句分为两类，即递进复句（不但 A，而且 B；不但 A，反而 B）和反逼复句（别说 A，就是 B；尚且 A，何况 B）。

（三）典型句式研究及存在的问题

1. 递进句式研究

对于"不但 A，而且 B""不但 A，反而 B"这两个句式，学者们主要从语义、语用方面分别对其进行考察。如王小郴的《"不但 A，而且 B"句式 A、B 项的换位问题》从语义关系出发讨论分句的换位情况，丁力的《"不但 A，而且 B"递进句的认知层面》[①]从认知的

---

① 丁力：《汉语语法问题研究》，三秦出版社 2012 年版。

角度讨论人们在使用这个句式时大脑思维的情况；邢福义的《反递句式》① 将内部关系和外部形式结合起来考察反递句的基本特点。此外，还有孙莉艳的《"不但……而且"的语义新探》，周换琴的《"不但……而且……"的语用分析》，周静、邵敬敏的《汉语反递句式的语义信息结构分析》等。

2. 反逼句式研究

学者们对"别说 A，就是 B"和"尚且 A，何况 B"这两个句式也进行了较深入的考察。如丁力的《反逼"别说"句》与《"尚且 A，何况 B"句式的反逼推理》，简丽的《"别说"句式研究》，徐静的《"别说"递进复句研究》，吴锋文的《"尚且 A，何况 B"句句法语义语用析说》等。

3. 层级对比复句比较研究

丁力的《反逼"别说"句》②，简丽的《"别说"句式研究》③ 将"别说"句式与顺递句"不但/不仅"句式作了比较，丁力还有关于"别说"句与因果句的比较。另外还有胡斌彬的《"非但"的语用信息功能考察——兼谈跟"不但"的差别》，徐燕青的《两类递进复句的异同比较——"不仅仅 P，而是 Q"和"不仅 P，而且 Q"》。徐倩婷在《浅析顺进类递进复句》④ 中将"不但……而且"句式与"尚且……何况"句式从语义和语用上进行了比较。我们发现，这类文章相对较少。

从层级对比复句句式研究的成果中我们发现仍存在以下几个问题：

第一，因为"不但……反而……"前分句通常用否定形式，所以有些学者为了方便将否定词归入前分句的关系词语中，即形成"不但不……反而……"句式。我们认为，"不但不……反而……"句中的"不"只是由"不但不"连接的句式中一个表示否定的语言单位，虽

---

① 邢福义：《反递句式》，《中国语文》1986 年第 1 期。
② 丁力：《反逼"别说"句》，《语言问题研究》1999 年第 1 期。
③ 简丽：《"别说"句式研究》，《北京语言大学》2005 年第 6 期。
④ 徐倩婷：《浅析顺进类递进复句》，《安徽文学》2009 年第 1 期。

然方便了理解，从形式上区分也更明显，但容易让初学者认为此为固定格式，以为当递进复句前分句是否定形式时只能使用"不但……反而……"格式。如徐逢春《这些句子中的"而且"都应改为"反而"》① 认为，如果前分句是否定意义的递进句，后分句必须用"反而"，否则就是病句。彭弼在《全国小学生造句典型句评讲》中指出，"不但"之后如果带"没"或"不"时，不能同"而且"配对，需要同"反而"配对使用。龙文余《谈谈反转性递进复句》认为，"不但不……反而……"必须配套出现，如果后分句使用"而且"就是搭配不当。由此可以看出，大家在学习过程中拘泥于句法形式上，而且误解了邢福义提出的"反递句式"，忽略了可以用"而且"的情况。其实，"不但不 A，反而 B"句式只是前分句是否定意义的递进复句的一种类型，不能以偏概全，并不是说前分句是否定意义就必须用"反而"。因此，我们将"不但不……反而……"句式中"不"归入分句中，变为"不但……反而……"而且否定词不局限在"不"上，否定词的位置也不固定。

第二，对于"不但……而且……"句式，大家对于其语法意义认识不够全面，普遍认为其表示顺递关系，而忽略了它也有表达反递含义的情况。

第三，对于层级对比复句各个句式之间的比较研究较少，而且研究的角度比较局限。例如，对于反逼句式"别说……就是……"和"尚且……何况……"学者单独研究的情况较多，而没有将其进行对比研究。

因此，关于层级对比复句将来的研究角度可能会更侧重于以下几方面：

第一，层级对比复句内部各个句式之间关系的研究。对层级对比复句的研究不再是单纯的描写，而是将句法、语义、语用、认知等多方面结合起来进行解释。

<hr>

① 徐逢春：《这些句子中的"而且"都应改为"反而"》，《汉语学习》2002 年第 12 期。

第二，在理解递进关系上的进层问题会更深入。

第三，从宏观的角度关注与其他复句的关系。

二　研究方法与语料说明

本编是以现代汉语层级对比复句为研究对象的，采用"小三角"的相关理论，从语表、语里和语值三方面对"不但……而且……""不但……反而……""尚且……何况……""别说……就是……"四种比较常见的层级对比复句句式进行分析，并观察句式之间的互换情况，进而分析典型层级对比复句之间的区别和联系，找出人们运用过程中的异同。

本编运用比较法、替换法、描写和解释相结合，通过大量的语言事实分析归纳典型层级对比复句的使用差异。

本编所用语料主要来自北京大学汉语语言学研究中心的现代汉语语料库、华中师范大学汉语复句语料库及转引例句。以关系词语为关键词进行搜索，之后进行人工筛选，形成本编的基础语料库。为了研究讨论的方便，在选择语料时，我们以单重层级对比复句为主。

三　创新之处与研究意义

本编的创新有四处：第一，突破了传统的递进复句的定义，提出层级对比复句的概念。第二，从语里上具体分析了"不但……而且……"所具有的反递含义。第三，通过"小三角"理论，在对层级对比复句各个句式从语表、语里、语值三个方面进行分析的基础上，做出相互的比较，找出它们使用的异同、使用规律和各自的使用环境。第四，运用认知理论，从人们大脑思维的主观推测层面和客观反映层面对句式进行分析和对比。

研究意义：第一，深化层级对比复句的研究。关于层级对比复句，一般都认为后分句比前分句更进一层，意义更深一层，因此宏观地将其归纳为递进复句。各个句式是否都遵循这一规律？使用上的差别又是什么？运用过程中有什么不同？希望通过这次讨论对这些问题作一探索，以丰富层级对比复句的研究思路。本编跳出了对每个句式本身的研究，通过句式之间的相互比较来进行探讨，进一步深化对层级对比复句本身的认识。第二，在母语和对外汉语教学中也能帮助学习者更好地区分和运用这类复句，提高语言习得效果。如上面提到的初学者误认为"不但……反而……"必须配套出现，如果后分句使用"而且"就是搭配不当。希望本编的研究会对此类复句的教学有所帮助。

第一章 递进复句

"不但……而且……"和"不但……反而……"都是递进复句的典型句式，它们都能用于表示递进关系，后分句比前分句在语义表达上更进一层，整个句子的逻辑重点在后分句。例如：

（1）她不但嗓音甜润，而且腰腿十分灵活。（《身残志不残的孙毓敏》）

（2）她母亲来照顾她及两个孩子，不但毫无怨言，而且每天变着花样做各种菜给她吃。（於梨华《彼岸》）

（3）对这些，陈成芳不但从没产生过失望或不满情绪，反而觉得很正常，生活本身正是如此的呀！（杨镰《青春只有一次》）

例（1）中如果没有递进关系词语，两个分句是并列关系，但是加上关系词语，"不但"句连接"嗓音甜润"和"腰腿十分灵活"，相对于一个人只有"嗓音甜润"更胜一筹，整个句子带有"更进一层"的意思。例（2）中母亲对她和孩子的照顾程度从"毫无怨言"到更进一步的"每天变着花样做各种菜给她吃"，语义上的程度差十分明显，用"不但"句连接实现递进。例（3）中陈成芳"没产生过失望或不满情绪"在常人看来已经超过一般人，后分句她"觉得很正常"，更递进地表现出超乎常人的判断。

由此可以看出，"不但……而且……"和"不但……反而……"在语言运用中有共通之处，前后分句在语义上存在层级性。下面，我们从语表、语里和语值三个方面进行具体分析。

第一节　语表形式

一　关系词语构造方式

"不但……而且……"和"不但……反而……"二者构造方式不同。为了便于表示，我们用 A、B 分别表示前后分句的层级项，即在复句中构成递进关系的词语。例如：

（4）语言不但是人类特有的交际工具，而且是"人类最重要的交际工具"。（马学良《语言学概论》）

（5）不但企业内部的各个部门，而且包括与企业生产有关的一切行业，都必须保证质量，合理地进行管理，经过互相协作共同保证产品质量，这就是质量管理。（王忠《经济法学》）

例（4）中前后分句的主语相同，层级项 A、B 分别是"人类特有的交际工具""人类最重要的交际工具"。例（5）中前后分句不同，层级项 A、B 分别是"企业内部的各个部门""包括与企业生产有关的一切行业"，主语构成递进。因此，我们分两种情况讨论：

当前后分句主语相同时，层级项 A、B 做谓语。后一分句通常省去主语。"不但"必须位于前分句主语后，主语可以是名词或名词性短语，也可以是谓词或谓词性短语。"而且"和"反而"位于后一分句句首，前面一般不添加其他成分。因此，当前后分句主语相同时，两者构造方式相同，即不但 A，而且/反而 B。例如：

（6）它不但没有因人类认识的发展而被淘汰，而且还随着人类认识的发展而不断有所进步。（马传宣《伦理学概说》）

（7）1978 年后，罗庆美流产患病，李国祥不但不给治疗，反而经常毒打漫骂罗庆美。（陈大文《我们就是原告》）

当前后分句主语不同时，层级项 A、B 做主语。"不但……而且……"句式中的前分句"不但"在主语之后；后分句"而且"在主语之前，即不但A、C，而且B、D。"不但……反而……"句式中前后分句的主语一般都相同，如果不同，前分句"不但"可以在主语之前，也可以在主语之后；后分句"反而"必须在主语之后，即有两种句式：A不但C，B反而D；不但A、C，B反而D。例如：

（8）经鉴定，不但血迹呈喷溅状，而且血型也和死者的血型相同，却与陈阿羊的血型不同。（王震元《最后一根头发》）

（9）朝廷上不但没有支持于谦的力量，反对于谦的政治力量反而日益增加了，于谦的政治地位动摇了。（吴晗《明代民族英雄于谦》）

因此，当前后分句主语相同时，应使用"不但A，而且/反而B"句式；当前后分句主语不同时，应使用"不但A、C，而且B、D"句式，也可使用"A不但C，B反而D"或者"不但A、C，B反而D"格式。

二　关系词语连接的前后分句的句法特征

"不但……而且……"句式中"不但"出现在前分句的主谓之间。主语可以是名词性主语，包括名词、代词、偏正短语等，也可以是谓词性主语，包括动词、述宾短语、主谓短语等。谓语由谓词性词语充当，包括形容词、动词、述宾短语、主谓短语等。"而且"连接的后分句谓语与前分句的句法成分大致相同，结构上一般具有对称性，层级项的词类或结构基本相同。例如：

（10）妇女的解放运动不但在沦陷区内受到日本帝国主义的摧残，而且，受到顽固分子的打击与阻碍。（《当前妇女运动特点及其任务》）

（11）然而有些媒人弄虚作假，勒索财物，不但给男女双方造成精神痛苦，而且造成生活上的困难。（刘秀芹《盼把爱情的

桥梁架到农村》)

（12）人们头脑里的马列主义思想不但不能自发地产生，而且人们的思想还会像拔河一样，稍一放松教育，就会被社会上每时每刻都在产生的非无产阶级思想拉过去。

"不但……反而……"句式中"不但"出现在主谓之间，主语可以是名词性主语，也可以是谓词性主语。谓语一般由谓词性短语充当，而且谓语中一定带有否定副词。"反而"连接的后分句一般也是谓词性词语，包括动词、形容词、述宾短语等。例如：

（13）这个一向尊敬校长的学生不但听不进去，反而破口大骂。（丹钢《善于把握教育时机》）
（14）美国的经济军事实力在战争中不但没有被削弱，反而得到了极大的加强。（徐万珉、卢少华《现代政治论》）
（15）她朝左转了两次，又朝右翻了两次，可就是睡不着，不但睡不着，一些事反而更清晰了。（赵淑侠《我们的歌》）

由此可以看出，在这两个递进句式中，关系词语连接的前后分句的句法特征大致相同，主语主要有名词性主语和谓词性主语，谓语成分一般由谓词性词语充当。最主要的区别是在"不但……反而……"中，前分句的谓语一定带否定副词。

三　关系词语的省略

"不但……而且……"句式中关系词语"不但"和"而且"可以分别省略，即可以单独出现"不但"或"而且"。当只出现"不但"时，后分句可以使用副词"也/还"等。当只出现"而且"时，有时也可以构成递进复句。例如：

（16）不但有良好的内在修养，也有丰富的知识。（苏荷《慧眼识益友》）

（17）贝多芬也欣赏此作，不但演奏过，还配了华彩乐段。（王振复《周易》）

（18）第三乐章又回到了冷色调的宗教情绪之中，而且变得深沉了，明显地在刻画人们的反思心理。（韩晓波《〈宗教改革交响曲〉与宗教改革》）

"不但……反而……"句式中关系词语"不但"和"反而"都不能省略，如果省略其中一个就不能构成递进复句。

四 关系词语与副词"不/也/更"的连用

"不但……而且……"句式中副词"不"的使用有三种情况：前否定后肯定；前肯定后否定；前否定后否定。同时，否定副词还可以是"没/没有/未"等，与关系词语"不但"连接不紧密。当前后分句同为肯定形式或同为否定形式时，后分句可以与"也"连用。也可以与"更"连用，构成"不但……而且……更……"句式，形成多级递进。例如：

（19）美英帝国主义者勾结着意大利反动派，不但从未履行过和约的义务，而且以各种方式扩张意大利的武装力量。（谢曜《缚在美国战车上的意大利》）

（20）我这个收音机用半导体代替了真空管，它不但大大地缩小了体积，而且不容易摔破震坏，可以用上几十年。（鲁克《一次有趣的旅行》）

（21）然而，他对法聪的提醒不但没有丝毫的惊恐和畏缩，而且根本不加理会。（张铨锡《试论王实甫的〈西厢记〉》）

（22）不但烂了，而且连骨头也不剩，只发现了一点点牙齿残片。（朱寿康《古剑的启示》）

（23）据老张说，瓜庵顶上，不但有凉爽的野风，不时吹来，而且没有蚊子，当然更不潮湿。（王隐村《黎明之前》）

"不但……反而……"句式中副词"不"的使用只有一种情况：前否定后肯定。同时，否定副词可以是"没/没有/未"等，与关系词语"不但"连接紧密，一般紧随其后。后分句"反而"可以与"更"连用。多是两级递进，也可以构成多级递进。例如：

（24）因为新的反动政权和新的官僚资产阶级的出现，民族资产阶级在政治上和在经济上不但仍无起色，反而是更加走向绝路了。(冯定《有关中国民族资产阶级的某些问题》)

（25）当他遇到困难或障碍时，不但不松劲，反而干劲更大，精力更强。(杨震华《心理学通俗讲话》)

由此可以看出，"不但……而且……"所表达的说话人的意思是顺向连贯的，偶尔也可以通过前后正反的形式来表达。"不但……反而……"一般只能通过正反的形式来表达说话人顺向的语义，句式重点在比较中递进。

五　小结

"不但……而且……"和"不但……反而……"同为递进复句，通过上述对这两个句式语表特征的分析，我们能看出它们的形式差异。

当主语相同时，这两个句式的构式相同，都是"不但A，而且/反而B"。当主语不同时，"不但……而且……"句式中两个主语位于关系词语之后，即不但A、C，而且B、D；"不但……反而……"句式前后分句的主语一般都相同，如果不同，前分句"不但"可以在主语之前，也可以在主语之后；后分句"反而"必须在主语之后，即有两种格式：A不但C，B反而D；不但A、C，B反而D。

两个句式前后分句的句法特征基本相同，由关系词语连接的前后分句的句法特征大致相同，主语主要有名词性主语和谓词性主语，谓语成分一般由谓词性词语充当。最主要的区别在于"不但……反而……"句式中，前分句的谓语一定带否定副词。

"不但……而且……"中关系词语可以省略其中一个，而"不但……反而……"句式的关系词语不能省略。

"不但……而且……"句式中副词"不"的使用有三种情况：前否定后肯定；前肯定后否定；前否定后否定。同时，否定副词与关系词语"不但"连接不紧密。当前后分句同为肯定形式或同为否定形式时，后分句可以与"也/更"连用。"不但……反而……"句式中副词"不"的使用只有一种情况：前否定后肯定。同时，否定副词与关系词语"不但"连接紧密，一般紧随其后。后分句可以与"更"连用。

第二节　语里意义

下面，我们从语里意义出发，观察这两个句式的语义基础，并从认知层面对它们进行解释，最后找出它们之间的关系。

一　语义基础

（一）层级项 A 和 B 的同一性

在这两个递进句式中，层级项 A、B 表示同一个事物不同方面之间的层级递进或者是不同事物同一方面之间的层级对比。层级项 A 和 B 属于同一语义范畴，属于同一类事物、事件或者现象等。例如：

（26）后起的语言学家不但数目极少，而且一代不如一代。（季羡林《语言学家的新任务》）

（27）我不但不会告发你，而且要保护你！（岱山、许文焕《蓝宝石》）

（28）他脸上不但没有着急的神色，反而笑了。（郭宝臣《一位封面画家的故事》）

（29）这样，不但个体经济不断被排挤而濒于消灭，而且农村人民公社社员的少量自留地和家庭副业也被当作"资本主义的尾巴"受到反复的刈割。（王维澄、高尚全等《经济改革新思

考》）

（30）他不但没有当上书记，他的科长职务反而被撸掉了。
（引自邢福义《反递句式》）

例（26）中层级项 A 是"数目极少"，B 是"一代不如一代"，
从数量递进到质量，都用来表示目前语言学家的现状。例（27）中
层级项 A 是"不会告发你"，B 是"要保护你"，都表示"我"对于
"你"的态度。例（28）中层级项 A 是"没有着急的神色"，B 是
"笑了"，都表示脸上的表情。例（29）中层级项 A 是"个体经济"，
B 是"农村人民公社社员的少量自留地和家庭副业"，都是经济改革
的内容。例（30）中层级项 A 是"他"，B 是"他的科长职务"，层
级项 A 实际上指"他的书记职务"，都是指工作职务范畴。

由此看出，A 和 B 属于同一语义范畴。观察例句可发现，在此基
础上，A 和 B 之间存在层级差异。

（二）层级项 A 和 B 的差异性

"不但……而且……"和"不但……反而……"层级差异表现形
式不同。"不但……而且……"有三种表现形式：顺向同级递进、顺
向量级递进和逆向正反递进。"不但……反而……"层级差异表现在
三方面：逆向极性递进、逆向从属递进、逆向对比递进。

首先，"不但……而且……"句式的三种表现形式。

第一，顺向同级递进。前后分句同为肯定形式或者同为否定形
式。而且 A 和 B 的层级差异主要表现在说话者的主观态度上。例如：

（31）法治不但适用于官员，而且适用于公众。（张文显
《当代西方法学思潮》）

（32）不但不务正业，而且不学无术。（《佛法修正心要》）

例（31）中前后句都为肯定意义，层级项 A 是"官员"，B 是
"公众"，它们之间是同级关系，后项是说话人想要表达的重点。例
（32）中前后都为否定意义，层级项 A 是"不务正业"，B 是"不学

无术"，它们之间也是同级并列关系。

有一种特殊情况，即前分句是肯定形式，而后分句使用了否定形式，这种情况较少见。如果在后分句出现了否定词，前分句即使没有否定词，一般也是顺着说话人意思的否定意义，没有明显的对立反转意义，因此归入顺向同级递进中。同样，如果前分句是否定形式，后分句是肯定形式，但是意义上没有明显的对立关系，此时，虽然前后分句在形式上是逆向的，但是其实说话人表达的意思仍然是顺递关系，去掉否定词，层级项没有明显的对立关系。例如：

（33）我这个收音机用半导体代替了真空管，它不但大大地缩小了体积，而且不容易摔破震坏，可以用上几十年。（鲁克《一次有趣的旅行》）

（34）这一段话不但与事实不符，而且违反原则。（高名凯《再论汉语的词类分别》）

第二，顺向量级递进。前后分句同为肯定形式或者同为否定形式。而 A 和 B 的语义成分在量、质或者一般逻辑基础等方面存在层级差异以表达递进意思，包括时间长短、面积大小、范围宽窄等。例如：

（35）这不但是中国共产党的利益所在，中华民族的利益所在，而且是国际共产主义运动的利益所在。（《人民日报》）

（36）沈氏不但没有注意班氏的话，而且还阻止她说下去。（巴金《秋》）

例（35）中前后都为肯定意义，层级项 A 是"中国共产党的利益所在，中华民族的利益所在"，B 是"国际共产主义运动的利益所在"，从中国到国际，是从小到大范围上的层级递进。例（36）中前后都为否定意义，层级项 A 是"没有注意班氏的话"，B 是"还阻止她说下去"，程度由轻到重层级递进。

有一种特殊情况，当顺向同级递进句后分句使用"更"来突出其层级性时，此时，变为顺向量级递进句。如：

（37）这种正常而良好的研究环境和气氛，不但使卡尔纳普在学术上卓有建树，而且使他的人格更加完善。

第三，逆向正反递进。指前分句是否定意义后分句是肯定意义，前后有明显的反转意，两者的层级性通过肯定否定的对立表现出来。递进复句之所以可以通过这种形式来表现层级性，是因为当前分句是否定意义时，与后分句相比，前分句的语义等级低，但是听话人可以感觉到这种等级性。因为"主观评价往往不可能用明晰、确切的量来表达，而采用一些模糊语言来表达不同的感受和等级，这种等级之间的界限是模糊的，重现性不易稳定，不同个体的评价不一致，而形成一个分布"[①]。例如：

（38）妇女参加社会活动，不但不受限制，而且还得到鼓励。（李光灿《我国公民的基本权利和义务》）
（39）同不少西方国家相比，美国的汽油价格不但不算贵，而且还相当便宜。（新华社2004年新闻稿）

其次，"不但……反而……"层级差异表现在三个方面。
第一，逆向极性递进。指层级项A、B做谓语，前分句是否定意义，而后分句是肯定意义，除去前分句的否定词外，前后分句语义处于极性反义义场中[②]。例如：

（40）他不但不体贴我，反而鄙视我。（小阿《我们夫妻和

---

① 姚双云：《递进层级句式的关联与易位》，《语言教学与研究》2006年第3期。
② 极性反义义场指"肯定了A，就否定B，肯定B就否定A，但否定A不一定就是肯定B，否定B也不一定肯定A，因为还有C、D、E等其他意义存在的可能（A = － B，B = － A；但 － A≠B，－ B≠A）"（这里的A、B与本编的A、B无关）。

好啦!》)

（41）美国的经济军事实力在战争中不但没有被削弱，反而得到了极大的加强。（徐万珉、卢少华《现代政治论》)

例（40）中前分句除去否定词"不"，"体贴我"和"鄙视我"处于极性反义义场中，即肯定了"体贴我"，就不可能"鄙视我"，如果"鄙视我"，就不可能"体贴我"，但是不"体贴我"不一定就是"鄙视我"，不"鄙视我"也不一定就是"体贴我"。例（41）同理。

第二，逆向从属递进①。指层级项 A、B 做主语，两者是从属关系。例如：

（42）他不但没有当上书记，他的科长职务反而被撸掉了。（引自邢福义《反递句式》)

例（42）中层级项 A "他"和 B "他的科长职务"是从属关系，"工作"是从属于"他"的一部分。

第三，逆向对立递进。层级项 A、B 做主语，两者是对立关系，没有必然的联系。例如：

（43）不但台下的不能挤上去，台上的反而全部被赶了下来。（引自邢福义《反递句式》)

例（43）中层级项 A "台下的"和 B "台上的"相互对立。

因此，"不但……而且……"和"不但……反而……"中层级项 A 和 B 属于同一个语义范畴。同时，它们在语义上又有不同的表现形式："不但……而且……"有三种表现形式：顺向同级递进、顺向量

---

① 邢福义在《反递句式》中指出："代表前后分句主语不同的两种反递句：一种是 S1 和 S2 之间具有从属关系；另一种是 S1 和 S2 代表对立两端却有着同样结果的人或事物。"由于反递句前后主语一般是相同的，例句较少，这里引用邢福义的例句，以概括全面。

级递进和逆向正反递进。"不但……反而……"层级差异表现在三方面：逆向极性递进、逆向从属递进、逆向对立递进。由此可以看出，"不但……而且……"句式除了表达顺递的意思之外，有时也可表达反递的意思，这就为两个句式之间的变换提供了条件，也是两个句式有些地方容易混淆的原因。

二 认知解释

上文对两个句式的语义基础作了分析，接下来，我们从大脑的认知层面分析人们在运用这两个句式时的差异。说话人的大脑思维至少具有两种不同的认知层面，即主观推测层面和客观反映层面。下面我们从这两个层面分析两个句式的差异。

丁力在《"不但 A 而且 B"递进句的认知层面》一文中，对"不但……而且……"句式的主观推测层面和客观反映层面进行了具体的描述[①]，我们主要将其与"不但……反而……"句式的认知层面进行对比。

为了便于表述，我们将两个句式中前分句记作 X，后分句记作 Y，用信赖程度表示 X 和 Y 的关系。信赖程度是指人们对命题的相信程度，用 $P\{X\}$ 表示（X 指任一命题），值取范围为 $[0, 1]$。比如，$P\{X\}=0$，表示人们认为 X 假；$P\{X\}=0.5$，表示人们不知道 X 是真是假；$P\{X\}=1$，表示人们认为 X 真；$0<P\{X\}<0.5$，表示人们认为 X 成立的可能性小；$0.5<P\{X\}<1$，表示人们认为 X 成立的可能大 。

（一）"不但 X，而且 Y"与"不但 X，反而 Y"的主观推测层面

主观推测层面是人们根据自己的生活经验、背景知识等，对客观现实情况所进行的一种主观猜测或判断[②]，该层面所反映的认识不是客观现实情况在大脑中的直接反映。

在"不但 X，而且 Y"句式中，说话人主观推测层面所反映的认

---

① 丁力在《"不但 A 而且 B"递进句的认知层面》中指出，"不但 A 而且 B"的主观推测层面所反映的认识是 $P\{A\}>P\{B\}$；客观反映层面是 $P\{A\}=1$ 并且 $P\{B\}=1$。

② 丁力：《汉语语法问题研究》，三秦出版社 2012 年版。

识是 P｛X｝>P｛Y｝ 或者 P｛¬X｝>P｛X｝>P｛Y｝（"¬X"表示对前分句的否定；0.5< P｛¬X｝<1；0< P｛Y｝<0.5），即当句子为顺向肯定递进时，说话人根据自己的生活经验推测，主观上认为 X 成立的可能性应该大于 Y 成立的可能性，即 P｛X｝>P｛Y｝；当句子为顺向否定递进和逆向正反递进时，说话人会认为"¬X"发生的可能性最大，X 发生的可能性小，Y 发生的可能性更小，即 P｛¬X｝> P｛X｝>P｛Y｝。例如：

（44）斯大林在这里不但给语言学指出了一条新路，而且对马克思主义基本问题也有了进一步的发挥。（季羡林《语言学家的新任务》）

（45）从本来的意义上讲，阶级斗争理论不但不是唯物史观的核心，而且它并不包括在唯物史观自身之中。

（46）妇女参加社会活动，不但不受限制，而且还得到鼓励。（李光灿《我国公民的基本权利和义务》）

前两例是顺向递进。例（44）中说话人认为"斯大林给语言学指出了一条新路"的可能性大，而"对马克思主义基本问题有进一步发挥"的可能性小。例（45）从否定方面进一步肯定，说话人主观推测"阶级斗争理论不是唯物史观的核心"可能性大，而"阶级斗争理论不包括在唯物史观自身之中"的可能性小。例（46）是逆向递进。在说话人大脑中会认为"妇女参加社会活动受限制"的可能性大，而"不受限制"的可能性小，更不要说"还得到鼓励"了。

"不但X，反而Y"句式表现的是一种反对性递进，即在一个事件发生后，说话人主观认为按常理应出现结果¬X，所以主观推测层面是 P｛¬X｝>P｛X｝>P｛Y｝，即说话人认为"¬X"成立的可能性大于 X 成立的可能性，更大于 Y 成立的可能性。

（47）但所得的结果，它不但不能延长自己的统治，反而加速了自己的灭亡。（李达《中华人民共和国宪法讲话》）

（48）产品成本不但不会升高，反而会下降。（牛若峰《农业生产经济效果概念和计算方法》）

例（47）中说话人主观推测"它延长自己的统治"的可能性大，而"不能延长自己的统治"的可能性自然就小，那么"加速了自己的灭亡"的可能性就会更小，即 P｛它延长自己的统治｝>P｛不能延长自己的统治｝>P｛加速了自己的灭亡｝。例（48）同理。

因此，"不但……而且……"与"不但……反而……"作为递进句式，主观推测层面的大前提是一样的，都是 P｛X｝>P｛Y｝。只是当"不但……而且……"是顺向否定递进和逆向正反递进时，说话人的主观推测出现了自己本来预期的情况，认为自己预期的情况出现的可能性是最大的，即 P｛¬X｝>P｛X｝>P｛Y｝。"不但……反而……"一般都是逆向的，前分句否定，说话人原想会出现某种情况，可是却出现了相反的情况，主观上自然认为自己预期的情况出现的可能性大，即 P｛¬X｝>P｛X｝>P｛Y｝。

（二）"不但 X，而且 Y"与"不但 X，反而 Y"的客观反映层面

客观反映层面是在大脑中直接反映出来的客观现实情况。"不但 X，而且 Y"与"不但 X，反而 Y"的客观反映层面相同，都是 P｛X｝=1 且 P｛Y｝=1，即客观现实情况在大脑中的反映 X、Y 都是成立的。例如：

（49）这种正常而良好的研究环境和气氛，不但使卡尔纳普在学术上卓有建树，而且使他的人格更加完善。（米加宁《谈"容忍原则"》）

（50）他对法聪的提醒不但没有丝毫的惊恐和畏缩，而且根本不加理会，却"王顾左右而言他"了。（张铨锡《试论王实甫的〈西厢记〉》）

（51）在土地改革中，农业生产不但没有下降，反而在恢复中有了发展。（闵耀良、李炳坤《中国农村经济改革研究》）

例（49）中说话人这样说，实际情况也确实如此，即 P｛这种正常而良好的研究环境和气氛使卡尔纳普在学术上卓有建树｝=1 且 P｛这种正常而良好的研究环境和气氛使他的人格更加完善｝=1。例（50）也是已然事实，即 P｛他对法聪的提醒没有丝毫的惊恐和畏缩｝=1 且 P｛他对法聪的提醒根本不加理会｝=1。例（51）同理。

因此，"不但……而且……"与"不但……反而……"的客观反映层面都是 P｛X｝=1 且 P｛Y｝=1，说明这两个句式表达的是说话人认定的已然的事实。

三　两个句式相互替换

一是当"不但……而且……"是顺向肯定句或者顺向否定句时，不能替换成"不但……反而……"因为没有反转的意义。例如：

（52）这种正常而良好的研究环境和气氛，不但使卡尔纳普在学术上卓有建树，而且使他的人格更加完善。（米加宁《谈"容忍原则"》）

（53）从本来的意义上讲，阶级斗争理论不但不是唯物史观的核心，而且它并不包括在唯物史观自身之中。（白钢《历史学的发展趋势》）

例（52）和例（53）中说话人想要表达的意思都是顺向的，不能用表示反转意义的"不但……反而……"句替换。

二是当为逆向正反句时，"不但……而且……"句一般都可以替换成"不但……反而……"这可以分为两种情况：

第一，当前后分句主语相同，去掉前分句的否定词，层级项¬A 和 B 处于极性反义义场时，如果句子使用的是"不但……而且……"这时，可以替换成"不但……反而……"例如：

（54）在英国伦敦，无论大人、小孩不但不打鸟，而且热情款待鸟类。（《中国儿童百科全书》）

→在英国伦敦，无论大人、小孩不但不打鸟，反而热情款待鸟类。

（55）但一年来的事实证明，在伊拉克人民的眼里，美军不但不是救世主，而且变成了仇敌。（新华社 2004 年新闻稿）

→但一年来的事实证明，在伊拉克人民的眼里，美军不但不是救世主，反而变成了仇敌。

比如例（54），层级项¬A 是"打鸟"，层级项 B 是"热情款待鸟类"，这两个语义处于极性反义义场，如果"打鸟"就否定了"热情款待鸟类"，如果"热情款待鸟类"就不可能"打鸟"，但是"不打鸟"不一定就"热情款待鸟"，没有"热情款待鸟"不一定就会"打鸟"。这个条件符合"不但……反而……"的逆向极性递进，所以可以转换为反递句式。例（55）同理。

第二，当前后分句的主语不同时，层级项 A、B 做主语，如果两者是从属关系或者逆向对立关系，就可以替换成"不但……反而……"替换时后分句的主语位于"反而"之前。例如：

（56）美国体育不但不干净，而且美国还是其它国家和地区兴奋剂的主要提供商。（新华社 2004 年新闻稿）

→美国体育不但不干净，美国反而还是其它国家和地区兴奋剂的主要提供商。

（57）当然，同样由于受当时科学水平所限，他的公理不但不完备，而且有些公理本身就自相矛盾。（王仲春、顾莉蕾、李元中《数学思维与数学方法论》）

→当然，同样由于受当时科学水平所限，他的公理不但不完备，有些公理反而本身就自相矛盾。

由此可以看出，当"不但……而且……"与"不但……反而……"同时表示逆转关系时，层级项¬A 和 B 处于极性反义义场中，两者在语义和认知上没有多大区别，所以，如果前分句是否定形

103

式后分句是肯定形式，前后分句意义逆转，用"不但……而且……"不应看作病句，但应注意区分，当顺向同级递进中的前分句是否定形式的句子时，就只能用"不但……而且……"

四 小结

本章主要从语里意义出发，首先考察"不但……而且……"与"不但……反而……"的语义基础。构成递进句式的前提是层级项 A、B 具有同一性和层级性。同一性表现在层级项 A、B 表示同一个事物不同方面之间的层级递进或者是不同事物同一方面之间的层级对比上。层级项 A 和 B 属于同一语义范畴，属于同一类事物、事件或者现象等。而两个句式的层级差异表现形式不同："不但……而且……"有三种表现形式：顺向同级递进、顺向量级递进和逆向正反递进。"不但……反而……"的层级差异表现在三方面：逆向极性递进、逆向从属递进、逆向对立递进。由此可以看出，"不但……而且……"句式除了表达顺递的意思之外，也有反递的意思。因此，不能单从肯定否定形式方面来判定这两个句式的使用正误。

接着，我们从大脑的认知层面分析人们在运用这两个句式时的差异。首先在主观推测层面，在"不但 X，而且 Y"句式中，当为顺向递进时，说话人根据自己的生活经验推测，主观上认为 X 成立的可能性应该大于 Y 成立的可能性，即 $P\{X\} > P\{Y\}$；当为逆向递进时，说话人会认为"¬X"发生的可能性最大，X 发生的可能性小，Y 发生的可能性更小，即 $P\{¬X\} > P\{X\} > P\{Y\}$。在"不但 X，反而 Y"句式中，因为一般都是逆向递进，所以主观推测层面是 $P\{¬X\} > P\{X\} > P\{Y\}$。其次，"不但 X，而且 Y"与"不但 X，反而 Y"的客观反映层面相同，都是 $P\{X\} = 1$ 且 $P\{Y\} = 1$。

最后，当"不但……而且……"与"不但……反而……"同时表示逆转关系时，层级项¬A 和 B 处于极性反义义场中，这两个句式可以相互替换。因此，如果前分句是否定形式后分句是肯定形式，前后分句意义逆转，用"不但……而且……"不应看作病句，但应注意区分当顺向同级递进中的前分句是否定形式的句子时，只能用"不但……而且……"我们需要重点从语用上分析两者的使用差别。

第三节 语用价值

递进复句主要的语用价值是连接两个小句间的层级递进逻辑关系，凸显说话人的主观态度以及突出强调表达的重点在后一分句上。

对于这两个句式语用上的差别，景士俊认为，递进关系的后句用"反而"一类词，比起用"而且"，更突出进层义。它明确地帮助语句从对立意义上突出后"进"；而后句用"而且"，尽管前句也可以是否定意思，后句以肯定意义表达与前句形成对立，可是由于"而且"意义虚灵，在强调对立性进层义上就显得弱了一些①。周静则指出，在表示递进关系中，认为用"反而"比"而且"更突出进层义的说法是欠妥当的②。递进句式的特点就是"一层进一层"，这里说两者在语用上的区别主要是"突出进层义"，而对如何才是"突出进层义"，解释不清楚。由此看来，在语用上，人们虽然认识到这两个句式是有区别的，但是都没有进行详细具体的说明。下面，我们从三个方面进行讨论。

一 连接功能

"不但……而且……"对于小句间的逻辑连接功能较弱，添加或省略关系词语，对小句间逻辑关系的影响不大。而"不但……反而……"对小句间的逻辑连接功能较强，如果省略关系词，小句间往往会逻辑不通，影响成句。例如：

（58）她不但嗓音甜润，而且腰腿十分灵活。（《身残志不残的孙毓敏》）

→她嗓音甜润，腰腿十分灵活。

---

① 景士俊：《递进句再探讨》，《内蒙古师范大学学报》（哲学社会科学版）1991年第4期。

② 周静：《现代汉语递进范畴研究》，中国传媒大学出版社2007年版。

（59）无数事实说明，有了正确的政治观点，不但不会妨碍学习业务和技术，反而能够促进它们的提高和发展。（《教育革命的方向不容篡改》）

？→无数事实说明，有了正确的政治观点，不会妨碍学习业务和技术，能够促进它们的提高和发展。

例（58）中如果去掉关系词语，只是作者的一般陈述，"嗓音甜润"和"腰腿十分灵活"处于并列关系，没有突出强调的效果，看不出说话人的感情色彩。而加上"不但……而且……"会凸显说话人的表意倾向，重点突出"腰腿十分灵活"，并通过从"嗓音"到"腰腿"的递进，表达出说话人对她"赞美"的一种主观感受。例（59）中去掉关系词语，小句间的逻辑连接关系减弱，只是简单的铺陈描述。而加上"不但……反而……"小句间前后对比的逻辑关系明显地表现出来，通过对说话人和听话人可能发生的共同预期进行否定，进一步肯定"有了正确的政治观点"所带来的好处，语气从弱到强，将常规焦点和对比焦点合二为一，更突出了说话人对于"要有正确的政治观点"态度的肯定。

二　说话人的主观态度

"不但……而且……"一般都表现说话人客观的态度，没有明显的感情色彩，一般是顺承，即使前后分句是逆转时，因为使用了"而且"，说话人的惊讶态度表现得并不明显。"不但……反而……"一般都是表达主观感受和评价，主要是对说话人和听话人可能发生的共同预期进行的否定，后分句通过肯定进一步说出真实情况，在语用上表达说话人对某人或者某事的一种激烈的看法或态度，即说话人和听话人原本预期大多是好的结果，实际却是不好的结果，转向了消极的情况；或者原本预期会出现坏的结果，实际却是好的结果，转向了积极的情况，出乎意料。例如：

（60）同时，也使我们认识到，人们头脑里的马列主义思想不但不能自发地产生，而且人们的思想还会像拔河一样，稍一放松教育，就会被社会上每时每刻都在产生的非无产阶级思想拉过去。（冯定《树立共产主义世界观走历史的必由之路》）

（61）1978 年后，罗庆美流产患病，李国祥不但不给治疗，反而经常毒打漫骂罗庆美。（陈大文《我们就是原告》）

例（60）中说话人没有明显的情感起伏，虽然前后用肯定和否定的方式表达，但是很自然的顺承关系，没有表现出说话人的惊讶之意。例（61）前分句中说话人预期李国祥会给罗庆美治疗，后分句用"反而"，表达了说话人的惊讶和出乎意料的情绪，没有想到预期的情况没有出现也就算了，竟然出现了更严重的情况，与说话人的预期有明显的对立转折关系。

三　语用预设

语用预设是抛开真值条件的限制和句子的字面意思，参照语境从合适性出发推出的共有知识，是话语之间的预设关系，是交际双方设定的交际背景信息，也是言语交际顺利进行的必要条件，假设交际双方都存在一个共知的知识背景，那么这句话就不会是无本之木、无源之水了[①]。

"不但 A，而且 B"表达的意思是既肯定 A，又进一步肯定 B。只有当 A 存在，而 B 不一定存在的情况下，既肯定 A 接着肯定 B，这个句子才有意义。所以"不但 A，而且 B"的语用预设是：A 是可能的，非 B 也是可能的。例如：

（62）后起的语言学家不但数目极少，而且一代不如一代。（季羡林《语言学家的新任务》）

（63）合理的纪律同社会主义民主不但不是互相对立的，而且是互相保证的。（《邓小平文选》）

---

① 徐倩婷：《浅析顺进类递进复句》，《安徽文学》2009 年第 1 期。

上面例子均可以说，是因为例（62）中说话人和听话人的知识背景相同，语用预设相同，大家都知道"后期的语言学家"数目极少，而"一代比一代强"的情况是可能存在的，说话人引出新情况，因此句子成立。例（63）中"合理的纪律同社会主义民主不是互相对立的"是说话人和听话人共同的认知，而"不是互相对立"不一定就"互相保证"，即"不互相保证"的情况是可能存在的，因此句子成立。

"不但 A，反而 B"同样也肯定了 A，又要进一步肯定 B。而肯定 B 的必要性来自非 A 和 B 同时存在的可能性，以及 B 的现实可能性与对话人的预期不可能性的对立。如果非 A 和 B 根本没有这种可能性，即有 A 就一定有 B，那么这个句子表达就没有意义了。所以"不但 A，反而 B"的语用预设是：非 A 是可能的，而对话人预期 B 是不可能的，实际上 B 也是可能的。例如：

（64）主考教师不但不制止，反而把卷子给他任其修改。（《河北日报》）

按正常人的理解，例（64）中"主考教师制止"是可能的，而"主考教师把卷子给他任其修改"是不可能的，但实际上这种情况也可能存在，因此使用"不但……反而……"句式。

本章主要对递进复句的语用价值进行论述，首先总说递进复句主要有三个语用价值：连接小句间递进逻辑关系、凸显说话人的主观态度以及突出强调表达的重点在后一分句。

接着就"不但……而且……"与"不但……反而……"的语用价值从连接功能、说话人主观态度以及语用预设三方面进行具体论述。"不但……而且……"对于小句间的逻辑连接功能较弱；一般表现了说话人的客观态度，说话人的惊讶态度表现得不明显；语用预设是：A 是可能的，非 B 也是可能的。而"不但……反而……"对小句间的逻辑连接功能较强；一般是表达主观感受和评价，在语用上表达说话人对某人或者某事的一种惊讶的看法或态度；语用预设是：非 A 是可能的，而对话人预期 B 是不可能的，实际上 B 也是可能的。

第二章　反逼复句

"别说……就是……"和"尚且……何况……"都是反逼复句的典型句式，都表示以一层意思为基点向对比之下不值一提的另一层意思反逼递进。它们的分句之间都有推论的关系，即通过前后两项之间的对比，可以由其中一项推出另一项，进而论证其发生的可能性。例如：

（65）班长，你别开玩笑，别说这是木板的，就是铁板，我也能把它钉进去呀！（贾六《雷锋》）

（66）别说近百年的历史书里没有提到过这无名岛，就是县图书馆里最详细的地方志上，也找不到这无名岛的记载。（杨旭《无名岛上的第一代人》）

（67）记者想到，这位已经退居第二线的老同志尚且在为四化呕心沥血，何况还在第一线工作的中青年干部呢？（《人民日报》）

（68）他却说："小事尚且不注意，何况大事呢？"（郑英德《唐明皇全传》）

例（65）中将"木板"和"铁板"对比，通过夸张后分句"铁板我也能钉进去"更论证了前分句"木板能钉进去"的必然性。例（66）中将"近百年的历史书"和"县图书馆里最详细的地方志"对比，通过对高概率"县图书馆里最详细的地方志"应该记载这个无名岛的否定，更加否定低概率"近百年的历史书"会提到这个无名岛。例（67）中将"退居第二线的老同志"与"在第一线工作的中青年干部"做对比，通过前分句老同志为四化的呕心沥血推论出后分句青年干部更应该为四化呕心沥血。例（68）中将"小事"和"大事"对比，通过对一般人认为对"小事"应该注意的否定，推论出在"大事"上更不注意。

由此可以看出，"别说……就是……"和"尚且……何况……"在语言运用中有共通之处。接下来我们从语表、语里和语值三个方面分析两者的异同。

第一节　语表形式

"别说"作为连词引导递进复句的格式有多种，比如"别说……就是……""别说……连……""连……别说……"等，这里我们只将"别说……就是……"句式与"尚且……何况……"句式进行比较。

一　关系词语构造方式

"别说……就是……"和"尚且……何况……"二者构造方式不同。

当"别说"用于前一分句时，"别说"多位于小句句首，"就是"引导的后分句通常要用副词"也/都"，有时中间可以用逗号隔开。观察收集到的例句，主要有以下几种格式：

a. 别说 A，就是 B 也 C。

b. 别说 A、C，就是 B 也 C。

c. 别说 A、C，就是 B 也 D。

例如：

（69）毛主席号召全民皆兵，别说是海防前线（要把民兵搞好），就是在大陆内地也要把民兵搞好。（黎汝清《女民兵的故事》）

（70）别说我不知道，就是好多人也不一定知道吧。（《1994年报刊精选》）

（71）别说高明人没有见识过这种品种，就是整个广东省，也只有农业厅的种子库里有两株。（《1994年报刊精选》）

句式 a 可以转换成句式 c，句式 b 也可以看作句式 c。从以往关于"别说"复句的研究成果中看到，将 C 项省略的句式占 89%[①]。因此为了方便，我们把这个句式记作"别说 A（C），就是 B 也 D"。

当"尚且"用于前一分句时，"尚且"多位于小句中，位于前分句主语之后。"何况"之前可加副词"更"。句尾一般用反问语气，可添加语气词"呢"，有时也可用陈述语气，可添加助词"了"。观察收集到的例句，有两种格式：

a. 尚且 C、A，何况 B。

b. A 尚且 C，何况 B。

例如：

（72）老王尚且能跑 1500 米，何况 1000 米呢？

（1500 米老王尚且能跑，何况 1000 米呢？）

（73）深圳是经济特区，那里经营高价位精品的企业尚且步履维艰，何况其他地方呢？（《市场报》）

句式 a 可以转换成句式 b，其基本意思不变。而且"尚且……何况……"句式后分句都包含一个说话人的隐含成分。黄党生、丁力在《"尚且 A 何况 B"句式的反逼推理》中指出："说话人借用承逼项 B，实际想表达的意义一般都不是 B 的字面意义本身，而是另有其义。"[②] 比如，例（72）中后分句"1000 米"的实际表述是"1000 米更能跑"；例（73）实际表述的是"其他地方更步履维艰"。因此，

[①] 简丽：《"别说"句式研究》，《北京语言大学学报》2005 年第 6 期。

[②] 黄党生、丁力：《"尚且 A 何况 B"句式的反逼推理》，《湖北社会科学》2013 年第 4 期。

我们把这个句式记作"A 尚且 C，何况 B（E）"。①

二　关系词语连接的前后分句的句法特征

在"别说 A、C，就是 B 也 D"句式中，"别说"引导的前分句一般是单词或短语；"就是"引导的后分句必须是主语谓语成分完备的主谓句。

与其相反的是，在"A 尚且 C，何况 B"句式中，"尚且"引导的前分句是主、谓语成分完备的主谓句；"何况"引导的后分句一般是单词或短语。例如：

（74）他一面啜粥、一面解释说，"别说远地来的香客，就是我也不敢随便上山。"（刘兴涛《神猴》）

（75）县委扩大会尚且开得如此艰难，何况他们一个小乡镇？（《中国农民调查》）

（一）"别说"和"尚且"引导的前分句的特征

"别说"后可以连接单词、短语、小句等语言单位。其中单词和短语占绝对优势，可以由体词性词语、谓词性词语充当。体词性词语包括单独名词、代词、偏正短语、数量短语、的字短语等。谓词性词语包括单独动词、述宾短语等。小句主要是动词谓语句，也可以是名词谓语句、主谓谓语句。例如：

（76）如果心猿意马，别说洛神，就是一只母大虫，也不屑理他，理他就是想吃他。（史仲文《欲望启示录》）

（77）别说咱们啦，就是咱的大东家，听说今年也亏了很多。（姚时晓《别的苦女人》）

（78）问起这件事，张清利淡淡地说："别说李敏是主席的

---

① 上面的 A、B 表示对比项，C、D 表示描写对比项。由于 E 是说话人的内心活动，不能作为句法成分直接补充完整，因此用 E 单独表示。

女儿，就是普通老百姓，咱也该帮这个忙。"（《1994 年报刊精选》）

例（76）是"别说"＋单独名词；例（77）是"别说"＋代词；例（78）是"别说"＋动词谓语句。

"尚且"连接前分句的主语和谓语，主语可以是名词性主语，也可以是谓词性主语。谓语一般是单词或短语，由谓词性词语充当，包括单独动词、形容词、主谓短语、述宾短语。例如：

（79）对别厂产品他们尚且能救援，何况对自己产品的售后服务呢！（《人民日报》）

（80）山沟里，四肢健全的人尚且生活艰难，何况一个失去双臂的女孩子！（《1994 年报刊精选》）

（81）私有制企业尚且要解决劳动者的归属感问题，何况公有制企业。（《1994 年报刊精选》）

例（79）是状中短语＋尚且＋单独动词；例（80）是定中短语＋尚且＋主谓短语；例（81）是定中短语＋尚且＋述宾短语。

这里需要注意，当语言环境中前面交代了谓语动作行为所涉及的对象以及会发生的结果，那么"尚且"后面的成分可以用"如此"来指代。例如：

看了这种情形，真使人感动不已。世间法尚且如此，何况我们学佛修法是要了生死，成就亘古亘今不变之真常大道的伟大事业，我们的目的是要修成佛果，如此宏伟的目标，怎么能不备受艰辛地精勤地修炼呢？理应比世人更努力精进，他们用十分力，我们就应该用百分力。（《佛法修正心要》）

由此可以看出，"别说"和"尚且"引导前分句的句法成分时主要有两点不同：

第一，"别说"引导前分句，位于句首；"尚且"引导前分句，连接主语和谓语，位于句中。

第二，"别说"引导的前分句单词和短语占绝对优势，多为名词性词语。"尚且"引导的前分句是主、谓语成分完备的主谓句，"尚且"后多引导谓词性词语。

（二）"就是"和"何况"引导的后分句特征

"就是"后必须接小句，包括动词谓语句、主谓谓语句等。例如：

（82）敌人捶了那么多炮，别说三四个班，就是一个连也报销光了。（王云《为了幸福》）

（83）别说5万元，就是1万元他们也不要了。（《中国北漂艺人生存实录》）

例（82）是"就是"＋动词谓语句；例（83）是"就是"＋主谓谓语句。

"何况"后通常接单词或短语，有时可以接小句。连接单词时只能是体词性词语，包括单独名词、代词等。连接短语时可以是主谓短语、动宾短语、同位短语、偏正短语、连谓短语、介词短语等。小句主要是动词谓语句。例如：

（84）她清楚地知道，斗牛这个职业，对于男子来说尚且危险重重，更何况女子！（《女斗牛士克里斯蒂娜》）

（85）一个封建时代的县官尚且如此关心老百姓的疾苦，何况我们是共产党呢！（《人民日报》）

（86）古代的志士仁人尚且有这样的自觉，何况我们是中国共产党领导的人民公仆！（《人民日报》）

例（84）是"何况"＋单独名词；例（85）是"何况"＋主谓短语；例（86）是"何况"＋动词谓语句。

由此可以看出，"就是"引导的后分句必须是主谓句，而"何况"引导的后分句主要是单词或短语。

三 描写对比项 C 的省略和 E 的隐含情况

"别说 A（C），就是 B 也 D"和"A 尚且 C，何况 B"句式都有描写对比项的省略或者隐含的情况。

"别说"引导的前分句一般将与后分句意义相同或相近的成分省略，通常是省略谓语 C，也可以将主语和谓语补充完整。"A 尚且 C，何况 B"句式中，"何况"引导的后分句一般是隐含了前分句共同的语义成分的省略句，但是隐含成分不能在句中补充完整。如果想将隐含成分表达出来，"何况"要用"更"替代，同时后分句语序会发生变化。例如：

(87) 别说一个"李善人"，就是百个、千个、万个，也难能解救民族贫困之万一。（徐星平《弘一大师》）

→别说一个"李善人"难能解救民族贫困之万一，就是百个、千个、万个，也难能解救民族贫困之万一。

(88)"安全火柴"尚且不够安全，何况一擦即响的"擦炮"？（《人民日报》）

→"安全火柴"尚且不够安全，一擦即响的"擦炮"更不安全。

当把两个句式前后分句的成分补充完整时，前后分句 C 和 D 的肯定否定形式是一致的。即"别说 A（C），就是 B 也 D"和"A 尚且 C，何况 B"这两个句式不会出现前肯后否或者前否后肯的情况，只能是前后分句同时肯定或者否定，可以看作后一分句对前一分句表意的进一步肯定和加强，因此，这两个句式的前后对比项有隐性的递进关系。通过"也"和"更"体现了这种递进关系。

四 关系词语与副词"也/还/都"的连用情况

使用"别说……就是……"句式，副词"也/还/都"一般位于后分句。使用副词"也/还"时，可以和"就是"搭配使用，也可以直接与"就是"替换。使用副词"都"时，后分句一般是"连……都……"句式，"就是"可加可不加。"连"前面可以加程度副词"甚至"。使用"别说……连……都……"格式时，一般没有省略成分 C。例如：

（89）别说女儿，我大姑、二姑也无能为力。（《作家文摘》）

（90）百万元贪污大案，别说在昆明，就是在整个云南省也还闻所未闻。（《1994 年报刊精选》）

（91）你想想看，解放前，象你我这样的工人的孩子，别说大学毕业了，连生命都难保啊。（陈耘、赵明《年青的一代》）

使用"尚且……何况……"句式，副词"也/还/都"一般位于前分句，可以作为"尚且"的同义形式进行替换。例如：

（92）这种送别的场面真是让铁石心肠的人也受不了，何况是她这个被大弟凌云谑称为"爱哭妹"的人。（赵淑侠《我们的歌》）

（93）我们知道，即使是同一个人，在不同时间的说话还存在一些细微的差别，何况不同的人。（曹剑芬《现代语音基础知识》）

（94）大凡老教师都有个强烈的时间概念，何况是教数学的张老师！（张象吉《捞莦》）

由此可以看出，"别说……就是……"和"尚且……何况……"句式在副词"也/还/都"的使用上也存在不同。在"别说……就是……"句式中，副词位于后分句；而在"尚且……何况……"句式中，副词一般位于前分句。

五 小结

"别说……就是……"和"尚且……何况……"同为反逼复句，

通过上述对两个句式语表特征的分析，我们能明显地看出它们在语表上的对称差异。为了更清楚地表达这种对称差异，我们用表格来表示。

表 2 - 1　　　　　　　　　　**语表特征的对比分析**

语表特征 反逼句式	所在格式	句法特征		描写对比项的省略和隐含	副词"也/还/都"的位置
		前分句	后分句		
别说…… 就是……	别说 A（C），就是 B 也 D	单词、短语占优势	主谓句	前分句省略，可将省略项补充完整	位于后分句
尚且…… 何况……	A 尚且 C，何况 B（E）	主谓句	单词、短语占优势	后分句省略，隐含项不能补充出来	位于前分句

说明：A、B 表示对比项，C、D 表示描写对比项。由于 E 是说话人的内心活动，不能作为句法成分直接补充完整，因此用 E 单独表示。

第二节　语里意义

通过对"别说……就是……"与"尚且……何况……"语表特征的分析，我们能看出这两个句式的前后分句在语表上的对称差异，说明这两个句式前后分句之间存在着相似的语义关系。我们从语里意义出发，观察这两个句式的语义基础，并从认知层面对这两个句式的差异进行解释，最后找出这两个句式之间的关系。

一　语义基础

这两个反逼句式主要是由对比项 A 和 B，以及描写对比项 C 和 D/E 构成的，这两个句式的语义基础主要看 A 和 B 的关系以及 C 和 D/E 的关系。因此，我们从它们的关系出发，考察它们构成这两个句式的语义基础。构成这两个句式的语义基础是 A 和 B 属于同一个语义范畴；C 和 D 语义具有一致性。同时，它们在语义上又有不同的表现形式：A 和 B 之间存在层级差异；C 和 D 的语义表现有不同情况。

（一）对比项 A 和 B 的关系

在这两个反逼句式中，根据说话人想要表达的说话意图，可以将对比项 A 和 B 概括为同一个语义范畴，即属于同一类事物、事件或者现象等，具有共同的意义特征。例如：

（95）别说十几分钟，就是几个小时、几天我也要咬紧牙关，坚持到底。（周冰冰《月亮的悔恨》）

（96）别说是熬夜，就是把我这一条腿也锯掉，我都愿意！（何求《跃进号》）

（97）一家人尚且有口轻口重之差，何况六亿多人的口，当然更难调了。（《人民日报》）

（98）人尚且吃不到肉，何况狗呢？（《长江日报》）

例（95）中"我"想要通过时间的对比来形容坚持的毅力。其中对比项 A 是"十几分钟"，B 是"几个小时、几天"，都属于"时间"的语义范畴。例（96）中"我"想要通过对自己的伤害程度来表达"我"愿意的决心。其中对比项 A 是"熬夜"，B 是"把我这一条腿也锯掉"，都属于"对自己的伤害程度"的语义范畴。例（97）中说话人想要通过人数的对比来表达众口难调。其中对比项 A 是"一家人（的口）"，B 是"六亿多人的口"，都属于"人"的语义范畴。例（98）中说话人想要通过不同生物的对比来表达吃肉的情况。其中对比项 A 是"人"，B 是"狗"，都属于"生物"的语义范畴。

由此看出，A 和 B 属于同一语义范畴，观察例句发现，在此基础上，A 和 B 之间存在层级差异，可以分为三种情况：同级并列类、量级差比类和互补对立类。

第一，同级并列类。指 A 和 B 之间是典型的并列关系，是从说话人主观的角度构成层级，主要表达说话者的主观态度。一旦脱离句式，就无法判断两者的层级性，包括并列的事件或事物对比、某种行为或现象对比。例如：

（99）只要你能改正错误，对工作认真负责，别说吴大爷，（看了小秦子一眼）就是小秦子也要原谅你的。（江汗《钥匙》）

（100）对别厂产品他们尚且能救援，何况对自己产品的售后服务呢！（《人民日报》）

例（99）中 A "吴大爷" 和 B "小秦子" 是进入 "别说……就是……" 句式由说话人临时创建的层级关系，对比项本身没有等级差异。例（100）中 A "对别厂产品" 和 B "对自己产品" 也是在说话人的大脑中形成的临时对比。

第二，量级差比类。指 A 和 B 之间存在量级差异，具有客观层级性。对比项本身在数量、时间、范围、程度或者一般逻辑基础，比如序列关系、因果关系、条件关系等方面构成层级。即使脱离句式，两者的层级对比性仍然存在。例如：

（101）别说五十吊，就是一百吊钱也得算着吗？（萧红《呼兰河传》）

（102）县委扩大会尚且开得如此艰难，何况他们一个小乡镇？（《中国农民调查》）

例（101）中 A "五十吊" 和 B "一百吊" 是在数量多少上存在对比关系。例（102）中 A "县委扩大会" 和 "乡镇扩大会" 在管辖范围大小上存在对比关系。

第三，互补对立类。指 A 和 B 之间是极性层级，是完全对立的语义关系，语义完全相反，处于反义义场中，即肯定 A 必否定 B，肯定 B 必否定 A；同时，否定 A，就必肯定 B，否定 B，就必肯定 A。两者中不容许有非 A 非 B 的第三者存在。例如：

（103）别说大寨不富裕，就是富裕了也不能免费接待呀！（《1994 年报刊精选》）

（104）我知道尚且不告诉他，何况我不知道？

例（103）中 A "不富裕" 和 B "富裕" 与例（104）中 A "我知道" 和 B "我不知道"，一肯一否，要么 "富裕" 要么 "不富裕"，要么 "知道" 要么 "不知道"，中间没有第三种情况出现，两者为互补对立关系。

（二）描写对比项 C 和 D/E 的关系

由于在一些句子中描写对比项 C 和 E 是可以省略和隐含的，而且 "尚且……何况……" 句式中的隐含项 E 不能作为句法成分补充出来，但可以根据说话人所表达的意思由听话人补充。所以为了分析的方便，我们通过添加和变换句式，在不改变句意的情况下，把省略项 C 和隐含项 E 补充完整，观察 C 和 D/E 的关系。

在这两个反逼句式中，描写对比项 C 和 D/E 的关系要具有语义一致性，语里意义类同。在此基础上，"别说……就是……" 句式中 C 和 D 之间在语义上有三种不同的情况：等同义、近似义和不同义。而 "尚且……何况……" 句式中 C 和 E 一般有两种情况：C 和 D 是等同义和近似义。

第一，等同义，即 C = D/E。指描写对比项用相同的词语表达。例如：

（105）你大儿子英辉的消息，实在出人意料，别说你当父亲的，就是我，唉，也感到太突然了。（白路平《寒冷的夏天》）

→你大儿子英辉的消息，实在出人意料，别说你当父亲的（感到太突然），就是我，唉，也感到太突然了。

（106）假冒商品尚且使我们屡屡上当，何况是人？（《长江日报》）

→假冒商品尚且使我们屡屡上当，人更（使我们屡屡上当）。

例（105）中 C 省略，将其补充出来同 D 即 "感到太突然"，语里意义是相同的，并且是由相同的词语充当的。例（106）中通过变换句式，将隐含项 E 补充出来，同 C，语里意义相同，也是由相同的词语充当的。

第二，近似义，即 C≈D/E。指描写对比项所表达的语里意义方向大致相同，但是由意义近似的词语充当的，C 和 D 可以互换位置。在这种情况下，为了表意的准确性，"别说……就是……"句式中 C 一般不能省略。例如：

（107）别说坐小车来的这长那长他不敢得罪，就是给你们赶小车的，他也得另眼看待。（王东满《柳大翠一家的故事》）

　　→别说坐小车来的这长那长他得另眼看待，就是给你们赶小车的，他也不敢得罪。

（108）我在那时，全身已抛在烦恼的海中，自救尚且不暇，何能顾你？（许地山《无法投递之邮件》）

　　→我在那时，全身已抛在烦恼的海中，自救尚且不暇，更顾不上救你。

例（107）中 C"他不敢得罪"和 D"他得另眼看待"语里意义都是指"他的态度谦卑"，两个近似义既可以用来形容对比项 A，也可以形容对比项 B，互换后语意基本不变。例（108）中 C"不暇"即有"顾不上"的意思，跟 D 意义相似。

第三，不同义，即 C≠D。指描写对比项所表达的语里意义大致相同，但是这两个词语 C 只能用来形容 A，D 只能用来形容 B，C 和 D 不能互换位置。例如：

（109）他在快乐当中，想起过去自己怎样战胜了项羽，又想到以后要治理好国家，可真不容易。别说一些诸侯不肯安分守己，就是边境上也常常发生麻烦。（《中华上下五千年》）

例（109）中 C"不肯安分守己"和 D"常常发生麻烦"具有语义一致性，都是为了说明"治理好国家不易"，但是 C 只能用来指"一些诸侯"，D 只能用来指"边境"，两个词语不能互换形容对比项。

121

因此，"别说 A（C），就是 B 也 D"与"A 尚且 C，何况 B（E）"有相似的语义基础：A 和 B 属于同一个语义范畴；C 和 D 语义具有一致性。同时，它们在语义上又有不同的表现形式：A 和 B 之间存在层级差异，可以分为同级并列类、量级差比类和互补对立类。C 和 D/E 的语义表现也有不同的情况，在"别说 A（C），就是 B 也 D"句式中 C 和 D 之间可以是等同义、近似义和不同义。在"A 尚且 C，何况 B（E）"句式中由于隐含项 E 是根据说话人所表达的意思由听话人补充的，所以一般有两种情况，即 C 和 D 是等同义和近似义。

二 认知解释

既然"别说 A（C），就是 B 也 D"与"A 尚且 C，何况 B（E）"在语义基础上相似，我们从大脑的认知层面分析人们在运用这两个句式时的差异。丁力、黄党生在《"尚且 A 何况 B"句式的反逼推理》一文中，已经对"尚且……何况"句式的主观推测层面和客观反映层面进行了具体的描述，我们主要将其与"别说……就是……"句式的认知层面进行对比。

为了便于表述，我们将两个句式中前分句记作 X，后分句记作 Y，在"别说……就是……"句式中将前分句省略项 D 补充出来，在"尚且……何况……"句式中后分句用隐含项 E 补充出来的变换句式。

（一）"别说 X，就是 Y"与"尚且 X，何况 Y"的主观推测层面

在"别说 X，就是 Y"句式中，说话人主观推测层面所反映的认识是 P{X}>P{Y}，即说话人根据自己的生活经验推测，主观上认为 X 成立的可能性应该大于 Y 成立的可能性，X 比 Y 更容易发生。而在"尚且 X，何况 Y"句式中，主观推测层面则是 P{X}<P{Y}，即说话人根据自己的生活经验推测，主观上认为 X 成立的可能性小于 Y 成立的可能性。可以分为两种情况：

第一，社会共同认知。即人们对事件的主观推测符合大众共同的认知基础，是大多数人都认可的，如果脱离句式，人们依然会做出判断。例如：

（110）别说是一位上年岁的老人，就是一个棒小伙，一天担这些水，也够累的。（《长江日报》）

→别说是一位上年岁的老人（一天担这些水够累的），就是一个棒小伙，一天担这些水，也够累的。

（111）一个封建时代的县官尚且如此关心老百姓的疾苦，何况我们是共产党呢！（《人民日报》）

→一个封建时代的县官尚且如此关心老百姓的疾苦，我们是共产党（更要关心老百姓的疾苦）！

例（110）中 X 是"一位上年岁的老人一天担这些水够累的"，Y是"一个棒小伙一天担这些水够累的"。根据大家的共同认知，因为老年人的身体比棒小伙的身体差，普遍都会认为同样是担水，"上年岁的老人"累的可能性要大于"一个棒小伙"，即 $P\{X\} > P\{Y\}$。例（111）中 X 是"一个封建时代的县官关心老百姓的疾苦"，Y 是"我们是共产党更要关心老百姓的疾苦"。根据大家的共同认知，认为"封建时代县官关心老百姓的疾苦"的可能性小，"共产党关心老百姓的疾苦"的可能性大，即 $P\{X\} < P\{Y\}$。

第二，对话双方的认知。人们对事件的主观推测是基于对话双方的生活环境和共同经历，如果脱离说话语境，其他人不能做出主观推测。例如：

（112）只要你能改正错误，对工作认真负责，别说吴大爷，（看了小秦子一眼）就是小秦子也要原谅你的。（江汗《钥匙》）

→只要你能改正错误，对工作认真负责，别说吴大爷（要原谅你的），（看了小秦子一眼）就是小秦子也要原谅你的。

（113）你尚且不会，何况我？

→你尚且不会，我（更不会）。

例（112）中，脱离双方的认知背景，大家不能推测出"吴大爷"原谅的可能性大还是"小秦子"原谅的可能性大。既然可以进入此句式，对话人双方共同的生活背景应该可以得知，是"吴大爷"原谅的可能性要大于"小秦子"原谅的可能性，即 $P\{X\}>P\{Y\}$。例（113）中对话人双方共同的认知基础应该是"你"能力比"我"强，"你不会"的可能性应该小于"我"，即 $P\{X\}<P\{Y\}$。

在对话人双方的认知中，有一种特殊情况，即必须结合语境，如果在对话人双方的语境中，即使是社会共同认知，脱离句式也会理解错误。例如：

（114）他们不得不回过头来，再去找原先那家愿出 5 万元买他们唱片的公司，没想到那家公司却死活都不愿意再与他们谈了，别说 5 万元，就是 1 万元他们也不要了。

例（114）中如果不结合语境，我们在主观推测层面会认为"5万元不要"的可能性小，而相对来说"1 万元不要"的可能性大，即 $P\{X\}<P\{Y\}$，不符合"别说……就是……"句式的主观推测层面。其实结合语境我们就可以发现，公司作为买家当然希望越便宜越好，所以仍然是"5 万元不要"的可能性大，"1 万元不要"的可能性小，即符合这个句式的主观推测层面的 $P\{X\}>P\{Y\}$。

因此，无论哪种情况，"别说 X，就是 Y"句式的主观推测层面都是 $P\{X\}>P\{Y\}$；而在"尚且 X，何况 Y"句式中，主观推测层面则是 $P\{X\}<P\{Y\}$。

（二）"别说 X，就是 Y"与"尚且 X，何况 Y"的客观反映层面

在"别说 X，就是 Y"句式中，说话人的客观反映层面分两种情况：实言推论类和假言衬托类。当为实言推论类时，主观认为发生可能性大的 X 成立，同时认为发生可能性小的 Y 也成立，即 $P\{X\}=1$ 且 $P\{Y\}=1$；当为假言衬托类时，主观认为发生可能性大的 X 成立，同时认为发生可能性小的 Y 与客观现实不符，只起衬托作用，通过夸张的手法来反衬 X 更易成立，即 $P\{X\}=1$ 且 $P\{Y\}=0$。而在"尚且 X，何况 Y"句式中，说话人的客观反映层面只能是实言推论类，即 $P\{X\}=1$ 且 $P\{Y\}=1$。

第一，实言推论类。前后分句无论主观认为的可能性大小在客观现实中都成立。在"别说"句式中，通过两个对比项的对比，成立可能性小的 Y 都成立了，推论出成立可能性大的 X 就更应该成立，即 Y≥X，P｛X｝=1 且 P｛Y｝=1。说话人的语意重点是通过 Y 来证明 X 的成立。在"尚且"句式中，说话人认为成立可能性小的 X 都成立了，推论出成立可能性大的 Y 更应该成立，即 X≥Y，P｛X｝=1 且 P｛Y｝=1。说话人的语意重点是通过 X 来证明 Y 的成立。例如：

（115）别说是硫酸，就是燃油、沸水烫伤到这样严重的程度，也得难抢救过来。（《1994 年报刊精选》）

→别说是硫酸（烫伤到这样严重的程度难抢救过来），就是燃油、沸水烫伤到这样严重的程度，也得难抢救过来。

（116）俗话说，不好不毒不丈夫，自古争天下者，兄弟父子之间尚且互相残杀，何况朋友！（姚雪垠《李自成》）

→俗话说，不好不毒不丈夫，自古争天下者，兄弟父子之间尚且会互相残杀，朋友（更会互相残杀）！

例（115）中说话人既然这样说，实际情况也确实如此，并且通过发生可能性小的 Y"燃油、沸水烫伤到这样严重的程度难抢救过来"都成立了，推论出发生可能性大的 X"硫酸烫伤到这样严重的程度难抢救过来"更会成立。即 P｛硫酸烫伤到这样严重的程度难抢救过来｝=1 且 P｛燃油、沸水烫伤到这样严重的程度难抢救过来｝=1。例（116）中对说话人来说确实兄弟父子之间会互相残杀，而且通过可能性小的 X"兄弟父子之间会互相残杀"都成立了，推论出发生可能性大的 Y"朋友会互相残杀"更会成立。即 P｛兄弟父子之间会互相残杀｝=1 且 P｛朋友会互相残杀｝=1。

第二，假言衬托类。这一类只有在"别说"句式中才会出现，即说话人想要通过夸张的假设，来证明发生可能性小的 Y 都会成立，实际在客观现实中不会出现，只是用来衬托发生可能性大的 X 更会成立。即 Y≥X，P｛X｝=1 且 P｛Y｝=0。说话人想要表达的是"假设的情况如果真实发生，也会这样做"，语意重点是通过 Y 来衬托 X 的成立。例如：

（117）别说饼干，就是天上的星星奶奶也会给你摘下来。（《1994 年报刊精选》）

→别说饼干（奶奶给你吃），就是天上的星星奶奶也会给你摘下来。

（118）别说刮风下雨，就是下刀子，我们的礼兵哨也是笔直地站在国门口的。（《人民日报》）

→别说刮风下雨（我们的礼兵哨笔直地站在国门口），就是下刀子，我们的礼兵哨也是笔直地站在国门口的。

例（117）中说话人想要通过发生可能性小的 Y "会摘天上的星星"都成立，来衬托发生可能性大的 X "饼干会给你"更会成立，但是实际上"天上的星星"是不可能摘的，客观现实情况是 P｛天上的星星奶奶会给你摘下来｝=0，P｛饼干会给你｝=1。例（118）同理，说话人想要通过发生可能性小的 Y "下刀子，我们的礼兵哨笔直地站在国门口"，衬托出发生可能性大的 X "刮风下雨笔直地站在国门口"更会成立，但是客观现实中不可能下刀子，因此，P｛下刀子，我们的礼兵哨笔直地站在国门口｝=0，P｛刮风下雨我们的礼兵哨笔直地站在国门口｝=1。

因此，"别说 X，就是 Y"句式是说话人通过后分句 Y 来证明前分句 X 的成立，即 Y≥X，语意重点在前分句 X 上。客观反映层面分两种情况：实言推论类是 P｛X｝=1 且 P｛Y｝=1；假言衬托类是 P｛X｝=1 且 P｛Y｝=0。而"尚且 X，何况 Y"句式说话人是通过 X 来证明 Y 的成立，即 X≥Y，语意重点在后分句 Y 上。客观反映层面只能是实言推论类 P｛X｝=1 且 P｛Y｝=1。

三　两个句式相互替换

通过"别说 A（C），就是 B 也 D"与"A 尚且 C，何况 B（E）"

句式语表形式的对称差异，以及语里上语义基础的相似性，而且在主观推测层面都是由可能性小的成立推出可能性大的成立，由此，可以看出它们之间存在替换的可能。

从语义基础和认知层面的不同，我们可以归纳出它们替换的条件。在语义基础上，两个句式不同之处主要在 C 和 D 的语义表现上："别说……就是……"句式中 C 和 D 之间语义上有三种不同的情况：等同义、近似义和不同义。而"尚且……何况……"句式中 C 和 E 一般有两种情况：C 和 D 是等同义和近似义。在认知层面上，由于两个句式的主观推测层面刚好相反，在两个句式替换时，应将前后分句进行互换；在客观反映层面，两个句式不同之处主要在"别说……就是……"句式存在假言衬托句上，而"尚且……何况……"句式只能是实言推论句。

为了方便，我们把可以替换成"尚且"句式的"别说"句记作 S1，不能替换的"别说"句记作 S2。即：

S1：别说 A（C），就是 B 也 D→ A 尚且 C，何况 B（E）。

S2：别说 A（C），就是 B 也 D ＊→A 尚且 C，何况 B（E）。

（一）S1 的特征

既然可以替换，那么这两个句式须满足在 C 和 D 的语义表现上相同，即 C＝D 或者 C≈D；而且客观反映层面必须都是实言推论句，即 P｛X｝＝1 且 P｛Y｝＝1。例如：

（119）夜深了，别说是大王派的人（不能开），就是大王亲自来，也不能开。（《中华上下五千年》）（C＝D）（不能开＝不能开）

→夜深了，大王亲自来尚且不能开，何况大王派的人？

（120）别说桑塔纳一般人买不起，就是夏利、奥拓，也让人望而兴叹了。（《1994 年报刊精选》）（C≈D）（买不起≈让人望而兴叹）

→夏利、奥拓尚且让人望而兴叹，何况桑塔纳？

→夏利、奥拓一般人尚且买不起，何况桑塔纳？

例（119）通过添加 C，C＝D，而且前后分句替换，在主观推测层面都是由可能性小的成立推出可能性大的成立，"别说"句式可以替换成"尚且"句式。例（120）中"别说"句式 C 和 D 可以互换位置，语义大致相同。"尚且"句式中 E 是隐含项，帮助人们理解，所以即使用词不同，但是语义表现相似，替换成"尚且"句式人们也可以理解，而且不改变句子的原意，可以替换。以上例句都是实言推论句，即 P｛X｝＝1 且 P｛Y｝＝1。

所以，S1 的特征是：C＝D 或者 C≈D∩P｛X｝＝1 且 P｛Y｝＝1（"∩"表示两者交集）。

（二）S2 的特征

两个句式不能替换，因而在 C 和 D 的语义表现上不同，即 C≠D；或者"别说"句式的客观反映层面是假言衬托句，即 P｛X｝＝1 且 P｛Y｝＝0。这两种情况都不可以替换成"尚且"句式。例如：

（121）不看报，别说干不好自己的工作，就是连朋友间聊天儿都没谈资。（《人民日报》）

＊→不看报，朋友间聊天儿尚且没谈资，何况自己的工作？

（122）别说刮风下雨，就是下刀子，我们的礼兵哨也是笔直地站在国门口的。（《人民日报》）

＊→下刀子，我们的礼兵哨尚且笔直地站在国门口，何况刮风下雨？

例（121）中"别说"句虽然是实言推论句，但是 C 和 D 的语义表现不同，在转换成"尚且"句时，说话人不能准确地补充出隐含项 E，语义含混。例（122）中"别说"句的 C 可以补充出来，与 D 语义表现相同，但是假言衬托句，不符合构成"尚且"句式的主观推测层面，所以不能替换。

所以，S2 的特征：C≠D∪P｛X｝＝1 且 P｛Y｝＝0（"∪"表示两者并集）。

表 2－2 把两者的替换关系更明显地体现出来。

表2-2　　　　　　　　　　　句式替换条件

别说 A（C）， 就是 B 也 D	$C = D$ 或 $C \approx D \cap P\{X\} = 1$ 且 $P\{Y\} = 1$	$\rightarrow$	A 尚且 C， 何况 B（E）
	$C \neq D \cup P\{X\} = 1$ 且 $P\{Y\} = 0$	$*\rightarrow$	

说明："$\cap$"表示两者为交集；"$\cup$"表示两者为并集。

四　小结

本章主要从语里意义出发，首先观察"别说 A（C），就是 B 也 D"与"A 尚且 C，何况 B（E）"两个句式相似的语义基础。主要看 A 和 B 的关系以及 C 和 D/E 的关系：A 和 B 属于同一个语义范畴；C 和 D 语义具有一致性。同时，它们在语义上又有不同的表现形式：A 和 B 之间存在层级差异，可以分为同级并列类、量级差比类和互补对立类。C 和 D/E 语义表现也有不同的情况，在"别说 A（C），就是 B 也 D"句式中 C 和 D 之间可以是等同义、近似义和不同义。在"A 尚且 C，何况 B（E）"句式中由于隐含项 E 是根据说话人所表达的意思由听话人补充的，所以一般有两种情况，即 C 和 D 是等同义和近似义。

其次从主观推测层面和客观反映层面对两个句式的差异进行认知解释。"别说 X，就是 Y"句式的主观推测层面都是 $P\{X\} > P\{Y\}$；而在"尚且 X，何况 Y"句式中，主观推测层面则是 $P\{X\} < P\{Y\}$。而在客观反映层面，"别说 X，就是 Y"句式是说话人通过后分句 Y 来证明前分句 X 的成立，即 $Y \geqslant X$，语意重点在前分句 X 上。客观反映层面分两种情况：实言推论类是 $P\{X\} = 1$ 且 $P\{Y\} = 1$；假言衬托类是 $P\{X\} = 1$ 且 $P\{Y\} = 0$。而"尚且 X，何况 Y"句式说话人是通过 X 来证明 Y 成立的，即 $X \geqslant Y$，语意重点在后分句 Y 上。客观反映层面只能是实言推论类 $P\{X\} = 1$ 且 $P\{Y\} = 1$。

最后通过上面两部分的分析，找出两个句式之间的替换关系。当"别说"句式满足 $C = D$ 或者 $C \approx D \cap P\{X\} = 1$ 且 $P\{Y\} = 1$ 条件时，可以替换成"尚且"句式；当"别说"句式是 $C \neq D \cup P\{X\} = 1$ 且 $P\{Y\} = 0$ 条件时，不能替换成"尚且"句式。

第三节　语用价值

反逼复句主要的语用价值是连接两个小句的逻辑关系，通过小句的对比进行推论递进，通过其中一个例证句来支撑说话人表达观点，从而凸显句子焦点。说话人通过成立可能性小的事件都成立，来更加肯定地论证说话人想要表达的意思，或者化解说话者的尴尬情况。

一　对比推论功能

两个句子都有一个支撑说话人表达观点的例证句。"别说……就是……"的例证句是后一分句，即通过后分句的成立来推论前分句的成立，前分句是说话人表达的语意重点；"尚且……何况……"的例证句是前一分句，即通过前分句的成立来推论后分句的成立，后分句是说话人表达的语意重点。例如：

（123）别说咱们啦，就是咱的大东家，听说今年也亏了很多。（姚时晓《别的苦女人》）

（124）原来，当时马达加斯加全国还没有建起电视台，即使是黑白电视机尚且无用武之地，更何况是彩色电视机呢。（《读者》）

例（123）将"咱们"和"大东家"的收成亏损做对比，通过证据"咱的大东家"亏损很多，来论证"咱们"亏损多是很正常的事情。说话人和听话人的语意重点都是在"咱们亏损很多"上，也达到了安慰自己的效果。例（124）中说话人想表达的重点在"彩色电视机无用武之地"很正常上，通过例证"黑白电视机"无用武之地来证明，有解释说明的功能。

二　省略提取

两个句子在语言使用过程中，都符合语言的经济原则，句式表达都进行了省略提取，因此多用于口语中，而"别说……就是……"在交际过程中适用度更广。"别说……就是……"只要前分句中出现与后分句共同的语意成分，一般都省略；而"尚且……何况……"是省略后分句与前分句共同的语意成分。例如：

（125）如果心猿意马，别说洛神，就是一只母大虫，也不屑理他，理他就是想吃他。（史仲文《欲望启示录》）

（126）更要命的是悬崖峭壁，要开辟出一条路来尚且不易，更何况建寺修庙！（《人民日报》）

例（125）中前分句可以补充为"别说洛神不屑理他"，为了语言的经济性，将与后分句相同语意的"不屑理他"省略。例（126）中后分句的正常理解是"建寺修庙更不易"，这里运用"何况"，将相同部分省略，不同部分提取出来。

三 语气态度

"别说……就是……"是陈述语气，通过引入后分句这一有力的证据，来证明前一事件的发生是毫无疑问的，其中可以包含说话人对于例证的贬低、轻视态度，也可以是为了安慰对话双方的心理，还可以缓解尴尬。"尚且……何况……"中后分句一般是反问语气，使用反诘语气语势夸张上扬，来证明所发生的事情是理所当然的，语意重心更加明确。例如：

（127）别说不是我们打的，就是我们打的，老师能咋的？（刘一华《将门之子》）

（128）东郭先生斥责它忘恩负义，它还有歪理论，世上的人尚且如此，何况我本是个禽兽。（马琦《编剧概论》）

例（127）中说话人所要表达的意思是"不是我们打的，老师不会怎么样"，通过用"别说……就是……"句式，对比"是我们打的，老师不会怎么样"，表现了说话人傲慢的态度，以及对老师的轻视。例（128）中后分句是反诘语气，通过对比"世上的人忘恩负义"，"我"更可以"忘恩负义"，表现了说话人认为所发生的事理所应当的心理。

第三章　常用递进复句与反逼复句的比较

通过对层级对比复句中两类典型的句式——递进复句和反逼复句语表、语里和语值的分析，我们可以看出两类句式是有相同之处的。为了更清楚地找出这两类句式归为一类的原因以及它们之间的关系，我们将较常用的"不但……而且……"与"别说……就是……"进行探讨，以概括总结出层级对比复句的成句特征。

第一节　语表形式比较

通过第一章和第二章的分析，我们仍从关系词构造方式、句法特征、关系词的省略以及与副词的连用四个方面概括出"不但……而且……"与"别说……就是……"的联系。

一　关系词构造方式

"不但……而且……"有两种构造方式，即主语相同，层级项 A、B 做谓语："不但 A，而且 B"；主语不同，层级项 A、B 做主语："不但 A、C，而且 B、D"。"别说……就是……"的构造方式为："别说 A（C），就是 B 也 D"。

我们从北京大学语料库中抽取 500 条例句，发现"不但……而且……"句式层级项 A、B 做主语的情况只占 7.6%；而"别说……就是……"句式层级项 A、B 做主语的情况占 90%。

因此，递进复句大多是一件事情的两个方面进行递进；反逼复句

133

则是两件事情的同一方面进行对比。

二 句法特征

"不但……而且……"关联词后面所引导的句法成分基本相同，结构上具有对称性；"别说……就是……"关联词后面所引导的句法成分不同，结构上是隐性对称。

三 关联词省略

"不但……而且……"关联词可以分别省略，不影响句子的递进义；"别说……就是……"关联词不可以省略，否则不能构成反逼复句。

四 副词连用

"不但……而且……"可以与副词"更"连用，构成多级递进；而"别说……就是……"仅限两级递进。

第二节 语里意义比较

复句可以根据分句间不同的逻辑事理关系进行分类。"不但……而且……"与"别说……就是……"之所以归为层级对比复句，正是因为它们具有相似的语里意义。

一 语义基础

"不但……而且……"与"别说……就是……"具有相似的语义基础。这两种句式中层级项 A 和 B 都必须属于同一语义范畴，表示同一类事物、事件或者现象等。同时，层级项 A 和 B 之间都存在层级差异，表现为三种情况：同级类、量级类、互补类。

二 认知解释

"不但……而且……"与"别说……就是……"具有相似的认知

解释。两种句式的主观推测层面都为 P｛X｝> P｛Y｝；客观反映层面是 P｛X｝= 1 且 P｛Y｝= 1。因为"别说……就是……"句式有推论义，所以存在假言衬托，通过夸张来反衬 X 更易成立，即 P｛X｝= 1 且 P｛Y｝= 0。

第三节　语用价值比较

"不但……而且……"关联词可以分别省略，因此对小句间的逻辑连接功能较弱，表现了说话人客观的态度，没有明显的感情色彩，语意重点在后一分句。"别说……就是……"对小句间的连接功能较强，通过小句的对比进行推论递进，通过其中一个例证句来支撑说话人表达观点，包含说话人对于例证的贬低、轻视态度，可以是安慰对话双方的心理，也可以缓解尴尬，语意重点在前一分句。

第四节　小结

通过这一章的简要概括和分析，可以发现归为一类的复句，其各个句式有着相似的语里意义，通过不同的语表形式表现，表达出不同的语用价值。由此，我们可以概括出层级对比复句的基本特征。

一　递进复句与反逼复句的相同之处

一是构成层级对比复句的典型要素必须具有至少两个层级对比项，即层级对比项 A、B。

二是层级对比项具有同一性，必须属于同一个语义范畴，必须在同一论域下有共同的属概念。如"汉语、英语"都属于"语言"大概念。在一个共同的概念下，才有比较的可能。

三是层级对比项必须具有层级性和对比性，即差异性，不能是全同关系，如"等边三角形"和"等角三角形"不能构成递进。这种层级性和对比性在递进复句和反逼复句中的表现基本相同，有三种表现形式：

第一，层级对比项 A、B 是同级并列关系。

第二，层级对比项 A、B 是量级差比关系。在数量、时间、范围、程度或者一般逻辑基础等方面构成差异。

第三，层级对比项 A、B 是互补对立关系。典型的特征是前后分句通过肯定、否定的形式来形成差异。

二 递进复句与反逼复句的不同之处

一是递进复句层级对比项可以是两个或者两个以上，既可以是两级递进，也可以是多级递进；反逼复句层级对比项一般只有两个，构成两级反逼复句。

二是递进复句前后分句语义关系是递进义，大多是一个事情的两个方面进行递进，即前后分句主语通常相同，前后分句的表达可以顺向可以逆向；反逼复句前后分句的语义有推论关系，大多由一件事情推论出另一件事情，前后分句的主语一般不同，而且语义意向为顺向肯定或者顺向否定，逆向表达的情况很少。

三是递进复句在语用上多是说话人顺向推进地表达语意；而反逼复句可以包含说话人对于例证的贬低、轻视态度，以抬高自己想要表达的语义，也可以是安慰对话双方的心理，还可以缓解尴尬，语气态度比递进复句要强烈。

从以上的分析可以看出，递进复句和反逼复句之间存在内在的联系，但是统归为"递进复句"又有些笼统，因此，提出"层级对比复句"这一概念。这两类复句在某种情况下相互之间是可以替换的，这里我们不再做深入的讨论研究，希望通过递进复句和反逼复句内部的相互转化，能为这两大类复句的相互转换提供参考，有一个新的研究角度。

结　语

随着复句理论研究的不断深入，层级对比复句研究的广度和深度也越来越受到语言学界的关注。然而，在对层级对比复句的研究中学者多是针对某一个或者某一类层级对比复句的句式进行研究，而且研究角度多是语义和语用方面的，另外，对各个句式之间的比较没有进行系统深入的研究。我们在前人研究的基础上，运用"小三角"理论从语表、语里、语值三个方面对层级对比复句四个代表句式以及句式之间的关系进行了比较研究，并且结合认知的角度进行分析。

通过分析，我们更加了解了层级对比复句的句式特点，深化了对其中两类句式——递进句式和反逼句式的认识。通过横向观察和纵向比较，可以得出以下结论：

1. 递进句式和反逼句式虽然都归为层级对比复句，但是在使用上的差别还是很大的，反逼句式的递进含义并不明显。因此传统意义上以"递进复句"概括有些片面。

2. 用"顺递句"和"反递句"来定义和区分"不但……而且……"和"不但……反而……"句式是存在问题的。因为"不但……而且……"也具有反递的含义。

3. 学术界普遍认为，层级对比复句语义表达的重点都在后一分句上，也是通过这一特点认为其有"进层义"而命名递进复句的。通过我们的观察，事实并非如此。在反逼句式"别说……就是……"中说话人想要表达的语义重点在前一分句上。

复句研究仍将是一个热点问题，人们对层级对比复句的理解和认识也会更加透彻，这样有助于帮助本土学生和留学生更加准确地使用层级对比复句，运用正确的句子进行交际。但由于自身能力有限，篇幅有限，对其中一些问题的掌握与探究还不成熟，研究多停留在表层，深入挖掘得不够，比如对于"不但……而且"和"不但……反而……"两个句式的比较和替换问题理解得仍不够透彻，对递进句式和反逼句式的内在联系没有进行深入的探讨，希望在日后的学习中逐渐加以完善。

参考文献

一　专著

陈昌来：《现代汉语句子》，华东师范大学出版社2000年版。

丁力：《汉语语法问题研究》，三秦出版社2012年版。

黄伯荣、廖序东：《现代汉语》，高等教育出版社2007年版。

邢福义：《汉语复句研究》，商务印书馆2003年版。

张斌：《新编现代汉语》，复旦大学出版社2002年版。

周刚：《连词与相关问题》，安徽教育出版社2002年版。

周静：《现代汉语递进范畴研究》，中国传媒大学出版社2007年版。

二　学术期刊

陈英：《递进复句与语言的主观性》，《新疆大学学报》（社会科学版）2004年第12期。

曹冬雪：《"不但不P，反而Q"的偏误分析》，《牡丹江大学学报》2011年第11期。

丁力：《反逼"别说"句》，《语言研究》1999年第1期。

侯瑞芬：《"别说"与"别提"》，《中国语文》2009年第2期。

胡斌彬：《"非但"的语用信息功能考察——兼谈跟"不但"的差别》，《华侨大学学报》（哲学社会科学版）2010年第4期。

景士俊：《递进句再探讨》，《内蒙古师范大学学报》（哲学社会科学版）1991年第4期。

刘立成、柳英绿：《"不但类"连词的成词理据》，《汉语学习》

2008 年第 6 期。

马真:《关于"反而"的语法意义》,《世界汉语教学》1994 年
第 1 期。

邵敬敏:《建立以语义特征为标志的汉语复句教学新系统刍议》,
《世界汉语教学》2007 年第 4 期。

王晓:《典型递进连字句特定格式分析》,《宜春学院学报》2008
年第 6 期。

王小郴:《"不但 A,而且 B"句式 AB 项的换位问题》,《语言应
用研究》2010 年第 11 期。

邢福义:《反递句式》,《中国语文》1986 年第 1 期。

邢福义:《现代汉语语法研究的"小三角"和"三平面"》,《华
中师范大学学报》(哲学社会科学版) 1994 年第 2 期。

徐逢春:《这些句子中的"而且"都应改为"反而"》,《汉语学
习》2002 年第 12 期。

姚双云:《递进层级句式的关联与易位》,《语言教学与研究》
2006 年第 3 期。

袁毓林:《反预期、递进关系和语用尺度的类型——"甚至"和
"反而"的语义功能比较》,《当代语言学》2008 年第 2 期。

徐倩婷:《浅析顺进类递进复句》,《安徽文学》2009 年第 1 期。

徐燕青:《两类递进复句的异同比较——"不仅仅 P,而是 Q"
和"不仅 P,而且 Q"》,《莆田学院学报》2009 年第 2 期。

邢福义:《以单线递进句为论柄点评事实发掘与研究深化》,《汉
语学报》2010 年第 1 期。

周静:《并列与递进的转换制约》,《殷都学刊》2003 年第 2 期。

张超:《对"顺进""反进"之说的质疑——与〈新编现代汉语〉
相关编写人员商榷》,《成都大学学报》(社会科学版) 2008 年第
2 期。

三　学位论文

陈晓辉:《递进关系是递进复句的预设——从传统逻辑的角度

看》，广西师范大学，2006 年。

邓林玲：《韩国留学生递进复句偏误研究》，广州大学，2011 年。

简丽：《"别说"句式研究》，北京语言大学，2005 年。

李瑞贤：《"尚且……何况……"句式与对外汉语教学》，山东师范大学，2012 年。

沈迪：《递进类关系词语研究》，东北师范大学，2007 年。

徐静：《"别说"递进复句研究》，上海外国语大学，2009 年。

张剑萍：《基于中介语料库的汉语递进复句习得研究》，东北师范大学，2011 年。

赵洁：《现代汉语递进复句焦点结构研究》，华中师范大学，2012 年。

周莉：《现代汉语"别说"的语义、功能研究》，吉林大学，2012 年。

第三编
现代汉语跨类复句研究

王秀廷

　　作者简介：王秀廷（1990.2—　），女，河南安阳人，陕西理工大学 2014 级汉语言文字学专业硕士研究生，师从丁力教授，研究方向为现代汉语语法。读研期间发表学术论文 3 篇：《"别说"句式探析》《语气副词"倒是"探析》《语气副词"反正"探析》，参与陕西理工大学研究生创新基金项目 1 项。研究生期间获得陕西理工大学研究生学业奖学金一等奖、三等奖，以及陕西理工大学"优秀毕业研究生"称号。现于河南安阳从事教育事业。

绪　　论

　　现代汉语跨类复句是同一复句句式同时跨两种或多种复句类别的现象，跨类复句不仅在语表形式和语里内容上存在明显区别，在语用价值上也对比分明。目前，语言学界对现代汉语跨类复句的具体句式分析和集中系统归类几乎很少涉足。因此，有必要依据一定的理论对复句句式进行重新考察，从而说明复句在跨类方面存在的问题。绪论内容共分四部分：一是综述现代汉语跨类复句的研究现状；二是提供跨类复句研究的理论依据；三是阐述本编的研究思路；四是说明语料来源。

一　研究现状

　　目前，语言学界已经注意到现代汉语跨类复句现象，指出一些跨类复句句式，形成了一定的研究成果。在著作方面，邢福义的《汉语复句研究》提出：有的句式，它所标示的关系跨大类。大类指因果类、并列类、转折类①。另外，邢福义又讨论了跨复句大类的几个关系标志②。在论文方面，朱晓农在《复句重分类——意义形式化的初次尝试》一文中提到复句分为推导复句和非推导复句，注意到一部分推导复句在逻辑形式和内在意义上存在矛盾，并用"秦人逻辑"对这类复句进行了解释和分类③。李向阳《"一A就B"句的认知层面探究》，从主观推测层面和客观反映层面论述了"一A就B"句式跨

---

① 邢福义：《汉语复句研究》，商务印书馆2001年版，第48页。
② 同上书，第519页。
③ 朱晓农：《复句重分类——意义形式化的初次尝试》，《汉语学习》1989年第6期，第15页。

并列类、因果类、转折类复句①。宋增文的《"如果 A，就 B"句式考察》，以"如果 A 就 B"这一句式为例，从主观信赖程度和思维表述两个方面详细分析了现代汉语跨类复句现象②。

综上所述，当前学术界对现代汉语跨类复句的研究可分为两个方面：一是列举存在跨类复句现象的关系词标志；二是对单一的跨类复句句式进行分析解释。在研究过程中，有的集中在分句语义关系、复句关系词语的添加上；有的集中在认知层面。这些研究成果为继续研究跨类复句提供了参考，很值得借鉴学习。但是，已有的现代汉语跨类复句研究多集中在单一句式上，没有具体统计跨类复句的数量，也没有对跨类复句进行归类整理。因此，这里有必要依据一定的理论基础全面统计跨类复句数量，对之进行进一步归类整理，使现代汉语跨类复句形成一个完整体系。

二　研究依据

邢福义已经注意到跨类复句现象，并且列出了几个跨类复句标志。跨类复句标志的提出为我们研究跨类复句指明了方向。为了具体分析现代汉语跨类复句，进而对跨类复句进行归类，我们有必要依据一定的理论来充分说明、解释现代汉语跨类复句现象。在研究依据方面，本编以邢福义的复句三分系统和丁力的《复句三分系统分类的心理依据》为理论基础，具体说明跨类复句现象。

（一）复句三分系统

在传统的现代汉语语法教学中，复句划分一般采用二分法：联合复句和偏正复句。但这种二分法存在不少问题，如解释不清事实、与标志相冲突、缺乏形式依据等。为此，邢福义根据分句间的逻辑语义的相互区别建构了复句三分系统：并列类复句、因果类复句、转折类复句③。同时，依据特定的形式标志进一步确定复句二级类别的基本

---

① 李向阳：《"一 A 就 B"句的认知层面探究》，《绥化学院学报》2014 年第 12 期，第 57 页。
② 宋增文：《"如果 A，就 B"句式考察》，《绥化学院学报》2014 年第 9 期，第 85 页。
③ 邢福义：《汉语复句研究》，商务印书馆 2001 年版，第 49 页。

类型：并列类复句是表示广义并列关系的各类复句的总称，包括并列句、连贯句、递进句和选择句四种[①]；因果类复句是表示广义因果关系的各类复句的总称，包括因果句、推断句、假设句、条件句、目的句五种[②]；转折类复句是表示广义转折关系的各类复句的总称，包括转折句、让步句、假转句三种[③]。对复句类别进行三分：一是便于验证，各类复句不仅在语义关系上存在明显区别，也可以添加关系词语进行转换：前后分句平等并列的复句在形式上使用或可以添加"既……又……"等并列关系词语，分句间存在因果关系的可以在形式上使用或转换为"因为……所以……"因果类复句，分句间存在转折语义关系的可以在形式上使用或添加"但是""然而"等转折词。二是便于形成系统，"并列、因果、转折"三大类复句，不同的规定性决定了它们之间的差异性。规定性和差异性明确了复句分类：并列类复句各分句平等并列，因果类复句分句间具有承接语义关系，转折类复句分句间具有对立语义关系。三是便于解释事实，复句三分系统不仅便于描写单纯的复句现象，也能清楚地说明关系词语复现的混合复句，如单纯复句"因为……所以……"由关联词连接的前后分句具有原因与结果的单纯语义关系；混合复句"一方面……然而另一方面……"，并列类关系词"一方面……另一方面……"与转折类关系词"……然而……"复现[④]。复句三分系统在分类原则和要求上都具有统一性，不仅有利于我们对复句句式进行划分，同时也为我们再次验证复句类别提供了理论依据。

（二）复句三分系统分类的心理依据

复句三分系统分类的心理依据从并列类复句、因果类复句、转折类复句具有不同的心态特征入手，从主观信赖程度和思维表述两方面考察三类复句划分的心理依据。在主观信赖程度方面，根据复句前后分句的制约关系分为非制约、顺向制约、逆向制约；在思维表述方

① 邢福义：《汉语复句研究》，商务印书馆2001年版，第43页。
② 同上书，第40页。
③ 同上书，第45页。
④ 同上书，第49—51页。

面，描写前后分句是否具有一致性、是否贯连顺接。非制约指人们在对复句前后分句进行主观推测的过程中，不能依据前一分句成立与否，来推测后一分句成立与否，信赖程度可表示为：$P\{B/A\}=0.5$；顺向制约指人们在对复句前后分句进行主观推测时，可依据前一分句的成立，推出后一分句成立或者很可能成立，信赖程度可表示为：$0.5<P\{B/A\}<1$；逆向制约指人们在对复句前后分句进行主观推测的过程中，可依据前一分句的成立，推测后一分句不成立或者很可能不成立，信赖程度可表示为：$0<P\{B/A\}<0.5$。思维表述一致指复句中前后分句的内容相互贯通、前后顺连。思维表述不一致指复句中前后分句的内容语义对立、不一致。

复句三分系统分类的心理依据是：并列类复句在主观信赖程度上具有非制约性，在思维表述上具有一致性；因果类复句在主观信赖程度上具有顺向制约性，在思维表述上具有一致性；转折类复句在主观信赖程度上有时具有逆向制约性，有时具有非制约性，在思维表述上具有不一致性。根据复句三分系统分类的心理依据，下面从主观信赖程度和思维表述两方面对具体的并列类复句、因果类复句和转折类复句进行解释说明。例如：

（1）"他一面骑马追赶队伍，一面掏出望远镜瞭望。"（李英武《野火春风斗古城》）

例（1）是"一面 A 一面 B"并列类复句，在主观信赖程度方面，A 分句"骑马追赶队伍"与 B 分句"掏出望远镜瞭望"是同时发生的两个动作，A 动作的发生不影响 B 动作的出现，A、B 分句是非制约关系，信赖程度可表示为：$P\{$掏出望远镜瞭望/骑马追赶队伍$\}=0.5$；在思维表述方面，A 分句与 B 分句都是描述行为发出者"他"的活动状态，思维表述具有一致性。

（2）"胡杏越铰得多，手势越精。"（欧阳山《苦斗》）

例（2）是"越 A 越 B"因果类复句，在主观信赖程度方面，A 分句"越铰得多"与 B 分句"手势越精"是条件与结果语义关系，条件 A 分句出现，引起结果 B 分句形成，A、B 分句为顺向制约，信赖程度可表示为：0.5＜P｛手势越精/越铰得多｝＜1；在思维表述方面，人们由 A 分句"越铰得多"很可能会联想到 B 分句"手势越精"，这种思维发展过程是前后一致、相互贯通的。

（3）虽然被人称作破鞋，但是她清白无辜。（王小波《黄金时代》）

（4）德强靠在柳树干上，看着她，却不开口。（冯德英《苦菜花》）

例（3）和例（4）都是转折类复句。例（3）中 A、B 分句的主观信赖程度为逆向制约，思维表述不一致。例（4）中 A、B 分句的主观信赖程度为非制约，思维表述不一致。例（3）在主观信赖程度方面，我们依据 A 分句"她被人称作破鞋"可推测出：她很可能在生活作风上不检点，那么 B 分句"她清白无辜"成立的可能性小，A、B 分句为逆向制约，信赖程度可表示为：0＜P｛她清白无辜/她被人称作破鞋｝＜0.5。在思维表述方面，既然 A 分句"她被人称作破鞋"，那么"她生活作风很可能不检点"，但 B 分句却说"她清白无辜"，因此，A、B 分句语义对立，在思维表述上不一致。例（4）在主观信赖程度方面，A 分句"德强靠在柳树干上看着她"与 B 分句"不开口"是德强存在的两种情态，且这两种情态相互不影响，在 A 分句成立的情况下我们无法推测出 B 分句成立的可能性大小，A、B 分句为非制约，信赖程度可表示为：P｛德强不开口/德强靠在柳树干上看着她｝＝0.5。在思维表述方面，既然 A 分句"德强看着她"，那么德强很可能想表达一些东西，但 B 分句却说"不开口"，因此，A、B 分句在思维表述上不一致。

复句三分系统分类的心理依据从主观信赖程度和思维表述两方面使我们进一步了解了并列类复句、因果类复句、转折类复句的心理特点，为本编进一步解释说明和归类整理跨类复句提供了主要的理论依据。

三 研究思路

关于现代汉语跨类复句研究，本编首先以邢福义的复句三分系统为前提，其次结合丁力的《复句三分系统分类的心理依据》从主观推测、客观反映、思维表述三个方面分析并列类、因果类、转折类复句，发现有的复句存在跨类现象。因此，研究思路分为两个部分：首先，指出复句存在的问题；其次，解决问题，对跨类复句进行归类整理。

（一）存在问题

依据邢福义的"复句三分系统"对具体的复句句式进行重新观察，同时结合丁力的《复句三分系统分类的心理依据》分析相同类别的复句句式，比较发现：有的复句句式可以归属不同复句类型。归属不同的复句类型指复句标示的关系跨大类。大类即指并列类、因果类、转折类①。这里我们以两个复句为例，简要分析复句跨类现象，如"一面……一面……"复句句式既可以归属并列类复句也可以归属转折类复句，"如果……就……"复句句式既可以归属并列类复句、因果类复句，也可以归属转折类复句。例如：

（5）哨兵一面吆喝，一面拉动枪机，把子弹登上枪膛，做出准备射击的姿势。（吴强《红日》）

（6）故国在我们想象里，成了一种极奇怪的东西，一面怕与它相近，一面却又以热烈的爱情怀慕着它。（苏雪林《棘心》）

例（5）和例（6）都是"一面……一面……"复句句式，根据邢福义的复句三分系统，这两个例句都是并列类复句。但是，结合丁力的《复句三分系统分类的心理依据》分析，例（5）"一面 A 一面

---

① 邢福义：《汉语复句研究》，商务印书馆 2001 年版，第 48 页。

B"是并列类复句，例（6）"一面 A 一面 B"是转折类复句。例（5）在主观信赖程度上，A 分句"吆喝"与 B 分句"拉动枪机，子弹上膛"是哨兵同时发出的两个动作，前一个动作发生不一定影响后一个动作的发生，A、B 分句为非制约；在思维表述方面，A 分句与 B 分句都是描述士兵在敌情出现时的动作，前后连贯、思维表述一致。例（6）在主观信赖程度上，A 分句"我们怕与故国相近"成立时，B 分句"我们却又以热烈的爱情怀慕着它"成立的可能性小或很可能不成立，A、B 分句为逆向制约；在思维表述方面，既然 A 分句"我们怕与故国相近"那么我们的心情应该是害怕的，但是 B 分句却说"我们却又以热烈的爱情怀慕着它"，前后分句语义对立、思维表述不一致。

（7）如果说陈明是第一类学生，那么班长萧遥就属于第二类。（郁秀《花季雨季》）

（8）我也想通了，如果这样的事也不让干，我就早一点解甲归田。（柳建伟《突出重围》）

（9）甚至有这样的命题：如果承认它正确，就可以推出它是错误的；如果承认它不正确，又可以推出它是正确的。

例（7）、例（8）和例（9）都是"如果……就……"复句句式。但是，例（7）是"如果……就……"并列类复句，例（8）是"如果……就……"因果类复句，例（9）是"如果……就……"转折类复句。在例（7）并列类复句中，在主观信赖程度上，A 分句"陈明是第一类学生"与 B 分句"班长萧遥属于第二类"都是在评价人物类别，我们不能依据 A 分句成立推测出 B 分句是否成立，A、B 分句为非制约；在思维表述上，A、B 分句话题一致、相互贯通，都是在评价人物的级别，思维表述一致。在例（8）因果类复句中，在主观信赖程度上，A 分句"这样的事也不让干"是结果 B 分句"我就早一点解甲归田"出现的条件，A 分句条件出现引起 B 分句结果产生的可能性大，A、B 分句为顺向制约；在思维表述方面，人们由 A

分句"这样的小事也不让干"很可能联想出 B 分句"我早一点解甲归田",前后思维过程连贯顺接、思维表述一致。在例(9)转折类复句中,在主观信赖程度上,A 分句"承认它正确"成立的情况下,B 分句"可以推出它是错误的"成立的可能性小或很可能不成立,A、B 分句为逆向制约;在思维表述方面,既然 A 分句已经承认命题的正确性,那么就不能推测出命题错误不成立,但是 B 分句却是"可以推测出它是错误的",这时 A、B 分句思维表述不一致。

对上面"一面……一面……""如果……就……"两个复句句式,我们从主观信赖程度和思维表述两方面详细说明了同一复句句式归属不同复句类型的情况。这说明,判断复句类别既要考虑复句的外在形式标志,也要结合复句的内在心理依据。

(二)跨类复句

邢福义指出,现代汉语复句中有的句式跨大类,同一复句句式可以归属不同的复句类型。也就是说,复句句式在构成关系上存在交叉性,同一个复句句式的语义关系除了并列关系外还存在因果关系或转折关系。针对现代汉语跨类复句现象,本编首先找出存在跨类现象的 11 个跨类复句句式;其次,根据复句跨类类别进行归类整理,共分为四类:跨并列、因果类复句,跨并列、转折类复句,跨因果、转折类复句,跨并列、因果、转折类复句。其中跨并列、因果类复句包括"……于是……"①"……从而……"②跨并列、转折类复句包括"既……又……""既……也……""一方面……另一方面……""一面……一面……"跨因果、转折类复句包括"越……越……""万一……(就/也)……"③跨并列、因果、转折类复句包括"一……就……""如果……就……""不但……而且……"由于跨类相同的复句包括的复句句式较多,为了便于详细说明现代汉语跨类复句现象,在相同跨类复句中,我们选择了具有代表性的一个跨类复句句式进行解释。本编除"结论"外共分四章:第一章跨

---

① 邢福义:《汉语复句研究》,商务印书馆 2001 年版,第 526 页。
② 同上书,第 529 页。
③ 同上书,第 524 页。

并列、因果类复句"A 于是 B"，第二章跨并列、转折类复句"既 A
又 B"，第三章跨因果、转折类复句"越 A 越 B"，第四章跨并列、
因果、转折类复句"一 A 就 B"。对跨类复句的描写说明，以邢福义
的"小三角"理论为依据，从语表形式、语里内容、语用价值三个
方面进行①。语表形式指语法事实显露在外的可见形式；语里意义指
隐含在内的不可见的关系或内容②；语用价值指语表形式和语里内容
的结合体在一定的语境中所产生的各种语用效果③。在跨类复句归类
的基础上，从以上三个方面进行描写，以期尽可能详尽、细致地说
明复句跨类情况。

四　语料来源

本编的语料来源于华中师范大学语言与语言研究中心④、语料库
在线⑤和 CCL 语料库⑥。本编共 215 个例句，大部分例句来源于现当
代小说，部分例句来自《人民日报》和《长江日报》，个别没标明出
处的为自拟句。

---

①　邢福义：《现代汉语语法研究的"小三角"和"三个平面"》，《华中师范大学学
报》1994 年第 2 期，第 97 页。
②　华萍：《现代汉语语法问题的两个"三角"的研究》，《语言教学与研究》1991 年
第 3 期，第 28 页。
③　眸子：《语法研究中的"两个三角"和"三个平面"》，《世界汉语教学》1994 年第
4 期，第 6 页。
④　http：//218. 199. 196. 96：8080/jiansuo/searchActionDan. jsp.
⑤　http：//www. cncorpus. org/.
⑥　http：//ccl. pku. edu. cn：8080/ccl＿corpus/.

第一章　跨并列、因果类复句：
"A 于是 B"

"A 于是 B"复句跨并列类复句和因果类复句。本章分两节从语表形式、语里内容、语用价值三个方面对这两个类型的复句进行分析。第一节为"A 于是 B"并列类复句，第二节为"A 于是 B"因果类复句。最后，在前两节的基础上，对"A 于是 B"并列类复句和"A 于是 B"因果类复句进行简单比较。

第一节　"A 于是 B"并列类复句

"A 于是 B"并列类复句在语表形式上，分为 A、B 的形式特征和关系词的搭配。A、B 的形式特征为：A、B 分句动词多是动作动词或动词短语。动作变化存在时间先后，A、B 分句位置不可互换。在关系词搭配上，"于是"基本上单用，连接前后连贯的动作行为。同时，关系词"于是"也和"起先""然后"等时间副词配合使用。在语里内容方面，从主观推测、客观反映和思维表述上分析 A、B 分句。A、B 分句主观推测非制约、客观反映都为真，且 A、B 分句的思维表述前后贯通，具有一致性。在语用价值上，"A 于是 B"并列类复句强调 A、B 分句的单纯连贯关系和前后分句客观叙述的中立情感。

一　"A 于是 B"并列类复句的语表形式

"A 于是 B"并列类复句的语表形式包括 A、B 的形式特征和关系词搭配。从 A、B 的形式特征方面分析 A、B 词语类型和 A、B 位置互换。在关系词搭配上，讨论关系词"于是"的单用和关系词"于是"与其他词的合用。

（一）A、B 的形式特征

1. A、B 词语类型

"A 于是 B"并列类复句中，A、B 分句动词主要是动作动词或动词短语，突出人物、事物的外在行为变化，说明前后分句的动态连贯性。例如：

（10）后来，我妈妈在大部队的医院里碰到了我爸爸，于是他们结合了。（从维熙《北国草》）

（11）"我要捞青苔去了。等您上了呈子之后，我再来投案罢。"于是他跳上木排，拿起网兜，捞着水草，泛泛的远开去的。（鲁迅《理水》）

例（10）和例（11）A、B 分句中，动词不仅突显了人物的外在行为变化，同时也说明了动作的动态发展。例（10）A 分句中的动词"碰到"说明爸妈发生了"见面"这个动作行为，B 分句的"结合"进一步说明了事件的外部变化，A 分句动词"碰到"和 B 分句动词"结合"搭配使用说明了事件的动态连贯发展。例（11）同理。

2. A、B 位置不可换

在"A 于是 B"并列类复句中，A、B 分句是连贯发生的动作行为，存在时间上的先后顺序性。因此，A、B 分句位置不可互换。例如：

（12）a. 山体被破坏导致土壤流失，一层薄薄的土壤流失后，任何植物都不能生长，于是就成为秃山。（《保护区里的乱采滥伐》）

b. *山体被破坏导致土壤流失，于是就成为秃山，一层薄薄的土壤流失后，任何植物都不能生长。

（13）a. 可实际上我们简直冻得要死。起初我们让火燃着，然后让它慢慢熄灭，于是上床睡觉。（米兰·昆德拉《星夜里体

味人生》)

　　b. *可实际上我们简直冻得要死。于是上床睡觉，起初我们让火燃着，然后让它慢慢熄灭。

　　例（12）和例（13）A、B分句的动作行为存在着明显的时间顺序性，因此，前后分句位置不可互换。例（12）中山成为秃山是一步一步变化来的：山体被破坏→水土流失→植物不能生长→成为秃山。这里的变化存在着时间先后顺序，因此，A、B分句位置不能互换。例（13）中关系词"于是"和时间副词"起初""然后"配合使用，说明事件变化存在着时间顺序性：火燃着→火熄灭→我们上床睡觉，前后分句的动作行为存在着顺序性和连续性，因此，A、B分句位置不可互换。

（二）关系词搭配

1. "于是"单用

在"A于是B"并列类复句中，一般情况下，关系词"于是"单用，出现在后分句前，连接存在时间先后顺序的动作行为。例如：

　　（14）眼见着东边露出鱼肚白，太阳慢慢升起，于是白晃晃的日光显现了。(语料库在线)

　　（15）人们慌张地挤进车厢，将身上的重物一一卸下，于是欢快地同车上的乘客说笑起来，仿佛刚过去的慌张与他们无关。(《人民日报》1998年)

　　例（14）和例（15）都是关系词"于是"单用的情况。例（14）中，关系词"于是"单用，位于句中，连接前分句动作"露出"和后分句动作"显现"。例（15）中关系词"于是"单用，连接前后连贯的动作行为：A分句"挤进车厢，卸下重物"动作行为在先，B分句"欢快地说笑"在后。

2. "于是"与其他词合用

在"A于是B"并列类复句中，关系词"于是"有时候和表示时

156

间先后的词语"起先""然后"搭配使用，突出显示动作行为的时间顺序性。例如：

（16）芒奇金人和女巫起先互相看了看，随后看看多萝茜，于是他们摇摇头。（弗兰克·鲍姆《绿野仙踪》）

（17）起初孩子们只是小声哼唱，随后身体也兴奋地抖动起来，于是课堂成了一场狂欢。（语料库在线）

在例（16）和例（17）中，关系词"于是"用于后分句和"起先""随后"等时间副词搭配使用。例（16）中，关系词"于是"位于后分句，和"起先""随后"两个时间副词搭配使用，使 A 分句动作行为"起先互相看了看，随后看看多萝茜"与 B 分句"于是摇摇头"在时间顺序上紧相连接。例（17）同理。

二　"A 于是 B"并列类复句的语里内容

在"A 于是 B"并列类复句中，语里内容包括认知层面和思维表述。在认知层面上，分为主观推测和客观反映，主观推测 A、B 分句为非制约，客观反映 A、B 分句都为真。在思维表述方面，A、B 分句相互贯通，具有一致性。

（一）认知层面

认知层面是指人们对客观事物或现象的概括认识以及对这种概括认识的主观判定。它主要体现在两个不同的层面：主观推测层面和客观反映层面。主观推测层面是人们依据自己的生活经验、背景知识等，对客观现实情况所进行的一种主观猜测或判断。客观反映层面是客观现实情况在大脑中的直接反映[1]。在"A 于是 B"并列复句中，在主观推测层面，A、B 分句为非制约，当 A 分句成立时，我们依据 A 分句无法直接判断 B 分句成立的可能性，信赖程度可表示为：$P\{B/A\} = 0.5$。在客观反映层面，A、B 分句一致，都为真，信赖程

---

[1]　丁力：《汉语语法问题研究》，三秦出版社 2012 年版，第 44 页。

度可表示为：P｛A｝=1，P｛B｝=1。

1. 主观推测层面：P｛B/A｝=0.5

在 "A 于是 B" 并列类复句中，A、B 分句是平等连贯的动作行为，A 分句动作行为的发生在主观上并不会强制 B 分句动作行为的出现，即 A 分句成立时，根据生活经验无法推测 B 分句成立的可能性。因此，A、B 分句互不影响，为非制约。信赖程度可表示为：P｛B/A｝=0.5。例如：

（18）过了那林，船便弯进了汉港，于是赵庄便真在眼前了。（鲁迅《社戏》）

（19）他和我走到车上，将橘子一股脑儿放在我的皮大衣上，于是扑扑衣上的泥土，心里很轻松似的。（朱自清《背影》）

例（18）和例（19）中，A、B 分句都是平等连贯的动作行为，前后分句在主观推测层面为非制约。例（18）中 A 分句 "船弯进了汉港" 成立时，我们无法根据 A 分句推测出 B 分句赵庄是否真的会出现在眼前，A、B 分句为非制约，信赖程度可表示为：P｛赵庄出现在眼前/船弯进了汉港｝=0.5。例（19）中 A、B 分句在主观推测层面为非制约，A 分句 "将橘子放在皮大衣上" 成立时，我们无法推测 B 分句 "他扑扑衣上的泥土" 是否会发生，信赖程度可表示为：P｛扑扑衣上的泥土/将橘子放在我的皮大衣上｝=0.5。

2. 客观反映层面：P｛A｝=1，P｛B｝=1

在 "A 于是 B" 并列类复句中，A、B 分句的动作行为是说话人已经确定的客观事实。A、B 分句在客观反映层面一致，都为真，信赖程度可表示为：P｛A｝=1，P｛B｝=1。例如：

（20）他快跑了六十多步，这才慢慢的走，于是心里便涌起了忧愁。（鲁迅《阿 Q 正传》）

（21）母亲送出来吩咐 "要小心" 的时候，我们已经点开船，在桥石上一磕，退后几尺，即又上前出了桥。于是架起两支

158

橹，一支两人，一里一换，有说有笑的，飞一般径向赵庄前进了。（鲁迅《社戏》）

上面两个例句中 A、B 分句在客观反映层面都为真。例（20）中 A 分句"他快跑了六十多步才慢慢的走"是说话人已经观察到"他"发生的动作行为，B 分句"心里涌起了忧愁"也是说话人已经体验到的内心情感。A、B 分句都是已经发生的客观事实，信赖程度可表示为：P｛他快跑了六十多步才慢慢的走｝＝1，P｛心里涌起了忧愁｝＝1。例（21）同理。

（二）思维表述层面

在"A 于是 B"并列类复句中，A、B 分句都是描述人物、事物行为变化的分句，前后分句贯通，思维表述具有一致性。例如：

（22）可实际上我们简直冻得要死。起初我们让火燃着，然后让它慢慢熄灭，于是上床睡觉。（米兰·昆德拉《星夜里体味人生》）

（23）他和我走到车上，将橘子一股脑儿放在我的皮大衣上。于是扑扑衣上的泥土，心里很轻松似的。（朱自清《背影》）

在例（22）和例（23）中 A、B 分句的思维表述都具有一致性。例（22）中 A 分句"火慢慢熄灭"描述"火"发生的变化，B 分句"我们上床睡觉"是在描述"火"变化之后"我们"发生的变化，前后分句贯通顺接，思维表述具有一致性。例（23）同理。

三　"A 于是 B"并列类复句的语用价值

在"A 于是 B"并列类复句中，语用价值分为传信功能和情态功能[①]。传信范畴关注的是客观信息概念之间的关系，同时兼顾说话人的态度及对现实的肯定强度[②]。情态范畴主要表达说话人对相关命题

[①]　张谊生：《现代汉语副词研究》，学林出版社 2000 年版，第 57 页。
[②]　张伯江：《认识观的语法表现》，《国外语言学》1997 年第 2 期，第 15 页。

和情景的主观感受和态度①。"A 于是 B"并列类复句的传信功能强调单纯连贯，显示事情发展过程的动态变化，情态功能表达客观叙述的中立情感。

（一）传信功能

"A 于是 B"并列类复句在传信功能上，强调 A、B 分句是单纯连贯的动作行为。同时，A、B 分句也表述了前后分句的动态变化情况。例如：

（24）后来，我妈妈在大部队的医院里碰到了我爸爸，于是他们结合了。（从维熙《北国草》）

（25）她吃好饭，碗筷一推，就坐到摇袜机前去"喳喳"地摇起来，于是针筒下面就慢慢吐出红一截、蓝一截的袜筒。（茹志鹃《她从那条路上来》）

以上两个例句都在强调 A、B 分句的单纯连贯关系和动态变化。例（24）中 A 分句"妈妈在医院碰到爸爸"之后，发生 B 分句"他们结合了"，A 分句中的动作"碰到"和 B 分句中的动作"结合"是并列连贯的关系，说明了事情的客观动态发展过程。例（25）同理。

（二）情态功能

在"A 于是 B"并列类复句中，A、B 分句叙述的动作行为和事件具有时间性，在时间中发展②。

按时间先后顺序描述的 A、B 分句重在客观写实，因此，A、B 分句在情态功能方面表达客观叙述的中立情感。例如：

（26）后来，我妈妈在大部队的医院里碰到了我爸爸，于是他们结合了……（从维熙《北国草》）

（27）可实际上我们简直冻得要死。起初我们让火燃着，然

---

① 廖秋忠：《语气与情态评介》，《国外语言学》1989 年第 41 期，第 157 页。
② 刘月华：《实用现代汉语语法》，商务印书馆 2001 年版，第 886 页。

后它慢慢熄灭了，于是我们就上床睡觉。(米兰·昆德拉《星夜里体味人生》)

例（26）和例（27）都是"A 于是 B"并列类复句。例（26）中 A 分句"我妈妈在医院里碰到了我爸爸"和 B 分句"他们结合了"是说话人"我"按照事件发展的顺序进行的客观陈述，整个复句表达了客观陈述的中立情感。例（27）同理。

第二节 "A 于是 B"因果类复句

在"A 于是 B"因果类复句中，在语表形式上分为 A、B 的形式特征和关系词的搭配。A 分句中的动词多是描写人物心理变化的动词，主要解释说明人物的内心变化，B 分句可以是人物内心出现的结果，也可以是外部发生的结果。关系词"于是"基本上单用，连接前分句原因和后分句结果。同时，"于是"也和"因为""既然"关联词搭配使用。在语里内容方面，A、B 分句在主观推测层面顺向制约，在客观反映层面都为真。另外，A、B 分句在思维表述上具有一致性。在语用价值上，整个复句陈说 A、B 分句的因果关系，表达无奈、气愤的消极情感。

一 "A 于是 B"因果类复句的语表形式

在"A 于是 B"因果类复句中，语表形式包括 A、B 的形式特征和关系词搭配。A、B 的形式特征讨论 A、B 的词语类型和 A、B 位置互换。在关系词搭配上，讨论"于是"的单用、"于是"与其他词的合用。

（一）A、B 的形式特征

1. A、B 的词语类型

在"A 于是 B"因果类复句中，A 分句主要是描述人物内心变化的动词，解释说明人物的心理活动[1]，B 分句可以是内心变化的结果，

---

[1] 曲晶晶：《"于是"的语用探微功能》，《大连大学学报》2010 年第 4 期，第 66 页。

也可以是外在变化的结果。例如：

（28）她猜来猜去猜到这可能是宋郁彬从中缓冲的缘故，于是她对宋郁彬的印象就更好了。(杨沫《青春之歌》)

（29）我觉得我没有理由隐瞒可能对她来说十分重要的真话，于是我一吐为快。(安顿《绝对隐私》)

例（28）中A分句动词"猜"是人物内心在猜，描写了人物内心的变化，B分句"她对宋郁彬的印象就更好了"也是内心发生的变化，A分句是前提条件，B分句是随之出现的结果。例（29）中，A分句"我觉得我没有理由隐瞒可能对她来说十分重要的真话"中的"觉得"是反映人物内心变化的动词，B分句"我一吐为快"中"吐"是外在出现的结果，A分句是对人物内心活动的描写，B分句是人物外在出现的结果。

2. A、B位置互换

在"A于是B"因果类复句中，A、B分句的因果关系可以分为两种情况：一是A、B分句是纯因果关系；二是A、B分句因果关系中隐含着时间的先后关系。因此，纯因果关系的A、B分句可互换位置，或者因果说明或者果因解释；因果关系中隐含着时间先后关系的A、B分句不可互换位置。例如：

（30）a. 于是他就惊慌失措哇哇大哭起来，因为他不知道自己是死是活。(余华《现实一种》)

b. 因为他不知道自己是死是活，于是他就惊慌失措哇哇大哭起来。

（31）a. 这一到我觉得我没有理由隐瞒可能对她来说十分重要的真话，于是我一吐为快。(安顿《绝对隐私》)

b. *于是我一吐为快，这一到我觉得我没有理由隐瞒可能对她来说十分重要的真话。

例（30）中 A、B 分句是纯因果关系，位置可互换。A 分句"他就惊慌失措哇哇大哭起来"是结果，B 分句"他不知道自己是死是活"是原因，A、B 分句是果因解释关系。A、B 分句位置互换后成为因果说明句子。例（31）中 A、B 分句因果关系中隐含着时间先后关系，A、B 分句位置不可互换。A 分句原因"这一到我觉得我没有理由隐瞒可能对她来说十分重要的真话"和 B 分句结果"我一吐为快"隐含着时间上先"到达"然后"一吐为快"的顺序性。因此，这里 A、B 分句不可互换位置。

（二）关系词搭配

1. "于是"单用

在"A 于是 B"因果类复句中，关系词"于是"单用时，出现在后分句前，连接原因分句和结果分句。例如：

（32）那姑娘对镜子里自己戴假发的形象很满意，于是就买下了头上发红的短发型假发。（皮皮《比如女人》）

（33）甘木公社的甘书记深感有急起直追的必要，于是和一大队支书老韩做了三宿的思想工作。（茹志鹃《剪辑错了的故事》）

例（32）中关系词"于是"单用，位于后分句前，连接原因分句"那姑娘对镜子里自己戴假发的形象很满意"和结果分句"她买下了头上发红的短发型假发"。例（33）中关系词"于是"单用，连接 A 分句原因"甘木公社的甘书记深感有急起直追的必要"与 B 分句结果"于是和一大队支书老韩做了三宿的思想工作"。

2. "于是"与其他词合用

关系词"于是"可以和其他词合用，在通常情况下，"于是"跟"因为""既然"构成因果关系复句句式"因为……于是……"和推断关系复句句式"既然……于是……"例如：

（34）因为罗京鸿正在开会，于是交代秘书记了下来。（席

绢《女作家的爱情冒险》)

（35）既然他们的事迹上了那满篇假话的报纸，于是，制造谎言的阴谋家们，就需要利用他们的真实来给新的谎言做幌子。（晓剑、严亭亭《世界》）

例（34）和例（35）是关系词"于是"和"既然"构成的因果复句。例（34）是"因为……于是……"因果句，A 分句"罗京鸿正在开会"是原因，B 分句"罗京鸿交代秘书记了下来"是结果。例（35）是"既然……于是……"推断句，A 分句"他们的事迹上了那满篇假话的报纸"是推断条件，B 分句"制造谎言的阴谋家们用他们的真实来给新的谎言做幌子"是结果。

二　"A 于是 B"因果类复句的语里内容

在"A 于是 B"因果类复句中，语里内容包括认知层面和思维表述层面。在认知层面，A、B 分句在主观推测层面为顺向制约，信赖程度可表示为：$0.5 < P\{B/A\} < 1$；在客观反映层面 A、B 分句都为真，信赖程度可表示为：$P\{A\} = 1$，$P\{B\} = 1$。在思维表述层面，A、B 分句具有一致性。

（一）认知层面

在"A 于是 B"因果类复句中，认知层面包括主观推测和客观反映。在主观推测层面，A、B 分句为顺向制约；在客观反映层面，A、B 分句都为真。

1. 主观推测层面：$0.5 < P\{B/A\} < 1$

在"A 于是 B"因果类复句中，不管是单用的"于是"复句还是合用的"因为……于是……""既然……于是……"复句，A、B 分句在主观信赖层面都是顺向制约，当 A 分句成立时，我们依据 A 分句推测 B 分句成立的可能性大，信赖程度可表示为：$0.5 < P\{B/A\} < 1$。例如：

（36）文章开头曾称颂此楼"北通巫峡，南极潇湘"，于是，

人们在楼的南北两方各立一个门坊，上刻这两句话。（余秋雨
《文化苦旅》）

（37）因为她看到了那扇门，于是她就从那里走了出去。
（余华《现实一种》）

（38）既然话说出去了，金全礼也就豁出去了，于是继续说：
“什么意思?”（刘震云《官场》）

上面三个例句中的 A、B 分句在主观推测层面都是顺向制约的。
例（36）中人们看到称颂此楼的两句话后，才发生在门坊上刻这两
句话的行为结果。A 分句在“文章开头曾称颂此楼‘北通巫峡，南极
潇湘’”成立的情况下，人们才刻上这两句话，我们以 A 分句为依据
推测 B 分句“楼的南北两方各立一个门坊，上刻这两句话”成立的
可能性大，信赖程度可表示为：$0.5 < P$ ｛楼的南北两方各立一个门
坊，上刻这两句话/文章开头曾称颂此楼‘北通巫峡，南极潇湘’｝ $<$
1。例（37）和例（38）同理。

2. 客观反映层面：$P\{A\} = 1$，$P\{B\} = 1$

在“A 于是 B”因果类复句中，可以单用“于是”，也可以合用
“因为……于是……”和“既然……于是……”在因果关系“于是”
复句、“因为……于是……”复句和推断关系“既然……于是……”
复句中，A、B 分句在客观反映层面都为真，信赖程度可表示为：
$P\{A\} = 1$，$P\{B\} = 1$。需要说明的是，推断关系中 B 分句结果以 A
分句为基础得出，那么，推断关系“于是”复句的客观信赖程度为：
$P\{B/A\} = 1$。同时，这里的 A、B 分句都是客观事实，所以，在推
断结果复句中，客观信赖程度也表示为：$P\{A\} = 1$，$P\{B\} = 1$。
例如：

（39）多年的戎马生活并没有改变他的爱好清洁的老习惯，
于是他用右手轻轻地掸去灰尘。（姚雪垠《李自成》第一卷）

（40）因为对自己提出的这些问题，自己竟然回答不上来，
她于是开始觉着茫茫然了。（欧阳山《三家巷》）

（41）但人家既然请自己，自己也不好不去坐一坐，那样显得太小气，没有气度，于是就走进老张的办公室。（刘震云《官场》）

例（39）和例（40）中 A、B 分句是因果关系，例（41）中 A、B 分句是推断关系。例（39）中 A 分句"多年的戎马生活没有改变他爱好清洁的老习惯"是客观存在的事实，B 分句"他用右手轻轻地掸去灰尘"是已经发生的动作。因为 A 分句"他有爱好清洁的习惯"，所以出现了 B 分句"他轻轻地掸去灰尘"这样的结果。A、B 分句都是客观存在的现实情况，客观反映都为真，信赖程度可表示为：$P\{$多年的戎马生活没有改变他爱好清洁的老习惯$\}=1$，$P\{$他用右手轻轻地掸去灰尘$\}=1$。例（40）同理。例（41）中，A、B 分句是推断因果关系，这里的前提性客观信赖程度为：$P\{$自己走进老张办公室/老张请自己，自己不过去显得小气$\}=1$。另外，推断前提 A 分句和结果 B 分句都是已然事实，都为真。所以，这里的信赖程度可表示为：$P\{$老张请自己，自己不过去显得小气$\}=1$，$P\{$自己走进老张办公室$\}=1$。

（二）思维表述层面

在"A 于是 B"因果类复句中，A、B 分句不管是因果关系还是推断关系，总体上是顺向承接的因果事理关系。前分句提出原因或条件，后分句以前分句为基础贯通承接结果。A、B 分句贯通承接，思维表述具有一致性。例如：

（42）这时候她听到东山要求她把双手叉在腰间的声音，于是她就将双手叉了上去。（余华《难逃劫数》）

（43）因为罗京鸿正在开会，于是交代秘书记了下来。（席绢《女作家的爱情冒险》）

例（42）和例（43）中 A、B 分句的思维表述具有一致性。人们在使用例（42）的时候，会由 A 分句"她听到东山要求她把双手叉在腰间的声音"，进而很可能联想到 B 分句"她就将双手叉了上去"，这说明 A、B 分句的思维发展过程是前后一致、相互贯通的。例（43）同理。

三　"A 于是 B"因果类复句的语用价值

在"A 于是 B"因果类复句中，语用价值包括两方面：一是传信功能；二是情态功能。传信功能陈说 A、B 分句的因果联系，使听话人明白事实因果联系；情态功能是表达无奈、气愤的情感态度。

（一）传信功能

在"A 于是 B"因果类复句中，A、B 分句的传信功能为陈说因果联系。A、B 分句不管是因果关系还是推断关系，总体上，整个复句都是在陈说前后分句的因果联系。这里的陈说是为了让读者明白事情的承接缘由。例如：

（44）他挖空心思想打败老头，于是亮宝似的把自己串联去过的地方一个个说出来。（张承志《北方的河》）

（45）甘木公社的甘书记深感有急起直追的必要，于是和一大队支书老韩做了三宿的思想工作。（茹志鹃《剪辑错了的故事》）

上面两个例句中 A、B 分句都是在陈说因果联系。例（44）中 A、B 分句说明了事件前后的因果联系。他"亮宝似的把自己串联去过的地方一个个说出来"，就是为了打败老头，为了在气势上压过老头。这里的因果关系解释了"他"这个行为的目的。例（45）同理。

（二）情态功能

在"A 于是 B"因果类复句中，A、B 分句在情态功能方面表达无奈、气愤的情感。这里分为两种情况：一是 B 分句的无奈退让是在说话者难以应对 A 分句的情况下出现的；二是 B 分句出现的气愤情绪是对 A 分句本来不应该发生情况的不满。例如：

（46）我微微地感到屈辱，于是怀着一丝反抗情绪离开了他几步，靠到路边上去走。（张贤亮《绿化树》）

（47）因为牛奶采购才一两天，不应该变质，于是去找那家超级市场质问。（《人民日报》1993 年）

例（46）表达了无奈退让的情感，例（47）表达了气愤的情感。例（46）中 A 分句"微微地感到屈辱"这样难堪的内心感受致使"我"产生 B 分句"带着一丝反抗情绪离开了他几步"这样的无奈退让行为。例（47）中本来牛奶才采购一天不会变质，但是牛奶在一天内已经变质，这样的事情让人十分气愤，因此出现 B 分句"找那家超级市场质问"，整个复句表达了说话人气愤的感情。

"A 于是 B"复句跨并列类复句和因果类复句，对这两个类型的复句我们都从语表形式、语里内容、语用价值三个方面进行了分析。以此为基础，从相同点和不同点两方面对"A 于是 B"并列类复句和"A 于是 B"因果类复句进行比较分析。相同点是：在语表形式上，"A 于是 B"并列类复句和因果类复句的关系词"于是"都可以单用，都位于后分句前；在语里内容上，"A 于是 B"并列类复句和因果类复句中的 A、B 分句在客观反映层面都为真，思维表述上具有一致性。不同点是：在语表形式上，"A 于是 B"并列类复句中 A、B 分句动词为动作动词；"A 于是 B"因果类复句中，A、B 分句的动词为心理动词。在语里内容上，"A 于是 B"并列类复句中，A、B 分句的主观推测层面为非制约；"A 于是 B"因果类复句中，A、B 分句在主观推测层面为顺向制约。在语用价值上，"A 于是 B"并列类复句强调 A、B 分句动作行为的单纯连贯性，表达客观叙述的中立情感。"A 于是 B"因果类复句陈说 A、B 分句的因果关系，表达无奈、气愤的消极情感。

第二章 跨并列、转折类复句："既 A 又 B"

"既 A 又 B"复句跨并列类复句和转折类复句。本章分两节进行论述，第一节"既 A 又 B"并列类复句，第二节"既 A 又 B"转折类复句。其中每一节都以邢福义的"小三角"理论为依据，从语表形式、语里内容、语用价值三个方面进行描写。最后，从相同点和不同点两方面对跨类复句进行简单对比。

第一节 "既 A 又 B"并列类复句

"既 A 又 B"并列类复句，关系词"既"和"又"连接平等并列的两个分句，共同构成复句句式。《现代汉语八百词》认为，"既"跟"又、且、也"配合，连接并列成分①。《现代汉语虚词释例》认为，"既"跟"又""也"等连用，造成并列结构，表示并列关系②。"既 A 又 B"并列类复句中，B 分句与 A 分句具有两种语义关系：并列关系和隐含递进关系。有关"既 A 又 B"并列类复句，本节主要从语表形式、语里内容、语用价值三个方面展开论述；在语表形式上，从 A、B 的结构特征和后项关系词语"又"和"也"两个方面加以说明；在语里内容上，从认知层面、思维表述层面展开描写；在语用价值上，从传信功能和情态功能两个方面予以分析。

---

① 吕叔湘：《现代汉语八百词》，商务印书馆 1980 年版，第 292 页。
② 北大中文系 1955 级、1957 级语言班：《现代汉语虚词例释》，商务印书馆 1982 年版，第 268 页。

一　"既 A 又 B"并列类复句的语表形式

"既 A 又 B"并列类复句在语表形式上，主要从 A、B 的结构特征和后项关系词语"又"和"也"两方面进行说明。A、B 的形式特征包括结构类型和位置互换。关系词语包括后项关系词"又"和"也"的特征及后项关系词"又"和"也"的替换。

（一）A、B 的结构特征

在"既 A 又 B"并列类复句中，A、B 的结构特征包括结构类型和位置互换。在结构类型上，A、B 分句多数为平衡对称，以述宾短语和形容词为主。同时，前后分句也可以是能愿动词短语、否定式短语和状中结构。平衡对称的前后分句音节数目常常相同或相近。另外，也有部分前后分句不对称。平衡对称和不对称的 A、B 分句主语都相同，在一般情况下，后分句承前省略主语或前后分句都省略主语。在位置互换上，A、B 分句移位互换分为两种情况：一是 A、B 分句可以移位互换；二是 A、B 分句不可以移位互换。

1. A、B 结构类型

在"既 A 又 B"并列类复句中，A、B 分句的结构类型以述宾结构和形容词为主，同时还存在着一些能愿动词短语、否定式短语和状中结构类型。这几种结构类型的 A、B 分句平衡对称，主语相同，音节数目常常相同或相近①。例如：

（48）既骂了卫东，又骂了赖和尚。（刘震云《故乡天下黄花》）

（49）他这一句话既捧了江菊霞，又捧了冯永祥。（周而复《上海的早晨》）

（50）他有急才，出口成章，合辙押韵，既通俗易懂，又文采飞扬。（莫言《檀香刑》）

（51）然后，他抽身离座，转身便走，既干净，又利索，宛

---

① 邢福义：《汉语复句研究》，商务印书馆 2001 年版，第 162 页。

如一阵清新的风。（莫言《檀香刑》）

例（48）和例（49）中 A、B 分句是述宾结构，例（50）和例（51）中 A、B 分句是形容词。例（48）中 A 分句"骂了卫东"和 B 分句"骂了赖和尚"都是对称的述宾结构，音节数目相近，前后分句主语相同且都省略。例（49）同理。例（50）中 A 分句"通俗易懂"和 B 分句"文采飞扬"都是形容词，修饰相同的主语"文章"，A、B 分句结构对称、音节数目相同。例（51）同理。

（52）您既能当副部长，又能来到山村和我们在一起。（王蒙《蝴蝶》）

（53）你们既不了解国情又不了解历史。（王蒙《蝴蝶》）

（54）婆婆既和颜悦色地微笑，又苦口婆心地劝说，希望这个"天价"取回来的媳妇能够回心转意。（CCL 语料库）

例（52）中 A、B 分句是能愿动词结构，例（53）中 A、B 分句是否定式结构，例（54）中 A、B 分句是状中结构，这三个例句结构对称、主语相同，音节数目相同或相近。例（52）中 A 分句"能当副部长"和 B 分句"能来到山村和我们在一起"是能愿动词"能"和述宾短语构成的能愿结构，结构类型相同，音节数目相近且主语都是"您"，后分句主语承前省略。例（53）中 A、B 分句主语相同，都是"你们"，A 分句"不了解国情"和 B 分句"不了解历史"是否定词"不"和述宾短语构成的否定式结构，结构平衡，音节数目相同。例（54）中 A 分句"和颜悦色地微笑"和 B 分句"苦口婆心地劝说"都是状中结构，结构平衡对称，音节数目相同。

值得注意的是，在"既 A 又 B"并列类复句中，A、B 分句结构并不都是平衡对称的，也存在不对称的情况。同时，不对称的 A、B 分句主语仍然相同。例如：

（55）我既恼火，又对自己的行为感到难为情。（陈染《私

人生活》）

（56）既不致使谬种流传，又保证下一代的纯洁健康。（冯苓植《猫腻》）

（57）王镯子既失望又气愤地偷瞅老东山一眼。（冯德英《迎春花》）

上面三个例句中的 A、B 分句结构都不对称。例（55）中 A 分句"恼火"是单个的动词，B 分句"对自己的行为感到难为情"是介宾短语结构，A、B 分句结构不对称。另外，例（55）结构不对称的 A、B 分句主语也相同，前后分句的主语都是"我"。例（56）和例（57）同理。

2. A、B 位置互换

在"既 A 又 B"并列类复句中，A、B 分句位置互换分为两种情况：一是可互换位置；二是不可互换位置。可互换位置的 A、B 分句是并列语义关系；不可互换位置的 A、B 分句，除了前后分句隐含着递进关系外，还受语境因素的影响。并列关系 A、B 分句地位平等、无主次之分，因此，前后分句可移位互换，且换位后不影响整个复句意思的表达。A、B 分句的隐含递进关系包括程度递进、时间顺序、词语的固定搭配等关系，因此，前后分句不可互换位置。另外，由于语境因素的影响，A、B 分句也不可互换位置①。例如：

（58）a. 大敌由西边冲来，我既无援兵，又无粮草，千里转战，已经力竭。（姚雪垠《李自成》第一卷）

b. 大敌由西边冲来，我既无粮草，又无援兵，千里转战，已经力竭。

（59）a. 老套子大伯是个老雇工，既不使债又不养猪。（梁斌《红旗谱》）

---

① 李晓琪、章欣：《"既 A 又 B"、"既 A 也 B"的异同分析》，《暨南大学华文学院学报》2005 年第 3 期，第 54 页。

　　b. 老套子大伯是个老雇工，既不养猪又不使债。

　　例（58）和例（59）中A、B分句可互换位置，A、B分句都是并列语义关系。例（58）中A分句"无援兵"和B分句"无粮草"都是大敌由西边冲来时"我"面临的情况，这两种情况不需要比较，因此，A、B分句互换位置后不影响整个复句意思的表达。例（59）中A分句"不使债"和B分句"不养猪"，一个是老雇工的品质，一个是他的生活状态，前后分句不存在重要性比较。因此，A、B分句可互换位置。

　　（60）a. 对犯罪团伙既要坚决打击，又必须打准。（《关于当前办理集团犯罪案件中具体应用法律的若干问题的解答》）

　　b. ＊对犯罪团伙既必须打准，又要坚决打击。

　　（61）a. 掌柜既先之以点头，又继之以谈话。（鲁迅《阿Q正传》）

　　b. ＊掌柜既继之以谈话，又先之以点头。

　　（62）a. 禾叹了一声，接着说，"一个家，有时候既是生活的取之不尽的源泉，又是生活的用之不竭的苦汁"。（陈染《私人生活》）

　　b. ＊禾叹了一声，接着说，"一个家，有时候既是生活的用之不竭的苦汁，又是生活的取之不尽的源泉"。

　　（63）a. 这就要求刽子手在执刑时必须平心静气，既要心细如发，又要下手果断；既如大闺女绣花，又似屠夫杀驴。（莫言《檀香刑》）

　　b. ＊这就要求刽子手在执刑时必须平心静气，既要下手果断，又要心细如发；既如大闺女绣花，又似屠夫杀驴。

　　上面四个例句中A、B分句都不可互换位置，例（60）中A、B分句存在递进的语义关系，例（61）中A、B分句有时间先后顺序，例（62）中A、B分句为常用固定搭配，例（63）中A、B分句受前后语境因素的影响。例（60）中 A 分句"坚决打击"是基础，B 分句"必须打准"是在 A 分句基础上的进一步深化，前后分句存在递进关系，因此，A、B 分句位置不可互换。例（61）中，A 分句"先之以点头"与 B 分句"继之以谈话"出现了明显的时间顺序词"先""继"，所以 A、B 分句不可互换位置。例（62）中 A 分句"家是生活的取之不尽的源泉"和 B 分句"家是生活的用之不竭的苦汁"使用了固定俗语"取之不尽、用之不竭"。因此，例（62）中 A、B 分句不可互换位置。例（63）中前面的 A 分句"心细如发"与后面的 A 分句"大闺女绣花"相对应，前面的 B 分句"下手果断"与后面的 B 分句"屠夫杀驴"相对应，前后 A、B 分句语境对应，不能互换位置。

（二）后项关系词"又"和"也"

在"既 A 又 B"并列类复句中，前项关系词"既"比较稳定，一般不可替换。因此，文中仅讨论后项关系词"又"。后项关系词"又"可以替换为"也"和"且"，关系词"且"存在着较强的文言色彩，在复句中使用频率较少，这里着重讨论关系词"也"。后项关系词"又"和"也"，首先，说明"又"和"也"的特征；其次，分析"又"和"也"的区别及"也"替换"又"的条件。

1. 后项关系词"又"和"也"的特征

"又"和"也"可以跟关系词"既"构成复句句式："既……又……""既……也……"但是，关系词"又"和"也"存在着不同的特征，《现代汉语八百词》认为，"又"的用法大致可以分为三个方面：一是表示相继，与时间有关；二是表示累积，与时间无关；三是表示某些语气[1]。《现代汉语八百词》认为，"也"表示两事相同[2]。根据统计的 996 例"既 A 又 B"并列类复句和 1000 例"既 A 也 B"并列类复句发现："又"与"既"关联构成复句句式时，"又"的主要用法为"累积、添加"，"累积、添加"的 B 分句是在 A 分句

---

[1] 吕叔湘：《现代汉语八百词》，商务印书馆 1980 年版，第 633 页。
[2] 同上书，第 595 页。

基础上对主语情况的添加，前后分句共同说明主语的情况。"也"与"既"关联构成复句句式时，"也"的主要用法为"类同"，"类同"的 B 分句与 A 分句是相似或相同的。例如：

（64）余楠既不是世家子，又不是收藏家，他的"古董"，无非人家赠送他和宛英的结婚礼罢了。（杨绛《洗澡》）

（65）马林生在水中欣然回头，一脸笑容地看儿子，颓废、消沉一扫而光，显得既开朗又健康。（王朔《我是你爸爸》）

上面两个例句是"既 A 又 B"并列类复句，B 分句和 A 分句都是为了说明主语的情况，B 分句是在 A 分句的基础上，对主语情况的添加。例（64）中 B 分句"不是收藏家"说明余楠"古董"的来源，B 分句是在 A 分句"不是世家子"基础上的添加。例（65）中 B 分句"显得健康"与 A 分句"显得开朗"都是说明马林生的精神面貌的，B 分句是在 A 分句基础上对主语情况的添加，说明了主语的状态变化。

（66）你们革的那个什么命，我既不反对，也不赞成。（欧阳山《三家巷》）

（67）既锻炼了身体，也等于上街看看热闹。（张洁《世界上最疼我的那个人去了》）

例（66）和例（67）都是"既 A 也 B"并列类复句，前后分句语义类同。例（66）中 B 分句"不赞成"与 A 分句"不反对"类同，都表明了"我"的态度。例（67）中 B 分句"锻炼了身体"与 A 分句"等于上街看看热闹"类同，都是说明这两个行为对身体的相同作用。

2. 后项关系词"又"和"也"的替换

后项关系词"又"和"也"存在明显的区别："又"表示添加，"也"表示类同。"又"添加的 B 与 A 共同构成"既 A 又 B"并列类复句，A、B 分句语义关系包括并列和隐含递进；"也"引出的 B 与

A 类同，构成"既 A 也 B"并列类复句。"既 A 又 B"并列类复句中 A、B 分句包含并列关系和递进关系；"既 A 也 B"并列类复句中 A、B 分句为并列关系。因此，当 A、B 分句只是并列关系时，关系词"又"可以替换为"也"。

（68）a. 爹的面容让她既恶心又痛心。（莫言《檀香刑》）

b. 爹的面容让她既恶心也痛心。

（69）a. 掌柜既先之以点头，又继之以谈话。（鲁迅《阿 Q 正传》）

b. ＊掌柜既先之以点头，也继之以谈话。

上面两个例句都是"既 A 又 B"并列类复句，例（68）中后项关系词"又"可以替换为"也"，例（69）中后项关系词"又"不可替换为"也"。例（68）中 A、B 分句平等并列，不存在递进关系，"也"可以替换"又"。例（69）中后项关系词"又"不可替换为"也"，A 分句"先之以点头"与 B 分句"继之以谈话"除了包括程度递进关系外，也存在时间的先后顺序。因此，"又"不可替换为"也"。

二　"既 A 又 B"并列类复句的语里内容

在"既 A 又 B"并列类复句中，语里内容主要从两个层面进行分析：认知层面和思维表述层面。在认知层面，主要关注大脑主观推测层面和客观反映层面对复句的不同认知；在思维表述层面，分析 A、B 分句前后表述是否具有一致性。

（一）认知层面

在"既 A 又 B"并列类复句中，在主观推测层面 A、B 分句为非制约，信赖程度可表示为：$P\{B/A\}=0.5$；在客观反映层面 A、B 分句具有一致性，都为真，信赖程度可表示为：$P\{A\}=1$，$P\{B\}=1$。

1. 主观推测层面：$P\{B/A\}=0.5$

在"既 A 又 B"并列类复句中，A、B 分句平等并列，地位无主次之分。平等并列的两个分句互不影响。在主观推测层面，我们不能依据 A 分句成立而判断 B 分句是否成立，信赖程度可表示为：P｛B/A｝=0.5。例如：

（70）书商撒谎是为了赚钱，盛洪撒谎既赚钱又赚名。（王蒙《美人赠我蒙汗药》）

（71）既探听情况，又迷惑对方，这才真是一箭双雕的好主意！（罗广斌、杨益言《红岩》）

例（70）中 A 分句"撒谎赚钱"和 B 分句"撒谎赚名"都是盛洪撒谎的目的，但是"赚钱"不一定就会"赚名"，我们无法根据撒谎赚钱了而推测出撒谎一定也会赚名，A、B 分句不具有制约性，信赖程度可表示为：P｛撒谎赚名/撒谎赚钱｝=0.5。例（71）中 A 分句"探听情况"和 B 分句"迷惑对方"是并列关系，A 分句"探听情况"成立时，我们无法推测出 B 分句"迷惑对方"是否也成立，信赖程度可表示为：P｛迷惑对方/探听情况｝=0.5。

2. 客观反映层面：P｛A｝=1，P｛B｝=1

在"既 A 又 B"并列类复句中，A、B 分句是说话人十分确定的事实，前后分句都是客观成立的，都为真，即 A、B 分句同时成立，信赖程度可表示为：P｛A｝=1，P｛B｝=1。

（72）坐汽车的人既受人尊敬又脱离群众，但总要有人坐小汽车。（王蒙《蝴蝶》）

（73）张村有很好的战斗地道，既能大量杀伤敌人又能保护自己。（雪克《战斗的青春》）

例（72）中 A 分句"受人尊敬"与 B 分句"脱离群众"都是当时社会存在的客观情况，在物质贫乏的年代拥有汽车是一定身份地位的象征，会受人尊敬。但是，毕竟拥有汽车在群体中只是极个别现象，坐汽车也会脱离群众。A、B 分句具有一致性，都为真，信赖程度可表示为：P｛受人尊敬｝=1，P｛脱离群众｝=1。例（73）中 A 分句"能大量杀伤敌人"与 B 分句"能保护自己"都是张村在战斗中已经证实的客观事实，A、B 分句都为真，信赖程度可表示为：P｛能大量杀伤敌人｝=1，P｛能保护自己｝=1。

（二）思维表述层面

在"既 A 又 B"并列类复句中，A、B 分句贯通顺连，思维表述具有一致性。这里的一致性指 A、B 分句话题相关、分句顺接。例如：

（74）只是家珍还是下不了床，我起早摸黑，既不能误了田里的活，又不能让家珍饿着，人实在是累。（余华《活着》）

（75）建成住宅小区呗，充分利用地块，搞它个几百套，既大庇寒士，又赚它一笔。（张卫《你别无选择》）

例（74）和例（75）中 A、B 分句在思维表述层面都具有一致性。例（74）中 A 分句"不能误了田里的活"与 B 分句"不能让家珍饿着"都是说话人"我"在表述自己面临的实际情况，"不能误了田里的活"是实际情况，"不能让家珍饿着"也是实际情况，前后分句连贯，思维表述具有一致性。例（75）中 A 分句"大庇寒士"与 B 分句"赚它一笔"都是说话人建成小区的目的，"大庇寒士"是建小区的目的，"赚它一笔"也是建小区的目的，A、B 分句都是在说明同一件事情，思维表述具有一致性。

三 "既 A 又 B"并列类复句的语用价值

在"既 A 又 B"并列类复句中，语用价值分为传信功能和情态功能①。传信功能分为断言评价和表述传信，情态功能表达坚定确信和劝解安慰的态度。

---

① 张谊生：《现代汉语副词研究》，学林出版社 2000 年版，第 57 页。

（一）传信功能

在"既 A 又 B"并列类复句中，传信语用价值分为两种情况：一是 A、B 分句对客观事实的断言总结以及对事件的肯定、否定评价；二是整个复句强调 A、B 分句平等、无主次关系。

1. 断言评价

（76）咱这既合乎政策，又合乎法律。（张平《十面埋伏》）

（77）既不能当饭吃，又不能换绿卡。（白帆《那方方的博士帽》）

例（76）和例（77）都表达断言评价的语用功能。例（76）中说话者不仅断言做法的合理性，而且 A 分句"合乎政策"与 B 分句"合乎法律"都是对客观事实的评价。例（77）中 A 分句"博士帽不能当饭吃"和 B 分句"博士帽不能换绿卡"断言评价了方方的博士帽不具备实际功能，不能提供生存需要的实物。

2. 表述传信

（78）这里既是村公所，又是许布袋的家。（刘震云《故乡天下黄花》）

（79）娃子们赤着一双脚，既能上山，又能下河。（白桦《呦呦鹿鸣》）

在例（78）和例（79）两个例句中，A、B 分句平等并列，地位无主次之分。例（78）中 A 分句"这里是村公所"与 B 分句"这里是许布袋的家"表述了这个地方两个方面的功能，但是这两个功能并不存在主要与次要之分。例（79）中并列的 A、B 分句说明了娃子的一双脚具有两种不同的作用，但是并不能以一定的标准区分到底是 A 分句"脚能上山"重要还是 B 分句"脚能下河"重要。

（二）情态功能

在"既 A 又 B"并列类复句中，情态语用价值主要分为两种情况：一是坚定确信的情感态度；二是劝解安慰之情。

1. 坚定确信

（80）肖济东既洞明事理，又善逻辑推理。（方方《定数》）

（81）所以，我既不觉得珍馐美味好吃，又不觉得名牌洋服阔绰。（白桦《淡出》）

例（80）中，说话人从具体的两方面表达了坚定确信的态度：一是 A 分句"肖济东洞明事理"；二是 B 分句"肖济东善逻辑推理"。例（81）中 A 分句"我不觉得珍馐美味好吃"和 B 分句"我不觉得名牌洋服阔绰"表达了说话人"我"坚定的情感态度。

2. 劝解安慰

（82）既毋要哭，又毋要闹，欢欢喜喜送伊上路。（白桦《淡出》）

（83）人生的道路还很长，既不可自暴自弃，也不可盲目自信。

例（82）和例（83）都表达了劝解安慰的情感态度。例（82）中说话人劝解安慰哭闹的人"毋要哭""毋要闹"，我欢欢喜喜地送你，你也要欢欢喜喜地上路。例（83）中 A 分句"不可自暴自弃"和 B 分句"不可盲目自夸"，都是说话人在劝解年轻人要以平和的心态对待生活中的挫折和胜利。

需要说明的是，这里提到的坚定确信、劝解安慰两个情态功能是"既 A 又 B"并列类复句最主要和最具有代表性的情态语用价值，但不是说该类复句只表达这两种情感态度，还可能传达出另外的如赞许、怜悯、无奈等情感态度。例如：

（84）（不仅有章法，有笔墨，而且有风格，有神韵，）既学到了聂小轩的绚丽生动，又比老师多了几分书墨气。（邓友梅

《烟壶》）

（85）小鼻子小眼，既不健壮又不活泼的小可怜儿！（语料库在线）

（86）摆在面前，既是她的前途和命运，又是极现实的问题呀。（冯骥才《一百个人的十年》）

例（84）"既 A 又 B"并列类复句表达了赞许的情感态度，A 分句不仅肯定了"学到了聂小轩的绚丽生动"，同时 B 分句"比老师多了几分书墨气"进一步表达了赞许的情感态度。例（85）表达了怜悯的情感态度，首先，A 分句的"不健壮"说明了孩子的情况；其次，B 分句的"不活泼"加深了说话人的怜悯情感态度。例（86）表达了无奈的情感态度，摆在面前的是无可避免的现实问题，关系着"她"的前途和命运，即使很难做出选择"她"也别无他法。

第二节　"既 A 又 B"转折类复句

在"既 A 又 B"转折类复句中，A、B 分句语义对立，本节主要从语表形式、语里内容、语用价值三个方面对其进行分析。在语表形式上，比较"既 A 又 B"并列类复句和"既 A 又 B"转折类复句的相同点、不同点。另外，分析"既 A 又 B"转折类复句中"但"类转折词的位置和添加情况。在语里内容方面，从认知层面和思维表述层面进行描写。在语用价值上，分为传信功能和情态功能。

一　"既 A 又 B"转折类复句的语表形式
在"既 A 又 B"转折类复句中，语表形式分为 A、B 的形式特征和"但"类转折词。关于 A、B 的形式特征，比较"既 A 又 B"并列类复句和转折类复句的相同点、不同点；关于"但"类转折词，主要说明"但"类词的位置和"但"类词的搭配。

（一）A、B 的形式特征
在"既 A 又 B"转折类复句中，关于 A、B 的形式特征，主要对比分析"既 A 又 B"转折类复句与"既 A 又 B"并列类复句的相同点和不同点。在相同点方面，主要讨论"既 A 又 B"并列类复句和"既 A 又 B"转折类复句中 A、B 分句的结构对称和位置互换。在不同点方面，主要分析"既 A 又 B"转折类复句中 A、B 分句的词语或短语特点。

1. 相同点

"既 A 又 B"转折类复句和"既 A 又 B"并列类复句都属"既……又……"复句句式，在语表形式上，这两个类型复句的 A、B 结构对称和 A、B 位置互换存在很多相同点：一方面，A、B 分句结构多数呈平衡对称，音节数目相同或相近，A、B 分句的主语也相同；另一方面，A、B 分句位置可以互换。例如：

（87）a. 你们革的那个什么命，我既不反对，也不赞成。（欧阳山《三家巷》）

b. 你们革的那个什么命，我既不赞成，也不反对。

（88）a. 她既盼望着看夫人的日子到来，又生怕这个日子到来。（莫言《檀香刑》）

b. 她既生怕这个日子到来，又盼望着看夫人的日子到来。

例（87）是"既 A 又 B"并列类复句，例（88）是"既 A 又 B"转折类复句。例（87）中 A 分句"不反对"与 B 分句"不赞成"都是否定结构短语，结构平衡对称，音节数目相同且主语都是"我"。A、B 分句位置互换后不影响整个复句意思的表达。例（88）是"既 A 又 B"转折类复句，A 分句"盼望日子到来"与 B 分句"生怕日子到来"结构对称，音节数目相同且主语都是"她"。

2. 不同点

在"既 A 又 B"并列类复句中，A、B 分句是同义词或近义词，或者都是肯定性同义词或者都是否定性近义词。在"既 A 又 B"转折类复句中，A、B 分句是对立词或反义词，前后分句语义明显对立冲突。例如：

（89）一阵激动让我既幸福又心酸。（莫怀戚《透支时代》）

（90）他大笑，既险恶又可爱。（王朔《玩儿的就是心跳》）

例（89）和例（90）中 A、B 分句不属于同一语义范畴，语义肯否对立。例（89）A 分句中"幸福"是肯定词语，带有积极的感情色彩，B 分句"心酸"是否定词语，带有消极的感情色彩。A、B 分句词语对立冲突，不属于同一语义范畴。例（90）A 分句中"险恶"是否定词语，带有消极的感情色彩，B 分句"可爱"是肯定词语，带有积极的感情色彩。A、B 分句词语对立，不属于同一语义范畴。

（二）"但"类转折词

在"既 A 又 B"转折类复句中，A、B 分句语义对立，可以在复句中添加"但"类转折词。关于"但"类转折词的添加，主要讨论"但"类转折词的位置和"但"类转折词的搭配。

1. "但"类转折词的位置

在"既 A 又 B"转折类复句中，"但"类转折词经常放在后关系词"又"前面。例如：

（91）a. 一个人怎么能既残忍又温柔呢？（黑洁明《炎女》）

b. 一个人怎么能既残忍却又温柔呢？

（92）a. 接着我梦见自己在海里潜泳，水里既清澈又乌蒙，身体既轻巧又沉重。（王朔《浮出海面》）

b. 接着我梦见自己在海里潜泳，水里既清澈但是又乌蒙，身体既轻巧然而又沉重。

在例（91）"既 A 又 B"转折类复句中，A 分句"残忍"与 B 分句"温柔"语义对立，转折词"却"可以添加在后关系词"又"前。例（92）中 A 分句"清澈"与 B 分句"乌蒙"对立转折，可以添加转折词"但是""然而"。

2. "但"类转折词的搭配

"但"类转折词的搭配可以分为两种情况：一是转折词的单用；

二是转折词的连用。连用的转折词一般是双音节转折词与单音节转折词。同时，单用和连用的转折词都必须放在后关系词"又"前。

（93）a. 一阵激动让我既幸福又心酸。（莫怀戚《透支时代》）

b. 一阵激动让我既幸福却又心酸。

c. 一阵激动让我既幸福但是却又心酸。

d. *一阵激动让我既幸福却但是又心酸。

（94）a. 他大笑，既险恶又可爱。（王朔《玩儿的就是心跳》）

b. 他大笑，既险恶却又可爱。

c. 他大笑，既险恶然而却又可爱。

d. *他大笑，既险恶却然而又可爱。

上面两个例句中"但"类转折词既可以单用也可以连用。例（93）中 A 分句"幸福"与 B 分句"辛酸"语义对立，转折词的使用分为两种情况：一是单用转折词"却"，"却"放在后关系词"又"前；二是转折词"但是"和"却"连用，连用转折词都放在后关系词"又"前。例（94）中 A 分句"险恶"与 B 分句"可爱"语义对立，构成转折关系，我们可以单用转折词"却"，也可以连用转折词"然而""却"。需要注意的是，在转折词连用时，双音节转折词放在单音节转折词前面。

二　"既 A 又 B"转折类复句的语里内容

在"既 A 又 B"转折类复句中，在语里内容上，主要从两个方面进行分析：认知层面和思维表述层面。在认知层面，主要关注大脑主观推测和客观反映对复句的不同认识；在思维表述上，分析 A、B 分句前后表述是否具有一致性。

（一）认知层面

在"既 A 又 B"转折类复句中，在主观推测层面 A、B 分句逆向制约，当 A 分句成立时，在主观推测层面 B 分句成立的可能性小，信赖程度可表示为：$0 < P\{B/A\} < 0.5$；在客观反映层面 A、B 分句具有一致性，都为真，信赖程度可表示为：$P\{A\} = 1$，$P\{B\} = 1$。

1. 主观推测层面：$0 < P\{B/A\} < 0.5$

在"既 A 又 B"转折类复句中，在主观推测层面，依据生活经验推测 A 分句成立时，B 分句成立的可能性小，A、B 分句为逆向制约，信赖程度可表示为：$0 < P\{B/A\} < 0.5$。

（95）民族、历史的大课题，既在这里定格，又在这里混沌。（余秋雨《文化苦旅》）

（96）你既清高，又随和，既泼辣，又温良。（王蒙《蝴蝶》）

例（95）和例（96）在主观推测层面 A、B 分句逆向制约。例（95）中 A 分句"民族、历史的大课题在这里定格"与 B 分句"民族、历史的大课题在这里混沌"语义对立，根据生活经验推测：定格的东西会清晰地停留在某一时刻，保持不变，不会随着时间变化而混沌模糊。当 A 分句成立时，B 分句成立的可能性小，A、B 分句为逆向制约，信赖程度可表示为：$0 < P\{$民族、历史的大课题在这里混沌/民族、历史的大课题在这里定格$\} < 0.5$。例（96）中，依据生活经验推测，清高的人一般不合群，不易接近，性格随和的可能性小，既 A 分句"清高"与 B 分句"随和"在主观信赖程度上为逆向制约，信赖程度可表示为：$0 < P\{$随和/清高$\} < 0.5$。

2. 客观反映层面：$P\{A\} = 1$，$P\{B\} = 1$

在"既 A 又 B"转折类复句中，在客观反映层面，A、B 分句都是客观现实情况在大脑中的直接反映。在 A 分句成立的情况下，B 分句也一定成立，这是说话人已经确定的客观事实，不会因为主观推测而发生任何改变。A、B 分句都为真，信赖程度可表示为：$P\{A\} = 1$，$P\{B\} = 1$。例如：

（97）你真的疯了就好了，红娣也会这样想的。可惜！你既疯狂，又不疯狂。

（98）态度既从容又急迫。（孙犁《风云初记》）

在例（97）和例（98）"既A又B"转折类复句中，A、B分句在客观反映层面具有一致性，都为真。例（97）中A分句"你疯狂"与B分句"你不疯狂"都是说话人根据"你"的行为表现已经确定的客观真实情况，A、B分句都为真，信赖程度可表示为：P｜你疯狂｜＝1，P｜你不疯狂｜＝1。例（98）中A分句"态度从容"与B分句"态度急迫"都是客观存在的情态表现，是说话人大脑中的直接反映，A、B分句都为真，信赖程度可表示为：P｜态度从容｜＝1，P｜态度急迫｜＝1。

（二）思维表述层面

在"既A又B"转折类复句中，A、B分句语义对立，思维表述不一致。思维表述不一致指A分句提出一种情况，B分句逆转表达相反条件，前后分句不贯通。例如：

（99）一个人怎么能既残忍又温柔呢？（黑洁明《炎女》）

（100）一阵激动让我既幸福又心酸。（莫怀戚《透支时代》）

例（99）和例（100）中A、B分句思维表述不一致。例（99）中A分句"一个人残忍"与B分句"一个人温柔"思维表述不一致，A分句评价一个人残忍是在说明"他"的缺点，B分句说明"他"的温柔是表明人物的优点，前后分句的缺点与优点是直接对立的不同方面，思维表述不一致。例（100）同理。

三 "既A又B"转折类复句的语用价值

在"既A又B"转折类复句中，语用价值分为传信功能和情态功能。其中，传信功能分为断言总结和表述传信，情态功能表达疑惑不解和焦灼矛盾的情感态度。

（一）传信功能

在"既 A 又 B"转折类复句中，传信语用价值分为两种情况：一是 A、B 分句对客观事实的断言总结；二是 A、B 分句表述转折关系，前后分句语义对立，突出对比前后焦点。

1. 断言总结

（101）你既清高，又随和，既泼辣，又温良。（王蒙《蝴蝶》）

（102）她既盼望着看夫人的日子到来，又生怕这个日子到来。（莫言《檀香刑》）

例（101）和例（102）中 A、B 分句断言总结了人物存在的矛盾特点。例（101）中 A 分句"清高"和 B 分句"随和"都是说话人根据"你"的行为表现所总结的性格特点。例（102）中 A 分句"她盼望着看夫人的日子到来"和 B 分句"她生怕这个日子到来"是说话人对"她"行为表现的断言总结。

2. 表述传信

（103）孩子们既惊叹爷爷的吹糖人手艺又对这样粗糙的工艺嗤之以鼻。

（104）激情澎湃的动员大会既让我斗志昂扬，又使我心情低落。

例（103）和例（104）中 A、B 分句语义对立，突出前后对比焦点。例（103）中 A 分句"惊叹爷爷的吹糖人手艺"与 B 分句"对这样粗糙的工艺嗤之以鼻"说明了"孩子们"与传统民间手艺的对立态度，前后分句的转折关系更加凸显了对比焦点 A、B。例（104）中 A 分句"让我斗志昂扬"和 B 分句"使我心情低落"是对比焦点，A、B 分句语义对立，形成转折类复句。

（二）情态功能

"既 A 又 B"转折类复句的情态语用价值主要分为两个方面：一

187

是人物对事件的疑惑不解；二是人物焦灼矛盾的心理。

1. 疑惑不解

（105）她给人一种既热情洋溢期盼，又置之不理的冷漠。（语料库在线）

（106）一个人怎么能既残忍又温柔呢？（黑洁明《炎女》）

例（105）和例（106）都表现了表述者对事件疑惑不解的情感。例（105）中表述者直接用 A 分句"热情洋溢期盼"与 B 分句"置之不理的冷漠"两个对立分句表明了自己对"她"这种情感矛盾的疑惑不解。例（106）中，首先，说话人用 A 分句"一个人残忍"与 B 分句"一个人温柔"说明了自己疑惑不解的地方；其次，使用反问词语"怎么"加强疑惑不解的语气。

2. 焦灼矛盾

（107）他大笑，既险恶又可爱。（王朔《玩儿的就是心跳》）

（108）一阵激动让我既幸福又心酸。（莫怀戚《透支时代》）

例（107）和例（108）表现了人物矛盾焦灼的情感态度。例（107）中 A 分句"他大笑显得险恶"与 B 分句"他大笑显得可爱"表现了人物极端矛盾的神态，在一般情况下，我们认为这个人险恶，那么他就不会可爱。例（108）中 A 分句"一阵激动让我幸福"与 B 分句"一阵激动让我心酸"表现了"我"焦灼的情感体验。

关于"既 A 又 B"并列类复句和"既 A 又 B"转折类复句，主要从语表形式、语里内容、语用价值三个方面进行了描写分析，"既 A 又 B"两个类型的复句既有相同点也有不同点。相同点是：在语表形式上，"既 A 又 B"并列类复句和"既 A 又 B"转折类复句的 A、B 分句在结构类型、主语情况、音节数目和位置互换上相同。在语里内容上，"既 A 又 B"并列类复句和"既 A 又 B"转折类复句在客观反映层面都为真，信赖程度可表示为：P｛A｝=1，P｛B｝=1；在语用价值上，"既 A 又 B"并列类复句和"既 A 又 B"转折类复句都具有断言和表述的传信功能。不同点是：在语表形式上，"既 A 又 B"转折类复句可以添加"但"类转折词。在语里内容上，"既 A 又 B"并列类复句 A、B 分句在主观信赖程度上为非制约，信赖程度可表示为：$P\{B/A\}=0.5$，思维表述具有一致性；"既 A 又 B"转折类复句的 A、B 分句在主观信赖程度上为逆向制约，信赖程度可表示为：$0 < P\{B/A\} < 0.5$，在思维表述上不一致。在语里内容上，"既 A 又 B"并列类复句表达坚定确信和劝解安慰的情感态度，"既 A 又 B"转折类复句表达疑惑不解和焦灼矛盾的内心情感。

第三章 跨因果、转折类复句：
"越 A 越 B"

"越 A 越 B"复句跨因果、转折类复句，本章分两节进行论述，第一节"越 A 越 B"因果类复句，第二节"越 A 越 B"转折类复句。对这两类复句都从语表形式、语里内容和语用价值三个方面展开分析。最后，对前面的两节进行简单比较。

第一节 "越 A 越 B"因果类复句

在"越 A 越 B"因果类复句中，关系词"越""越"连接的 A、B 分句具有因果语义关系。关于"越 A 越 B"因果类复句，本节主要从语表形式、语里内容、语用价值三个方面进行分析。在语表形式上，分析 A、B 分句的形式特征、主语情况。在语里内容上，从认知层面和思维表述两个方面进行描写。在语用价值上，分为传信功能和情态功能。

一 "越 A 越 B"因果类复句的语表形式

在"越 A 越 B"因果类复句中，在语表形式上主要从 A、B 的形式特征和主语情况两方面论述。A、B 的形式特征分为 A、B 的词语类型，A、B 对称情况。主语情况分为主语的位置，前后分句主语异同。

（一）A、B 的形式特征

在"越 A 越 B"因果类复句中，A、B 的结构类型都是谓词性语言单位，A、B 分句在一般情况下不对称。

190

1. A、B 词语类型

A、B 的词语类型都是谓词性语言单位，谓词性语言单位包括形容词和动词①。例如：

（109）越加强锻炼，身体越恢复得快。

（110）一切都说明敌人的统治越来越严，抗日活动越来越困难了。（雪克《战斗的青春》）

例（109）和例（110）中 A、B 分句的结构类型都是谓词性语言单位。例（109）A 分句"加强锻炼"中的"锻炼"与 B 分句"恢复得快"中的"恢复"都是动词，A、B 分句的关键成分都是谓词性成分。例（110）复句可简缩为：一切都说明敌人的统治越严，抗日活动越困难。A 分句中的"严"为形容词，B 分句中的"困难"也为形容词。A、B 分句都是谓词性语言单位。

2. A、B 对称情况

A、B 分句不对称，这种不对称是语法结构上的不对称。A、B 分句不对称可分为两种情况：一是 A 分句是宽泛意义上的时间或处所短语，B 分句不是；二是 B 分句可以出现结果补语短语，A 分句不可以出现②。例如：

（111）越到黎明时分，大娘的头疼病越厉害。（语料库在线）

（112）越挨着井底，水越清凉。（CCL 语料库）

例（111）和例（112）中 A、B 分句的结构都不对称。例（111）中 A 分句"到黎明时分"是表示宽泛意义的时间动词短语，B 分句"头疼病厉害"只是描述性的谓词单位，不表示时间，A、B 分

---

① 赵国军：《也谈"越 A 越 B"——从量范畴的角度看倚变关系》，《长江师范学院学报》2010 年第 3 期，第 40 页。

② 同上书，第 41 页。

句不对称。例（112）中 A 分句"挨着井底"是表示处所的动词短语，B 分句"水清凉"是主谓短语，A、B 分句不对称。

（113）二狗越骂，小花笑得越狂放。

（114）风雨越吹越冷，他们的脊背就靠得越紧。（雪克《战斗的青春》）

例（113）和例（114）中 A、B 结构也不对称。例（113）中 B 分句"笑得狂放"出现了结果补语"狂放"。但是，A 分句"骂"并没有说明骂得怎么样，A、B 结构不对称。例（114）同理。

（二）主语情况

在"越 A 越 B"因果类复句中，A、B 分句主语情况可分为主语异同、主语位置两种情况。在主语异同问题上，A、B 分句的主语在一般情况下不相同；关于主语位置，主语都放在关系词语的前面。

1. 主语异同

在"越 A 越 B"因果类复句中，A、B 分句的主语情况分为主语不同、主语相同。值得注意的是，A、B 分句在一般情况下主语不相同。在前后分句主语相同时，后分句主语多承前省略。例如：

（115）一切都说明敌人的统治越来越严，抗日活动越来越困难了。（雪克《战斗的青春》）

（116）风雨越吹越冷，他们的脊背就靠得越紧。（雪克《战斗的青春》）

（117）两人越说越意气相投，越觉精神焕发。（雪克《战斗的青春》）

例（115）和例（116）中 A、B 分句主语不同，例（117）中 A、B 分句主语相同。例（115）中 A 分句的主语是"敌人"，B 分句的主语是"抗日分子"，A、B 分句的主语不同。例（116）复句可简缩为：风雨吹得越冷，他们的脊背就靠得越紧。A 分句主语是"风雨"，

B 分句的主语是"他们的脊背",A、B 分句的主语明显不同。例
(117)复句可简缩为:两人说话越意气相投,就越觉精神焕发。A 分
句的主语是"两人",B 分句的主语也是"两人",且 B 分句的主语
承 A 分句省略。

2. 主语位置

在"越 A 越 B"因果类复句中,A、B 分句主语都放在关系词
"越"前面。A、B 分句都是说明主语的情况。例如:

(118)你越怕事,事越缠身。(李佩甫《羊的门》)
(119)光荣越说火气越大。(魏润身《挠攘》)

例(118)和例(119)中主语都位于关系词"越"的前面。例
(118)中 A 分句的主语"你"位于前关系词的前面,B 分句主语
"事"也位于后关系词"越"的前面,前后分句的主语都位于关系词
前面。例(119)同理。

二 "越 A 越 B"因果类复句的语里内容

在"越 A 越 B"因果类复句中,语里内容主要从认知层面和思维
表述两方面进行分析。认知层面,包括主观推测层面和客观反映层
面;在思维表述上,主要讨论 A、B 分句思维表述是否一致。

(一)认知层面

在"越 A 越 B"因果类复句中,在主观推测层面,A、B 分句为顺
向制约,信赖程度可表述为:$0.5 < P\{B/A\} < 1$。在客观反映层面,
A、B 分句具有一致性,都为真,信赖程度可表示为:$P\{B/A\} = 1$。

1. 主观推测层面:$0.5 < P\{B/A\} < 1$

在"越 A 越 B"因果类复句中,A、B 分句由关联词"越""越"
引导,构成因果关系。前后分句顺向制约,当 A 分句成立时,我们推
测 B 分句很可能成立或成立的可能性大,信赖程度可表示为:$0.5 < P\{B/A\} < 1$。例如:

193

（120）胡杏越铰得多，手势越精。（欧阳山《苦斗》）

（121）天越旱鸟越少。（莫言《蝗虫奇谈》）

例（120）中，A 分句"胡杏越铰得多"与 B 分句"手势越精"顺向制约，铰得越多熟练程度越好，自然手势会越精，我们依据 A 分句推测 B 分句很可能成立，信赖程度可表示为：0.5 < P {胡杏手势精/胡杏铰得多} < 1。例（121）中，天气干旱，庄稼植物长势会不好，鸟类的食物会变少，鸟的数量就会相应地减少。因此，A 分句"天越旱"与 B 分句"鸟越少"顺向制约，信赖程度可表示为：0.5 < P {鸟少/天旱} < 1。

2. 客观反映层面：P {B/A} = 1

在"越 A 越 B"因果类复句中，A、B 分句是说话者已经验证的因果或根据生活经验总结的结果，这两种情况的因果关系都是客观真实的，信赖程度可表示为：P {B/A} = 1。例如：

（122）（光荣在说让他生气的事）光荣越说火气越大。（魏润身《挠攘》）

（123）你越怕事，事越缠身。（李佩甫《羊的门》）

例（122）和例（123）在客观反映层面都为真。例（122）中 A 分句"光荣说话"是前提，B 分句"光荣火气变大"是在 A 分句基础上得出的结果，A、B 分句都是说话人已经验证的事实，都为真，信赖程度可表示为：P {光荣火气变大/光荣说话} = 1。例（123）中 A、B 分句的因果事理关系是说话人根据长期生活经验得出的，这里的因果事理关系必定成立，A 分句"你怕事"，但是事情也不会消失，事情总要解决，那么，B 分句"事情就会缠身"，信赖程度可表示为：P {事缠身/你怕事} = 1。

（二）思维表述层面

在"越 A 越 B"因果类复句中，A 分句可以是条件也可以是结果，B 分句可以是条件顺承结果也可以是解释原因。这里的原因和结果可以是前因后果的因果顺推，也可以是前果后因的解释说明。两种因果联系在思维表述上都是一致的。例如：

　　（124）职位越高的越好。（方方《白雾》）
　　（125）人越多，家庭聚会越热闹。

　　例（124）和例（125）都是"越 A 越 B"因果类复句，A、B 分句的思维表述具有一致性。在人们的常规思维习惯上例（124）中职位越高权力越大，理所当然，事情就越好办。由 A 分句的"职位高"可以自然联想到 B 分句的"事情好"。因此，A、B 分句的思维表述具有一致性。例（125）中，家庭聚会就是为了热闹、联络感情，只有在人多的情况下才会热闹，人少反而冷清。因此，提到家庭聚会热闹时自然会想到人多这样的必要条件，A、B 分句的思维表述具有一致性。

三 "越 A 越 B"因果类复句的语用价值

　　在"越 A 越 B"因果类复句中，语用价值分为传信功能和情态功能。传信功能包括释因说明和确定性推测。情态功能主要表达确定认可的情感态度。

　　（一）传信功能

　　"越 A 越 B"因果类复句中 A、B 分句的传信功能分为释因说明和确定推测两个方面。释因说明主要强调原因或结果的合理性。确定推测这样的因果句也可以是说话人根据生活经验做出的预见推测，不一定是客观存在。

　　1. 释因说明

　　在"越 A 越 B"因果类复句中，A、B 分句释因解说或结果说明，都是在强调原因和结果的合理性。这样的合理性或者是事实本该如此或者是由经验得出的。例如：

　　（126）风雨越吹越冷，他们的脊背就靠得越紧。（雪克《战

斗的青春》)

　　（127）火越旺，屋里越暖和。

　　例（126）和例（127）中 A、B 分句释因说明都是在强调原因和结果的合理性。例（126）中 B 分句的结果"他们的脊背靠得越紧"是 A 分句"风雨吹得冷"这样的条件下出现的合理结果。例（127）中 A 分句"火旺"屋里温度会升高，才会出现 B 分句的结果"屋里越暖和"。这样的结论是说话人根据长期生活经验得出的。

　　2. 确定推测

　　因果关系推测分为可能性推测和确定性推测，在"越 A 越 B"因果类复句中，A、B 分句为确定性因果推测。A、B 分句的因果关系是说话人根据自然规律或生活常识做出的确定性推测。例如：

　　（128）越是下雨天，路越不好走。

　　（129）天越旱鸟越少。（莫言《蝗虫奇谈》）

　　例（128）和例（129）中 B 分句都是在 A 分句的基础上得出的确定性推测。例（128）中 A 分句"下雨天"是现实的自然状况，B 分句"路不好走"是人们根据已有的生活经验得出的确定性推测。例（129）同理。

　　（二）情态功能

　　在"越 A 越 B"因果类复句中，A、B 分句表达认可同意和坚定确信的情感态度。认可同意是对前后分句因果关系合理性的承认，坚定确信是对必然出现结果的深信不疑。

　　1. 认可同意

　　在"越 A 越 B"因果类复句中，认可同意的情感态度主要是说话人对 A、B 分句因果顺承合理性的认可。例如：

　　（130）越向下游，参加进来的小河越多，河面越宽，河水越大。（冯德英《迎春花》）

196

（131）工人越多越卖力，建房的速度越快。

例（130）中 A 分句"参加进来的小河数量多了"是条件，出现结果 B 分句"河水变大"，说话人既是对这种因果关系合理性的确定，也是对"参加进来河流数量变多，河水变大"这一事实的认可。例（131）同理。

2. 坚定确信

在"越 A 越 B"因果类复句中，坚定确信的情感态度是说话人做出确定性推测的内心情感，这里的坚定是有客观依据的。例如：

（132）越挨着井底，水越清凉。

（133）天气越热，知了叫得越欢快。（语料库在线）

例（132）中，根据客观事实，我们知道，一定深度的地下温度比地表温度低。因此，挨着井底的水温比较低，B 分句的"水清凉"是根据 A 分句"挨着井底"这样的客观现实得出的结论，表达了说话人坚定确信的情感态度。例（133）同理。

第二节　"越 A 越 B"转折类复句

在"越 A 越 B"转折类复句中，A、B 分句语义对立，本节主要从语表形式、语里内容、语用价值三个方面展开分析。在语表形式上，具有 A、B 这样的形式特征，以及"但"类转折词。在语里内容上，分为认知层面、思维表述两个方面。在语用价值上，包括传信功能和情态功能。

一　"越 A 越 B"转折类复句的语表形式

"越 A 越 B"转折类复句和"越 A 越 B"因果类复句都属于"越……越……"复句句式。因此，在语表形式上这两个类型的复句存在相同点。在语表形式上，一方面，辨别"越 A 越 B"转折类复句和"越 A 越 B"因果类复句的相同点和不同点；另一方面，说明"但"类转折词的位置和"但"类转折词的搭配。

（一）A、B 的形式特征

在 A、B 的形式特征上，说明"越 A 越 B"转折类复句和"越 A 越 B"因果类复句的相同点和不同点。在相同点方面，"越 A 越 B"转折类复句和"越 A 越 B"因果类复句中 A、B 分句都是谓词性的语言单位，结构大都不对称。在不同点方面，"越 A 越 B"转折类复句中 A、B 分句可以是语义对立的词语或短语。

1. 相同点

"越 A 越 B"转折类复句和"越 A 越 B"因果类复句都属于"越……越……"复句句式，A、B 分句的形式特征具有相同点。在相同点方面，A、B 分句都是谓词性语言单位，包括形容词和动词。A、B 分句的主语基本不同，且各分句主语位于关系词"越"之前。例如：

（134）于是事情便越闹越大，局面也越来越严峻。（张平《十面埋伏》）

（135）他这人也怪！人家越冷淡他，他却越亲热。（徐绍武《媚居》）

例（134）和例（135）中，A、B 分句都是谓词性词语。例（134）是"越 A 越 B"因果类复句，复句可简缩为：于是事情越闹大，局面也越严峻。A 分句"闹大"和 B 分句"严峻"都是谓词性词语。前分句主语为"事情"，后分句主语为"局面"，前后分句主语都位于关系词"越"前面。例（135）是"越 A 越 B"转折类复句，A 分句"冷淡"和 B 分句"亲热"都是谓词性词语。前后分句主语都不同，且主语都位于关系词"越"之前。

2. 不同点

"越 A 越 B"转折类复句和"越 A 越 B"因果类复句的不同点在于：转折类复句中 A、B 分句可以是极端对立的词语或句子，表达对

立的感情色彩；在"越 A 越 B"因果类复句中，A、B 分句不会出现
对立词语。例如：

（136）一个人越丑越美，越臭越香。（杨绛《洗澡》）

（137）越是高兴，越要战战兢兢。（《长江日报》1992 年）

（138）天越旱鸟越少。（莫言《蝗虫奇谈》）

例（136）和例（137）是"越 A 越 B"转折类复句，A、B 分句
是极端对立词语，例（138）是"越 A 越 B"因果类复句，A、B 分
句不会出现极端对立词语。例（136）中 A 分句"丑"和 B 分句
"美"是极端对立词语，这里用极端对立词语表达当时社会上的一些
奇怪价值观。例（137）中 A 分句"高兴"和 B 分句"战战兢兢"
表达的感情色彩，一个是积极的，一个是消极的。在例（138）"越 A
越 B"因果类复句中，A 分句"天旱"和 B 分句"鸟少"都是说明
不如意状况，A、B 分句说明的情况是一致的。

（二）"但"类转折词

在"越 A 越 B"转折类复句中，A、B 分句语义对立，复句中可
添加"但"类转折词。其中，"但"类转折词可分为两种情况：一是
"但"类转折词的位置；二是"但"类转折词的搭配。在"越 A 越
B"转折类复句中，"但"类转折词都放在后关系词"越"之前。同
时，"但"类转折词可以单用也可以连用。

1. "但"类转折词的位置

在"越 A 越 B"转折类复句中，A、B 分句语义对立，后分句可
以添加"但"类转折词，"但"类转折词都放在后关系词"越"之
前。例如：

（139）a. 越是高兴，越要战战兢兢。（《长江日报》1992 年）

b. 越是高兴，反而越要战战兢兢。

（140）a. 日子越红火，他心里越感到不安。（语料库在线）

b. 日子越红火，他心里却越感到不安。

例（139）中，A 分句"高兴"与 B 分句"战战兢兢"语义对立，我们可以在后关系词"越"前添加转折词"反而"。例（140）中，A、B 分句具有转折关系，我们可以在后关系词"越"前添加转折词"却"。

2. "但"类转折词的搭配

在"越 A 越 B"转折类复句中，"但"类转折词搭配可分为两种情况：一是"但"类转折词的单用；二是"但"类转折词的连用。转折词在单用时，既可以是单音节转折词也可以是双音节转折词；转折词在连用时，多是双音节转折词和单音节转折词，双音节转折词在前，单音节转折词在后。例如：

（141）a. 他这人也怪！人家越冷淡他，他却越亲热。（徐绍武《孀居》）

b. 他这人也怪！人家越冷淡他，但是他却越亲热。

c. ＊他这人也怪！人家越冷淡他，却他但是越亲热。

（142）a. 日子越红火，他心里越感到不安。

b. 日子越红火，他心里反而越感到不安。

c. 日子越红火，然而他心里却越感到不安。

d. ＊日子越红火，却他心里然而越感到不安。

例（141）中，复句中出现了单用的转折词"却"，同时转折词也可以连用，连用的转折词第一个必须是双音节转折词，第二个必须是单音节转折词。例（142）中，我们既可以在后关联词"越"前单用转折词"反而"，也可以连用转折词"然而""却"。需要注意的是，在连用转折词时，只能双音节转折词在前，单音节转折词在后，否则复句不成立。

二　"越 A 越 B"转折类复句的语里内容

在"越 A 越 B"转折类复句中，对语里内容从认知层面和思维表述两个方面进行分析。在认知层面，A、B 分句在主观推测层面具有逆向制约关系和非制约关系；A、B 分句在客观反映层面具有一致性，都为真。在思维表述方面，"越 A 越 B"转折类复句中，A、B 分句思维表述不一致。

（一）认知层面

"越 A 越 B"转折类复句在认知层面包括主观推测和客观反映两个方面。在主观推测层面，A、B 分句分逆向制约和非制约两种关系。当 A、B 分句为逆向制约时，信赖程度可表示为：$0 < P\{B/A\} < 0.5$。当 A、B 分句为非制约关系时，信赖程度可表示为：$P\{B/A\} = 0.5$。在客观反映层面，A、B 分句具有一致性，前后分句都为真。

1. 主观推测层面：$0 < P\{B/A\} < 0.5$；$P\{B/A\} = 0.5$

在"越 A 越 B"转折类复句中，A、B 分句可以逆向制约也可以非制约。当 A、B 分句逆向制约时，我们根据 A 分句推测出 B 分句成立的可能性小，信赖程度可表示为：$0 < P\{B/A\} < 0.5$。当 A、B 分句非制约时，我们依据 A 分句无法推测出 B 分句成立的可能性大小，信赖程度可表示为：$P\{B/A\} = 0.5$。例如：

（143）一个人越丑越美，越臭越香。（杨绛《洗澡》）

（144）奇怪的是，差错出得越多，服务越差，收费却越多，效益越好。（《人民日报》1993 年）

（145）他愈是想睡，却愈是睡不着。（罗广斌、杨益言《红岩》）

以上三个例句都是"越 A 越 B"转折类复句，例（143）中 A、B 分句在主观推测层面为逆向制约，例（144）和例（145）中 A、B 分句在主观推测层面为非制约。例（143）是"文化大革命"时期人们对不合理批斗现象的一种评价："人越丑越美，越臭越香"，我们依据 A 分句"一个人丑"推测出 B 分句"这个人美"成立的可能性小，信赖程度可表示为：$0 < P\{一个人美/一个人丑\} < 0.5$。例（144）也是"越 A 越 B"转折类复句，这里 A、B 分句为非制约。我们依据 A 分句"服务差"无法推测出 B 分句"收费"的多少，信赖

程度可表示为：P｛收费多/服务差｝=0.5。例（145）同理。

2. 客观反映层面：P｛B/A｝=1

在"越 A 越 B"转折类复句中，A、B 分句都是客观存在的真实情况，前后分句都是说话人已经确认的客观现象。A、B 分句都为真，信赖程度可表示为：P｛B/A｝=1。例如：

（146）生意越兴隆，他越悲伤。

（147）他愈是想睡，却愈是睡不着。（罗广斌、杨益言《红岩》）

例（146）和例（147）中 A、B 分句在客观反映层面一致，都为真。例（146）中 A 分句"生意兴隆"与 B 分句"他悲伤"都是说话人已经确定客观事实后所产生的感受，A、B 分句都为真，信赖程度可表示为：P｛他悲伤/生意兴隆｝=1。例（147）中，文言关系词"愈"替换了关系词"越"，A、B 分句在客观反映层面也都为真。A 分句"他想睡"与 B 分句"他睡不着"都是动作发出者"他"已经出现的情况，信赖程度可表示为：P｛他睡不着/他想睡｝=1。

（二）思维表述层面

在"越 A 越 B"转折类复句中，B 分句与 A 分句语义对立，前后分句思维表述不一致。A、B 分句的思维不一致多表示：A 分句出现的动作行为与 B 分句随之出现的情感态度相互对立。例如：

（148）你小时候越野爸越高兴。（柳建伟《突出重围》）

（149）怎么，情况越来越危急，他反倒越来越精明、清醒。（杜鹏程《保卫延安》）

例（148）和例（149）都是"越 A 越 B"转折类复句，A、B 分句思维表述不一致。例（148）中，在一般情况下，孩子越野家长会越生气，感觉孩子不好管教。A 分句"你小时候越野"本来会令家长生气，但是 B 分句"爸越高兴"出现的情感态度与 A 分句形成强烈反差。这时，整个复句思维表述不一致。例（149）复句可以简缩为：情况越危急，他越精明、清醒。A 分句"危急"与 B 分句"清醒"是间接对立的形容词，"危急"表达慌乱的情绪特征，"清醒"表达镇定的情绪态度。因此，A、B 分句思维表述不一致。

三　"越 A 越 B"转折类复句的语用价值

在"越 A 越 B"转折类复句中，语用价值分为传信功能和情态功能。传信功能主要是释因说明和表述传信。情态功能表达质疑、意外的情感态度。

（一）传信功能

在"越 A 越 B"转折类复句中，传信语用价值可分为两个方面：一是释因说明，这里主要解释说明情况的怪异；二是表述传信，有的复句不加"但"类转折词，这时，隐含转折关系。出现"但"类转折词或加上"但"类转折词的"越 A 越 B"转折类复句，可以凸显转折关系，明确对比焦点。

1. 释因说明

（150）他这人也怪！人家越冷淡他，他却越亲热。（徐绍武《孀居》）

（151）奇怪的是，差错出得越多，服务越差，收费却越多，效益越好。（《人民日报》1993 年）

在例（150）和例（151）"越 A 越 B"转折类复句中，A、B 分句解释说明情况的怪异，在一般情况下，复句前面会出现表示奇怪的总结词语"奇怪的是"或者类似词语。例（150）中前面出现表示奇怪语气的小句"他这人也怪"，A 分句"人家冷淡他"与 B 分句"他对人家亲热"解释说明了怪异的行为。例（151）同理。

2. 表述传信

（152）一个人越丑越美，越臭越香。（杨绛《洗澡》）

（153）怎么，情况越来越危急，他反倒越来越精明、清醒。（杜鹏程《保卫延安》）

上面两个例句中 A、B 分句语义对立，凸显对比焦点。例（152）中 A 分句"人越丑"与 B 分句"人越美"语义对立，极端对立的反义词语"丑""美"和"臭""香"凸显对比焦点，说明 A、B 分句的转折关系。例（153）同理。

（二）情态功能

在"越 A 越 B"转折类复句中，情态语用价值分为质疑不解和意外惊讶两个方面。"越 A 越 B"转折类复句在表达质疑不解语用价值时可以出现或添加转折副词"反而"或语气副词"偏偏"等。"越 A 越 B"转折类复句在表达意外惊讶语用价值时，一般会出现"简直"或可以添加"反倒"等词语。例如：

1. 质疑不解

（154）a. 越是高兴，越要战战兢兢。（《长江日报》1992年）

b. 越是高兴，反而越要战战兢兢。

（155）越成功，他偏偏越谦虚谨慎，因为他相信物极必反。（语料库在线）

以上两个例句都表达了质疑不解的语用价值。例（154）中 A 分句"高兴"与 B 分句"战战兢兢"语义对立，本来"高兴"和"战战兢兢"就是两种极端对立的情绪，说话人认为，人们高兴时不会出现战战兢兢这样消极的情感。因此，说话者用对立鲜明的 A、B 分句表述了对这种现象的质疑不解。在例（155）"越 A 越 B"转折类复句中，语气副词"偏偏"的使用更加凸显说话人对极端情况的质疑不解。

2. 意外惊讶

（156）（医生用雪给冻伤的士兵搓双脚）这简直是越渴越吃

盐，越热越包棉。(曲波《林海雪原》)

（157）越是热闹，他越觉得无聊。(郁秀《花季雨季》)

例（156）和例（157）"越 A 越 B"转折类复句表达意外惊讶的语用价值。例（156）中战士对医生用雪给冻伤的士兵搓双脚的行为感到意外和惊讶，说话人配合使用语气副词"简直"加强了意外语气。例（157）中，在一般情况下，热闹会让人高兴，但是，行为发出者"他"在热闹的情况下感到无聊，这让说话者感到意外和惊讶。

关于"越 A 越 B"因果类复句和"越 A 越 B"转折类复句主要从语表形式、语里内容和语用价值三个方面进行了分析。"越 A 越 B"因果类复句和转折类复句既有相同点也有不同点。在相同点方面，在语表形式上，"越 A 越 B"因果类复句和"越 A 越 B"转折类复句中A、B分句都是谓词性词语，语法结构大都不对称。在语里内容上，"越 A 越 B"因果类复句和"越 A 越 B"转折类复句在客观反映层面都为真，信赖程度可表示为：$P\{B/A\}=1$。在不同点方面，在语表形式上，"越 A 越 B"转折类复句可添加"但"类转折词。"越 A 越 B"因果类复句不可添加"但"类转折词。在语里内容上，"越 A 越 B"因果类复句，在主观推测层面A、B分句为顺向制约，信赖程度可表示为：$0.5<P\{B/A\}<1$，思维表述一致；"越 A 越 B"转折类复句，在主观推测层面A、B分句为逆向制约和非制约，信赖程度可表示为：$0<P\{B/A\}<0.5$，$P\{B/A\}=1$，思维表述不一致。在语用价值上，"越 A 越 B"因果类复句强调因果合理性，"越 A 越 B"转折类复句强调A、B分句的对立性。"越 A 越 B"因果类复句表达确定、认可的情感态度，"越 A 越 B"转折类复句表达质疑、意外的情感态度。

第四章　跨并列、因果、转折类
复句："一 A 就 B"

　　"一 A 就 B"复句跨并列类复句、因果类复句和转折类复句。关于"一 A 就 B"跨类复句，我们主要从语表形式、语里内容、语用价值三个方面进行分析。在此分析基础上，简要比较"一 A 就 B"并列类、因果类、转折类复句的相同点和不同点。

第一节　"一 A 就 B"并列类复句

　　在"一 A 就 B"并列类复句中，在语表形式上，分为 A、B 的形式特征和关系词语的添加；在语里内容上，包括认知层面和思维表述两方面；在语用价值上，整个复句强调动作行为的连贯性，表达意外诧异的情感。

一　"一 A 就 B"并列类复句的语表形式

　　在"一 A 就 B"并列类复句中，语表形式分为 A、B 的形式特征和关系词语的添加。A、B 的形式特征包括词语类型和分句不可重复两方面；关系词语添加分为前项关系词语的添加和后项关系词语的添加。

　　（一）A、B 的形式特征

　　1. A、B 词语类型

　　A、B 分句都是谓词性语言单位，说明事件、人物的动作或情态变化。同时，B 分句常常出现或可以添加表示事件完成的"了"。例如：

（158）冯永祥一坐到卡座里，马上就微愠地质问了林宛芝："好久不见，连电话也不愿接的样子，大概把我给忘记了。"（周而复《上海的早晨》）

（159）我一坐下，这件紧身衬衫就从裤子里跑到上面来了。（语料库在线）

例（158）和例（159）都是"一 A 就 B"并列类复句。例（158）中 A 分句"坐到卡座里"和 B 分句"微愠地质问"都是谓词性语言单位，B 分句出现了表示完成的"了"。例（159）中 A 分句"坐下"与 B 分句"跑到上面来了"都是谓词性语言单位，B 分句出现完成标志"了"。

2. 分句不可重复

A、B 分句不能重复。在"一 A 就 B"并列类复句中，前后分句是单纯连贯关系，A、B 分句所表示的活动都是确指性和一次性的，因此前后分句不能重复①。例如：

（160）他一听就愕然站住了。（欧阳山《三家巷》）

（161）一听这话，金月波就走了。（刘流《烈火金钢》）

例（160）中 A 分句"听"和 B 分句"站住"都是"他"在特定时间、特定场合发生的特定动作，反映只出现了一次的事实，A、B 分句的动作是单纯的时间先后关系，不可重复。例（161）中 A 分句"听这话"和 B 分句"走了"是已经确定发生的，且只出现一次的事实，A、B 分句是单纯的先后关系，不可重复。

（二）关系词语添加

在"一 A 就 B"并列类复句中，关系词语的添加可分为前项关系词语的添加和后项关系词语的添加。前项关系词语可添加"刚""刚刚""从"等时间副词；后分句也可以添加"立即""马上""猝然"

---

① 邢福义：《汉语复句研究》，商务印书馆 2001 年版，第 520 页。

之类的副词。同时，后项关系词"就"可替换为"便"。

1. 前项关系词语的添加

在"一 A 就 B"并列类复句中，前分句可添加关系词"刚"，构成"刚一 A 就 B"并列类复句，也可添加"从"，构成"从一 A 就 B"并列类复句。"刚一 A 就 B"是时点强调并列类复句，"从一 A 就 B"是时段强调并列类复句。例如：

（162）a. 一咬饼子伤口就疼。（刘流《烈火金钢》）

b. 刚一咬饼子伤口就疼。

（163）a. 周围的骑士都对他投以冷漠的视线，这从他一进屋子开始就一直感觉了。（水野良《罗德岛战记》）

b. 周围的骑士都对他投以冷漠的视线，他从一进屋子开始就一直感觉了。

例（162）中前项关系词可添加"刚"，这里的"刚"强调的是时点，突出显示 B 分句"疼"的始发点为动作"咬"。例（163）中前项关系词可添加"从"，这里的"从"强调的是时段，说明进入屋子这个时段内"他"的感觉。

2. 后项关系词语的添加

后项关系词可添加"立即""马上""猝然"之类的副词，关系词"就"也可以替换为"便"。例如：

（164）a. 我们一看见这所房子，就把它选作以后的家了。（CCL 语料库）

b. 我们一看见这所房子，马上就把它选作以后的家了。

（165）a. 鼻子一卷，就扫掉了敌人！（吴强《红日》）

b. 鼻子一卷，立即就扫掉了敌人！

例（164）和例（165）都是"一 A 就 B"并列类复句，例（164）中后分句可以添加关系副词"马上"，突出 A 分句"看见"

与 B 分句"选作"两个动作的连贯性。例（165）中后分句添加了关系副词"立即"。

二　"一 A 就 B"并列类复句的语里内容

"一 A 就 B"并列类复句在主观推测层面，A、B 分句为非制约，在 A 成立的情况下，人们根据自己的经验和认识无法直接判断出 B 成立的可能性，信赖程度可表示为：$P\{B/A\}=0.5$。在客观反映层面，A、B 分句都为真，信赖程度可表示为：$P\{A\}=1$，$P\{B\}=1$。在思维表述上，A、B 分句前后贯通，具有一致性。

（一）认知层面

在"一 A 就 B"并列类复句中，认知层面包括主观推测层面和客观反映层面。在主观推测层面，A、B 分句为非制约。在客观反映层面，A、B 分句一致，都为真。

1. 主观推测层面：$P\{B/A\}=0.5$

在"一 A 就 B"并列类复句中，A、B 分句在主观推测层面为非制约，信赖程度可表示为：$P\{B/A\}=0.5$。例如：

（166）枪一落地，就响了，他就倒下了。（白桦《呦呦鹿鸣》）

（167）他一听就愕然站住了。（欧阳山《三家巷》）

例（166）和例（167）中 A、B 分句在主观推测层面为非制约。例（166）中 A 分句"枪落地"成立时，我们无法根据 A 分句直接判断 B 分句会不会"响"，A、B 分句为非制约，信赖程度可表示为：$P\{枪响/枪落地\}=0.5$。例（167）中 A、B 分句为非制约，A 分句"他一听"成立时，我们无法根据 A 分句判断 B 分句他会不会"站住"，信赖程度可表示为：$P\{他站住/他一听\}=0.5$。

2. 客观反映层面：$P\{A\}=1$，$P\{B\}=1$

在"一 A 就 B"并列类复句中，A、B 分句是平等并列、相继发生的动作。说话人在表述时，知道 A 已经发生并且 B 也随着发生，信赖程度可表示为：P｛A｝=1，P｛B｝=1。例如：

（168）我一坐下，这件紧身衬衫就从裤子里跑到上面来了。（语料库在线）

（169）我刚一转身，她就对着外婆哭了。（潘虹《潘虹独语》）

例（168）和例（169）中A、B分句在客观反映层面都为真。例（168）中A分句"坐下"和B分句"衬衫跑到上面来"是连贯发生的动作，说话人既发生"坐下"这个动作，也感受到了"衬衣跑上来"，信赖程度可表示为：P｛我坐下｝=1，P｛衬衣跑上来｝=1。例（169）也是连贯句，A分句"转身"和B分句"哭"是连贯发生的动作，并且这两个动作都是说话人已经证实的，信赖程度可表示为：P｛我转身｝=1，P｛她对着外婆哭｝=1。

（二）思维表述层面

在"一A就B"并列类复句中，A、B分句动作连贯，都是在表达同一个现象或行为发生后伴随出现的变化，前后分句话题相同，思维表述具有一致性。

（170）我们一看见这所房子，就把它选作以后的家了。（CCL语料库）

（171）它一起动，地雷就都炸了。（冯德英《苦菜花》）

例（170）和例（171）中A、B分句的思维表述都具有一致性。例（170）中A、B分句都是在表述有关"房子"的话题，A分句是"我们看见这所房子"，B分句是"我们把这所房子选作以后的家"，A、B分句连贯，思维表述具有一致性。例（171）中前后分句都是有关"它"的话题，B分句"地雷炸了"与A分句"它起动"贯连顺接，思维表述具有一致性。

三　"一 A 就 B"并列类复句的语用价值

"一 A 就 B"并列类复句的语用价值为强调分句连续性，表达意外诧异的情感态度。整个复句说明了分句的连续性，强调前后动作的紧随。意外诧异的情感态度表达说话人对前后分句动作变化之快的惊讶之情。

（一）强调连续性

在"一 A 就 B"并列类复句中 A、B 分句都是谓词性语言单位，关联词"一……就……"连接的前后分句强调动作行为的连续性。例如：

（172）一听这话，金月波就走了。（刘流《烈火金钢》）

（173）他一看，就收回了枪。（冯德英《迎春花》）

例（172）和例（173）中 A、B 分句都是谓词性语言单位，前分句的动作紧随后分句出现。例（172）中，A 分句"一听这话"就发生了连续动作"走了"，这里的连续性也说明了动作紧随发生，时间的短促。例（173）同理。

（二）意外诧异

"一 A 就 B"并列类复句的 A、B 分句是连贯的动作行为。整个复句表达了说话人对动作发生之快意外诧异的情感态度。例如：

（174）他一听就愕然站住了。（欧阳山《三家巷》）

（175）一听这话，金月波就走了。（刘流《烈火金钢》）

例（174）和例（175）中 A、B 分句都表达了说话人意外诧异的情感态度。例（174）中 A 分句"他一听"与 B 分句"他愕然站住"是紧随发生的动作，说话人使用这一句式表达了对"他站住"这一动作发生之快的意外诧异。例（175）同理。

第二节　"一A就B"因果类复句

"一A就B"因果类复句在语表形式上，一方面，A、B分句都是谓词性语言单位且分句大多数情况下可重复；另一方面，前项可添加"只要""这么"等关系词，后项可添加"会""要""能"等助动词。在语里内容上，A、B分句在主观推测层面顺向制约，在客观反映层面具有一致性，都为真；另外，A、B分句思维表述具有一致性。在语用价值上，整个复句强调A、B分句的条件性，表达契合的情感态度。

一　"一A就B"因果类复句的语表形式

"一A就B"因果类复句的语表形式分为A、B的形式特征和关系词语的添加。A、B的形式特征包括词语类型和分句可重复两个方面；关系词语添加分为前关系词语的添加和后关系词语的添加。

（一）A、B的形式特征

A、B的形式特征包括A、B分句的词语类型和A、B分句的重复。A、B分句的词语类型都是谓词性语言单位，同时，A、B分句可以重复。

1. A、B词语类型

"一A就B"因果类复句的A、B分句的语义关系包括假设关系、条件关系和因果关系。在两个关系类型中，A、B分句都是谓词性语言单位，B分句里面常常出现结果补语，说明情况变化的程度或动作变化的趋向。例如：

（176）如果一揭露，那就什么都完了。（雪克《战斗的青春》）

（177）你一对我好，我就答应嫁给你。（《艾泽拉斯国家地理论坛》）

（178）我这么一说，他就安心了。（姚雪垠《李自成》第二卷）

　　例（176）、例（177）和例（178）都是"一A就B"因果类复句，例（176）中A、B分句是假设关系，例（177）中A、B分句是条件关系，例（178）中A、B分句是因果关系，这三种关系类型的A、B分句都是谓词性语言单位。例（176）中A分句"揭露"是假设条件，B分句"事情完了"是结果，A、B分句都是谓词性语言单位。例（177）中，A分句"对我好"是条件，B分句"答应嫁给你"是结果，A、B分句都是谓词性语言单位。例（178）中A分句"我一说"是原因，B分句"他就安心了"是结果，这里的"说"和"安心"都是谓词性语言单位。

　　2. 分句可重复

　　在"一A就B"因果类复句中，假设关系和条件关系的A、B分句所表示的活动都是非确指性的和非一次性的[1]。因此，假设关系和条件关系的A、B分句可重复。假设关系和条件关系可分为假言预测与据实总结。前后分句的可重复说明这两种因果关系所描述的情况暗含规律性。例如：

　　（179）a. 我们只要一整容，高富帅的小伙子自然就会被吸引过来。（语料库在线）

　　b. 我们只要一整容，高富帅的小伙子自然就会被吸引过来。只要一整容，高富帅的小伙子自然就会被吸引过来。

　　（180）a. 他的烟卷盒儿，只要一掏出来，便绕着圈儿递给大家。（老舍《骆驼祥子》）

　　b. 他的烟卷盒儿，只要一掏出来，便绕着圈儿递给大家，只要一掏出来，便绕着圈儿递给大家。

　　上面两个例句是"一A就B"假设因果复句和"一A就B"条件因果复句，A、B分句可重复。例（179）中A、B分句是假言预测，A分句"整容"还没出现，是假设情况，B分句"高富帅的小伙子被

---

　　① 邢福义：《汉语复句研究》，商务印书馆2001年版，第521页。

吸引过来"是预测结果。A、B 分句都是不确指、非一次性的。因此，A、B 分句可重复。例（180）中 A、B 分句是据实总结，A、B 分句之间的联系是多次出现的。A 分句"只要掏出来"是出现条件，B 分句"递给大家"是结果，A、B 分句可重复。A、B 分句的可重复特征也说明前后分句暗含规律性。

值得注意的是，在明显具有因果关系的"一 A 就 B"因果类复句中，A、B 分句一般不重复。例如：

（181）王老太一描述那个盗贼的外貌，所有民警就彻底明白了。

（182）金生媳妇听玉梅这么一说也就停住了。（赵树理《三里湾》）

例（181）和例（182）中 A、B 分句是明显因果关系。这里 A、B 分句都是确指的，A 分句对 B 分句具有使成性。例（181）中 A 分句"描述盗贼的外貌"明确指出是"王老太"发出的动作，B 分句"民警彻底明白"是一次性结果，A 分句原因导致 B 分句结果的出现。例（182）同理。

（二）关系词语添加

在"一 A 就 B"因果类复句中，关系词语的添加分为前项关系词语的添加和后项关系词语的添加。前项关系词可添加"只要""这么"；后项关系词语可添加"会""能"等助动词。

1. 前项关系词语的添加

A、B 分句表示假设关系和条件关系时，前项关系词语可添加"只要"；A、B 分句是明显因果关系时，前项关系词语可添加"这么"。例如：

（183）只要你一出马，事情就会立马得到解决。

（184）a. 一没钱，他就印钞票。（皮皮《比如女人》）

b. 只要一没钱，他就印钞票。

（185）a. 我这么一说，他就安心了。（姚雪垠《李自成》第二卷）

b. 只要我这么一说，（结果）他就安心了。

例（183）中A、B分句是假设关系，A分句"你出马"是还没发生的情况，B分句"事情就会解决"是推测的结果，前分句出现的"只要"突出假设情况对结果的重要性。例（184）中A、B分句是条件关系，A分句"一没钱"是条件，B分句"他就印钞票"是结果。这里我们可以添加前项关系词"只要"，强调A分句条件"没钱"出现，B分句结果"他印钞票"必然会发生。例（185）中A、B分句是因果关系，可以在前分句添加"只要"，A分句"这么一说"是原因，会出现结果B分句"他就安心"。

2. 后项关系词语的添加

后项关系词语"就"后面常出现"会""要""能"等助动词，也可以在原句的基础上添加这些词语①。例如：

（186）我发工资是有条件的，只要你一跪下，我立马就会发工资给民工。

（187）a. 我刚当兵的时候，一听说打仗，就紧张得连觉也睡不着。（顾笑言《洪峰通过峡谷》）

b. 我刚当兵的时候，一听说打仗，就会紧张得连觉也睡不着。

例（186）和例（187）都是"一A就B"因果类复句。例（186）后分句出现了助动词"会"。例（187）中，可以在后分句添加助动词"会"。

二　"一A就B"因果类复句的语里内容

"一A就B"因果类复句的A、B分句构成关系包括假设关系、

---

① 邢福义：《汉语复句研究》，商务印书馆2001年版，第522页。

条件关系和因果关系。"一 A 就 B"因果类复句的语里内容分为认知层面和思维表述层面。在认知层面，三种因果关系的 A、B 分句在主观推测层面都是顺向制约的；在客观反映层面，假设关系、条件关系的 A、B 分句具有一致性，都为真；明显因果关系的 A、B 分句也都为真。在思维表述上，假设关系、条件关系和因果关系的 A、B 分句都具有一致性。

（一）认知层面

"一 A 就 B"因果类复句在主观推测层面 A、B 分句为顺向制约，当 A 分句成立时，我们依据 A 分句推测出 B 分句成立的可能性大，信赖程度可表示为：$0.5 < P\{B/A\} < 1$。在客观反映层面，假设关系和条件关系的 A、B 分句都为真，信赖程度可表示为：$P\{B/A\} = 1$；因果关系的 A、B 分句也都为真，信赖程度可表示为：$P\{A\} = 1$，$P\{B\} = 1$。

1. 主观推测层面：$0.5 < P\{B/A\} < 1$

在"一 A 就 B"因果类复句中，A、B 分句在主观推测层面为顺向制约，在 A 分句成立的情况下，我们依据 A 分句推测出 B 分句成立的可能性大，信赖程度可表示为：$0.5 < P\{B/A\} < 1$。例如：

（188）金生媳妇听玉梅这么一说也就停住了。（赵树理《三里湾》）

（189）我发工资是有条件的，只要你一跪下，我立马就会发工资给民工。

例（188）和例（189）中 A、B 分句在主观推测层面都是顺向制约的。例（188）中 A 分句在"金生媳妇听到玉梅解释"的情况下，B 分句出现"金生媳妇停住"这样的结果。在主观推测层面，只有听到玉梅解释，在解除疑惑后，她停住的可能性大，信赖程度可表示为：$0.5 < P\{$金生媳妇停住了/金生媳妇听到解释$\} < 1$。例（189）同理。

2. 客观反映层面：$P\{B/A\} = 1$；$P\{A\} = 1$，$P\{B\} = 1$

"一 A 就 B"因果类复句的 A、B 分句的构成关系包括假设关系、条件关系和因果关系①。A、B 分句是假设关系和条件关系时，客观反映层面都为真，信赖程度可表示为：P $\{$B/A$\}$ = 1。A、B 分句是因果关系时，客观反映也都为真，信赖程度可表示为：P $\{$A$\}$ = 1，P $\{$B$\}$ = 1。例如：

（190）如果一揭露，那就什么都完了。（雪克《战斗的青春》）

（191）只要你一出马，事情就会立马得到解决。

（192）（选举领导时，有人把元老说成样品，我发表意见说："没有元老们，建会能成为中国人民政治协商会议的一个发起单位吗？你们不要数典忘祖"）。给我这么一说，有些人就不好啃声了。（周而复《上海的早晨》）

例（190）中 A、B 分句是假设关系，例（191）中 A、B 分句是条件关系，信赖程度可表示为：P $\{$B/A$\}$ = 1；例（192）中 A、B 分句是因果关系，信赖程度可表示为：P $\{$A$\}$ = 1，P $\{$B$\}$ = 1。例（190）和例（191）中，B 分句都是在 A 分句的基础上出现的结果，A 分句为真，B 分句同样也为真。例（190）中坏事情被揭露什么都会完，这是不争的事实，但是 B 分句的"什么都完了"成为事实是在 A 分句"事情被揭露"后出现的。因此，信赖程度可表示为：P $\{$什么都完了/事情被揭露$\}$ = 1。例（191）同理。例（192）中 A 分句"我这么一说"这个客观现实情况一发生，B 分句"有些人不好啃声"反映的客观现实情况也随着发生了，即 A 分句成立时，B 分句也同时成立，信赖程度表示为：P $\{$给我一说$\}$ = 1，P $\{$有些人不好啃声了$\}$ = 1。

（二）思维表述层面

在"一 A 就 B"因果类复句中，不管 A、B 分句是假设关系、条件关系还是因果关系，前后分句的思维表述都具有一致性。例如：

---

① 邢福义：《汉语复句研究》，商务印书馆 2001 年版，第 39 页。

　　（193）只要你一出马，事情就会立马得到解决。

　　（194）一听交响乐耳朵就疼。（苏童《井中男孩》）

　　例（193）出现 A 分句"你出马"我们自然会联想到出马会产生什么结果或影响，B 分句"事情立马得到解决"也紧接着说明了"出马"后所带来的结果。因此，A、B 分句的思维表述具有一致性。例（194）同理。

三　"一 A 就 B"因果类复句的语用价值

"一 A 就 B"因果类复句的语用价值包括强调分句间的条件性，表达契合神态。强调条件性是说前一动作行为是后一动作行为的条件；契合神态主要表达说话人对规律性事件的坚定确信态度。

（一）强调条件性

　　在"一 A 就 B"因果类复句中，不管是假设关系、条件关系还是因果关系，B 分句结果的出现以 A 分句为基础，"一……就……"复句句式所连接的 A、B 分句强调前一动作行为是后一动作行为的条件，语用上凸显条件的重要性。例如：

　　（195）我这么一说，他就安心了。（姚雪垠《李自成》第二卷）

　　（196）天气一变，保安张大爷就穿上了厚厚的大棉袄。

　　例（195）和例（196）都是"一 A 就 B"因果类复句，B 分句结果的出现以 A 分句为基础，强调前一动作行为是后一动作行为的条件。例（195）中 B 分句"安心"这一结果的出现以 A 分句"我这么一说"为条件。例（196）同理。

（二）契合情态

　　在"一 A 就 B"因果类复句中 A、B 分句可以是假设推测或据实总结，这两种关系都带有规律性，说话者在事件未发生的情况下得出结论以印证实际结果，这里的契合情态反映了说话者坚定确信的态度。例如：

（197）看我说得对吧！他一开门就去院子玩弄那只哈巴狗。

（198）小孩就是这样，一摔倒就趴地上痛哭。

例（197）和例（198）中 A、B 分句反映了说话人坚定确信的契合情态。例（197）中说话人"我"在"他"没出来之前就已经确信 B 分句"他会到院子玩弄那只哈巴狗"。例（198）同理。

第三节　"一 A 就 B"转折类复句

"一 A 就 B"转折类复句在语表形式上，A、B 分句都是谓词性语言单位，分句重复可分为两种情况：分句可重复和分句不可重复；在有"但"类转折词的复句中，后分句可出现或添加转折副词"却"。同时，"但"类转折词可单用也可连用。在语里内容上，A、B 分句在主观推测层面为逆向制约，在客观反映层面 A、B 分句都为真；在思维表述层面，A、B 分句表述不一致。在语用价值上，强调 A、B 分句具有对立性，表达疑惑不解的情感态度。

一　"一 A 就 B"转折类复句的语表形式

"一 A 就 B"转折类复句的语表形式包括 A、B 的形式特征和"但"类转折词。A、B 的形式特征分为 A、B 的词语类型和分句重复。"但"类转折词分为"但"类转折词的位置、"但"类转折词的搭配。

（一）A、B 的形式特征

A、B 的形式特征分为 A、B 的词语类型和分句重复。"一 A 就 B"转折类复句和"一 A 就 B"并列类复句、因果类复句都是"一……就……"复句句式。三种类型的复句在语表形式上存在相同点，A、B 分句都是谓词性语言单位。同时，"一 A 就 B"转折类复句和"一 A 就 B"并列类复句、因果类复句也存在不同点，"一 A 就 B"转折类复句中，A、B 的构成关系包括一次性转折和规律性转折①。在分句重复上，一次性转折 A、B 分句不可重复，规律性转折 A、B 分句可重复。

1. A、B 词语类型

"一 A 就 B"转折类复句中 A、B 分句的词语类型和前面讨论的并列类复句、因果类复句一样，都是谓词性语言单位。谓词性语言单位可以是单个动词也可以是动词短语和形容词。例如：

（199）夫妻俩一拿到结婚证，妻子小王就坐到地上痛哭起来。（语料库在线）

（200）奶奶一痛哭，宝宝就呵呵大乐。

例（199）和例（200）中 A、B 分句都是谓词性语言单位。例（199）中 A 分句"拿到结婚证"是动宾短语，B 分句"坐到地上痛哭"是状中结构，A、B 分句都是谓词性语言单位。例（200）同理。

2. A、B 重复情况

A、B 分句重复分为可重复和不可重复。当 A、B 分句是一次性转折关系时，分句不可重复。当 A、B 分句是规律性转折关系时，分句可重复。例如：

（201）a. 她这么一闹，考官竟然就答应她了。（CCL 语料库）

b. ＊她这么一闹，考官竟然就答应她了。她这么一闹，考官竟然就答应她了。

（202）a. 没见过他这样的人。一吃补药，他就生病。

b. 没见过他这样的人。一吃补药，他就生病。一吃补药，他就生病。

---

① 李向阳：《"一 A 就 B"句的认知层面探究》，《绥化学院学报》2014 年第 12 期，第 57 页。

例（201）中 A、B 分句是一次性转折关系，这里的一次性是特指的、确定的。A 分句"她闹"是在特定的考试情况下闹的，B 分句考官"答应"也是确定的。因此，A、B 分句的特指和确定情况不可重复。例（202）中 A、B 分句是规律性转折，A 分句"他吃补药"就会出现意外逆转，B 分句"他生病"，A、B 分句的情况是多次发生的事实。因此，A、B 分句的规律事件可重复。

（二）"但"类转折词

在"一 A 就 B"转折类复句中，"但"类转折副词"却"一般加在后分句中。添加转折副词"却"时，后项关系词"就"不出现。同时，在后分句出现主语时，我们可以在主语前后连用转折词。

1. "但"类转折词的位置

"但"类转折副词"却"添加或出现在"一 A 就 B"转折类复句后分句中。添加或出现转折副词"却"时，后项关系词语"就"不出现。例如：

（203）a. 夫妻俩一拿到结婚证，妻子小王就坐到地上痛哭起来。（语料库在线）

b. 夫妻俩一拿到结婚证，妻子小王却坐到地上痛哭起来。

（204）a. 一看见笑脸，门卫老张就生气了。

b. 一看见笑脸，门卫老张却生气了。

例（203）和例（204）中后分句都添加了转折副词"却"。例（203）中 A 分句"拿到结婚证"与 B 分句"坐到地上痛哭"关系对立，可以在后分句添加转折副词"却"，在添加转折副词"却"后，后项关系词语"就"不出现。例（204）同理。

2. "但"类转折词的搭配

"但"类转折词在后分句中既可单用也可连用。单用时，单音节转折副词"却"添加在后分句中。连用时，双音节转折词和单音节转折词可放在主语前后。例如：

（205）a. 邻居王大妈在胡同口跟各位不常出门的奶奶们大声说道：一些商场一开业，衣服就甩卖。

b. 邻居王大妈在胡同口跟各位不常出门的奶奶们大声说道：一些商场一开业，但是衣服却甩卖。

上面我们已经讨论过单用的转折词"却"，这里主要分析转折词连用的情况。例（205）是转折词连用的复句，A分句"商场开业"与"商场衣服甩卖"语义对立，构成转折关系，我们可以在后分句主语"衣服"前后连用双音节转折词"但是"和单音节转折词"却"。

二　"一A就B"转折类复句的语里内容

"一A就B"转折类复句在主观推测层面，A、B分句逆向制约，当A分句成立时，我们依据A分句推测出B分句发生的可能性小或根本不可能发生，信赖程度可表示为：$0 < P\{B/A\} < 0.5$。在客观反映层面，一次性转折和规律性转折A、B分句都为真，一次性转折，其信赖程度可表示为：$P\{A\} = 1$，$P\{B\} = 1$；规律性转折，其信赖程度可表示为：$P\{B/A\} = 1$。在思维表述上，A、B分句表述不一致。

（一）认知层面

在"一A就B"转折类复句中A、B分句一次性转折和规律性转折的主观信赖程度都是：$0 < P\{B/A\} < 0.5$；在客观反映层面，A、B分句一次性转折的信赖程度可表示为：$P\{A\} = 1$，$P\{B\} = 1$，A、B分句规律性转折的信赖程度可表示为：$P\{B/A\} = 1$。

1. 主观推测层面：$0 < P\{B/A\} < 0.5$

在"一A就B"转折类复句中，A、B分句在主观推测层面为逆向制约，A分句成立时，我们依据A分句推测B分句成立的可能性小或不可能成立，信赖程度可表示为：$0 < P\{B/A\} < 0.5$。例如：

（206）有些店，一开张就大甩卖，没错，他们吃的就是这碗

饭。(《河南商报》)

(207) 爸爸一甩脸子，妹妹就高高兴兴地上学去了。(语料库在线)

例 (206) 和例 (207) 中 A、B 分句在主观推测层面都是逆向制约的。例 (206) 中 A 分句"店一开张"成立时，我们依据 A 分句推测店里的衣服甩卖的可能性小或根本不可能甩卖，但是 B 分句却说"衣服大甩卖"，A、B 分句为逆向制约，信赖程度可表示为：$0 < P\{衣服甩卖/店开张\} < 0.5$。例 (207) 中 A 分句"爸爸甩脸子"时，我们主观推测妹妹会吓得害怕，但是 B 分句却说"妹妹高高兴兴地上学去了"，A、B 分句为逆向制约，信赖程度可表示为：$0 < P\{妹妹高高兴兴地去上学/爸爸甩脸子\} < 0.5$。

2. 客观反映层面：$P\{A\}=1$，$P\{B\}=1$；$P\{B/A\}=1$

在"一 A 就 B"转折类复句中，A、B 分句的关系分为一次性转折和规律性转折。A、B 分句是一次性转折时，信赖程度可表示为：$P\{A\}=1$，$P\{B\}=1$。A、B 分句是规律性转折时，信赖程度可表示为：$P\{B/A\}=1$。例如：

(208) 爸爸一甩脸子，妹妹就高高兴兴地上学去了。(语料库在线)

(209) 奶奶一痛哭，宝宝就呵呵大乐。

例 (208) 中 A、B 分句是一次性转折，前后分句反映的都是客观已然现象，说话人在表达时已经知道：爸爸甩脸子了，并且妹妹也高高兴兴地去上学了，信赖程度可表示为：$P\{爸爸甩脸子\}=1$，$P\{妹妹高高兴兴地去上学\}=1$。例 (209) 中 A 分句与 B 分句发生的联系已经多次重复，形成规律。A 分句一旦成立，B 分句就会发生。A 分句"奶奶痛哭"一发生，B 分句"宝宝就呵呵大乐"也会出现，两个分句都是说话人已经多次证实的客观真实情况，信赖程度可表示为：$P\{宝宝呵呵大乐/奶奶痛哭\}=1$。

（二）思维表述层面

在"一 A 就 B"转折类复句中，A、B 分句语义对立、思维表述不一致。A 分句提出现实情况或条件，B 分句出现与 A 分句截然相反的事实。例如：

（210）一看见笑脸，门卫老张就生气了。

（211）没见过他这样的人。一吃补药，他就生病。

上面两个例句思维表述都不一致。例（210）中 A 分句"门卫老张看见了笑脸"，B 分句"门卫老张生气了"。既然"门卫老张看见了别人对他友好地笑"，那他最起码应该礼貌性地回应别人。但是，意外地出现了 B 分句的逆转结果"他生气了"。因此，前后分句思维表述不一致。例（211）同理。

三 "一 A 就 B"转折类复句的语用价值

"一 A 就 B"转折类复句的语用价值分为强调前后分句的对立性，说明 A、B 分句的逆转情态。前后分句的对立性指 A 分句与 B 分句语义对立；逆转情态主要表达疑惑不解的情感态度。

（一）强调对立性

在"一 A 就 B"转折类复句中，A、B 分句的构成关系不管是一次性转折还是规律性转折，都强调前后分句的语义对立。例如：

（212）南方的孩子一看见飘落的雪花，就脱下衣服站到校园里去了。（语料库在线）

（213）没见过他这样的人。一吃补药，他就生病。

例（212）和例（213）都强调 A、B 分句的对立性。例（212）中 A、B 分句是一次性转折关系，A 分句"南方孩子看见飘落的雪花"，发生了 B 分句"脱下衣服站到校园里去了"这样的行为，前后分句极端对立。例（213）中 A、B 分句是规律性转折关系，A 分句

"吃补药"后就会出现 B 分句"生病"这样的极端结果。

（二）逆转情态

在"一 A 就 B"转折类复句中，说话人用 A、B 分句说明对立情况。同时，前后分句的对立转折表达了说话人疑惑不解的情感态度。例如：

（214）丁丁一尿裤子，就站在门口拍手叫好。（CCL 语料库）

（215）奶奶一痛哭，宝宝就呵呵大乐。

例（214）和例（215）中 A、B 分句都表达了疑惑不解的逆转情态。例（214）中本来小孩尿裤子会感到害羞或难受，但是丁丁却会拍手叫好。说话人用 A 分句"丁丁尿裤子"与 B 分句"站在门口拍手叫好"这样对立的句子，表达了自己对小孩出现这样反常情况的疑惑不解。例（215）同理。

"一 A 就 B"复句跨并列类复句、因果类复句和转折类复句，上面已经对这三个类型的复句进行了详细分析，这里从相同点和不同点两方面对"一 A 就 B"复句进行简要对比。在相同点方面，在语表形式上，"一 A 就 B"并列类复句、因果类复句和转折类复句中 A、B 分句都是谓词性语言单位。在语里内容上，三个类型复句中 A、B 分句在客观反映层面都为真。在不同点方面，在语表形式上，"一 A 就 B"并列类复句中 A、B 分句不可重复。"一 A 就 B"因果类复句中 A、B 分句可重复。"一 A 就 B"转折类复句中 A、B 分句重复分为两种情况：A、B 分句可重复，A、B 分句不可重复。在语里内容上，"一 A 就 B"并列类复句中 A、B 分句在主观推测层面为非制约，"一 A 就 B"因果类复句中 A、B 分句在主观推测层面为顺向制约，"一 A 就 B"转折类复句中 A、B 分句在主观推测层面为逆向制约。"一 A 就 B"并列类复句和"一 A 就 B"因果类复句中 A、B 分句思维表述一致，"一 A 就 B"转折类复句中 A、B 分句思维表述不一致。在语用价值上，"一 A 就 B"并列类复句中 A、B 分句强调连续性，表达诧异意外的情态，"一 A 就 B"因果类复句中 A、B 分句强调条件性，表达坚定确信的契合情态，"一 A 就 B"转折类复句中 A、B 分句强调对立性，表达疑惑不解的逆转情态。

结　语

　　本编基于邢福义的"复句三分系统"理论和丁力的《复句三分系统分类的心理依据》展开分析。首先说明了现代汉语复句的研究现状；其次，具体分析了跨类复句并对跨类复句进行归类。针对现代汉语复句跨类现象，本编重新对具体的复句句式进行了分析，发现 11 个跨类复句句式："……于是……""……从而……""既……又……""既……也……""一方面……另一方面……""一面……一面……""越……越……""万一……（就/也）……""一……就……""如果……就……""不但……而且……"根据复句跨类类别，本编将现代汉语跨类复句分为四类，从语表形式、语里内容、语用价值三个方面对四种跨类复句进行了深入分析。

　　在语表形式上，从 A、B 的形式特征，关系词语的添加、替换，主语情况，A、B 分句的移位几个方面分析了跨类复句的外在形式特征。

　　在语里内容上，对 A、B 分句进行主观推测层面和客观反映层面的信赖程度考察。同时，分析 A、B 分句思维表述是否具有一致性。

　　在语用价值上，分析 A、B 分句的传信功能和情态功能。

一　跨并列、因果类复句："A 于是 B"

　　"A 于是 B"并列类复句和因果类复句，在语表形式、语里内容、语用价值上具有如下特点。

　　（一）语表形式

　　"A 于是 B"并列类复句中 A、B 分句动词多为动作动词或短语，动作行为存在时间顺序性，A、B 分句位置不可换。关系词"于是"

基本单用，也可以和"起先""然后"等时间副词关联使用。"A 于是 B"因果类复句中 A 分句动词多是内心变化的心理动词，B 分句可以是心理变化的结果，也可以是事件变化的结果。A、B 分句是纯因果关系时，前后分句位置可互换；A、B 分句隐含时间顺序性时，前后分句位置不可互换。关系词"于是"基本单用，也可以和"因为""既然"连词配合使用。在语表形式上，"A 于是 B"并列类复句和因果类复句的主要区别为关系词语的搭配和 A、B 分句位置的互换。

（二）语里内容

"A 于是 B"并列类复句中 A、B 分句在主观推测层面为非制约，信赖程度可表示为：$P\{B/A\}=0.5$；A、B 分句在客观反映层面都为真，信赖程度可表示为：$P\{A\}=1$，$P\{B\}=1$。同时，A、B 分句思维表述具有一致性。"A 于是 B"因果类复句中 A、B 分句在主观推测层面为顺向制约，信赖程度可表示为：$0.5<P\{B/A\}<1$；A、B 分句在客观反映层面都为真，信赖程度可表示为：$P\{A\}=1$，$P\{B\}=1$。同时，A、B 分句思维表述具有一致性。在语里内容上，"A 于是 B"两个类型复句的不同之处主要表现在主观推测层面。

（三）语用价值

"A 于是 B"并列类复句中 A、B 分句强调动作行为的单纯连贯性，表达客观叙述的中立情感。"A 于是 B"因果类复句陈述 A、B 分句的因果关系，表达无奈、气愤的消极情感。

二 跨并列、转折类复句："既 A 又 B"

"既 A 又 B"复句跨并列类复句和转折类复句。两个类型的复句在语表形式、语里内容、语用价值上具有如下特点。

（一）语表形式

"既 A 又 B"并列类复句中 A、B 分句结构以平衡对称为主，前后分句为述宾短语和形容词，且音节数目相同或相似。A、B 分句为并列关系时，前后分句位置可互换；A、B 分句隐含递进关系时，前后分句位置不可互换。"既 A 又 B"转折类复句中 A、B 分句结构以平衡对称为主，前后分句为述宾短语和形容词，且音节数目相同或相似。前后分句存在语义对立关系，可以在复句中添加"但"类转折词。"但"类转折词可以单用也可以连用。在语表形式上，"既 A 又 B"并列类复句和转折类复句的主要区别在于"但"类转折词的添加。

（二）语里内容

"既 A 又 B"并列类复句中 A、B 分句在主观推测层面为非制约，信赖程度可表示为：P｛B/A｝=0.5；A、B 分句在客观反映层面都为真，信赖程度可表示为：P｛A｝=1，P｛B｝=1。同时，A、B 分句思维表述具有一致性。"既 A 又 B"转折类复句中 A、B 分句在主观推测层面为逆向制约，信赖程度可表示为：0＜P｛B/A｝＜0.5；A、B 分句在客观反映层面都为真，信赖程度可表示为：P｛A｝=1，P｛B｝=1。同时，A、B 分句思维表述也具有一致性。在语里内容上，"既 A 又 B"两个类型的复句主要区别在于主观推测层面。

（三）语用价值

"既 A 又 B"并列类复句中 A、B 分句地位平等、无主次之分。整个复句表达了坚定确信的态度和劝解安慰之情。"既 A 又 B"转折类复句中 A、B 分句语义对立，突出对比前后焦点。同时，整个复句表达了疑惑不解、焦灼矛盾的情感。

三　跨因果、转折类复句："越 A 越 B"

"越 A 越 B"复句跨因果类复句和转折类复句。两个类型的复句，在语表形式、语里内容、语用价值上具有如下主要特点。

（一）语表形式

"越 A 越 B"因果类复句中 A、B 分句都是谓词性语言单位，前后分句语法结构不对称。另外，A、B 分句主语基本不相同，且各分句主语都位于关系词"越"前面。"越 A 越 B"转折类复句中 A、B 分句多是对立的谓词性语言单位，可以在复句中添加"但"类转折词。前后分句语法结构不对称。A、B 分句主语基本不相同，且各分句主语都位于关系词"越"前面。

（二）语里内容

"越 A 越 B"因果类复句中 A、B 分句在主观推测层面为顺向制约，信赖程度可表示为：$0.5 < P\{B/A\} < 1$；A、B 分句在客观反映层面都为真，信赖程度可表示为：$P\{B/A\} = 1$。同时，A、B 分句思维表述具有一致性。"越 A 越 B"转折类复句中 A、B 分句在主观推测层面为逆向制约和非制约，信赖程度可表示为：$0 < P\{B/A\} < 0.5$，$P\{B/A\} = 0.5$。A、B 分句在客观反映层面都为真，信赖程度可表示为：$P\{B/A\} = 1$。在思维表述上，A、B 分句语义对立、不一致。"越 A 越 B"两个类型的复句主要从主观推测层面进行辨别。

（三）语用价值

"越 A 越 B"因果类复句中 A、B 分句传信功能包括释因说明和确定推测。释因说明主要是解释情况的合理性，确定推测说明因果句也可以是生活经验得出的确定性推测，不一定必须是客观存在的。因果类复句表达确定认可的情感态度。"越 A 越 B"转折类复句中 A、B 分句语用价值分为传信功能和情态功能。传信功能包括释因说明和表述传信。释因说明主要是解释情况的怪异，表述传信说明 A、B 分句的语义对立、凸显对比焦点。情态功能表达质疑、意外的情感态度。

四　跨并列、因果、转折类复句："一 A 就 B"

"一 A 就 B"复句跨并列类复句、因果类复句、转折类复句。这三个类型的复句在语表形式、语里内容、语用价值上具有如下特点。

（一）语表形式

"一 A 就 B"并列类复句中 A、B 分句都是谓词性语言单位，前后分句都是确指的、一次性的，前后分句不可重复。在关系词添加上，前分句可添加"刚""从"，后分句可添加"立即""马上"等副词。"一 A 就 B"因果类复句中 A、B 分句都是谓词性语言单位，前后分句是非确指的、非一次性的，A、B 分句可重复。在关系词添加上，前分句可添加"只要""这么"，后分句经常出现"会""要"等助动词。"一 A 就 B"转折类复句中 A、B 分句都是谓词性语言单位，分句为规律性转折时可重复，分句为一次性转折时不可重复。同时，A、B 分句存在对立语义关系，可以在复句中添加"但"类转折词。

（二）语里内容

"一 A 就 B"并列类复句中 A、B 分句在主观推测层面为非制约，信赖程度可表示为：P｛B/A｝=0.5；A、B 分句在客观反映层面都为真，信赖程度可表示为：P｛A｝=1，P｛B｝=1。同时，A、B 分句思维表述具有一致性。"一 A 就 B"因果类复句中 A、B 分句在主观推测层面为顺向制约，信赖程度可表示为：0.5＜P｛B/A｝＜1；A、B 分句包括假设、条件、因果三种类型的语义关系，三种语义关系在客观反映层面都为真，假设、条件语义关系信赖程度可表示为：P｛B/A｝=1，因果语义关系信赖程度可表示为：P｛A｝=1，P｛B｝=1。三种语义关系的 A、B 分句，思维表述一致。"一 A 就 B"转折类复句中 A、B 分句在主观推测层面为逆向制约，信赖程度可表示为：0＜P｛B/A｝＜0.5；A、B 分句转折关系分为一次性转折和规律性转折，A、B 分句为一次性转折时，在客观反映层面为真，信赖程度可表示为：P｛A｝=1，P｛B｝=1；A、B 分句为规律性转折时，在客观反映层面也为真，信赖程度可表示为：P｛A｝=1，P｛B｝=1。在一次性转折和规律性转折关系中，A、B 分句的思维表述不一致。

（三）语用价值

"一 A 就 B"并列类复句强调 A、B 分句动作的连续性，表达说话人意外诧异的情感。"一 A 就 B"因果类复句强调 A、B 分句的条件性，表达说话人对规律性事件的坚定确信态度。"一 A 就 B"转折类复句强调 A、B 分句的对立性，表达说话人疑惑、不解的情感态度。

在考察现代汉语跨类复句时，我们力求做到充分观察、细致描写和详细解释。由于跨类复句包括的句式比较多，我们无法对每个跨类复句句式进行一一说明，这里仅选取了四个代表性句式加以分析说明。跨类复句分析说明时也存在不足，例如在语表形式方面，我们选取了跨类复句比较重要的几个方面进行了讨论，包括 A、B 分句的结构特征、位置互换，关系词语的添加、替换；在语用价值上，对跨类复句语用价值的探究还不够全面、深入，我们会在今后的研究中不断进行补充，完善结论。

参考文献

一　专著

［美］G. 波利亚：《数学与似真推理》，杨迅文译，福建人民出版社 1985 年版。

北大中文系 1955 级、1957 级语言班：《现代汉语虚词例释》，商务印书馆 1982 年版。

丁力：《汉语语法问题研究》，三秦出版社 2012 年版。

丁力：《语法》，三秦出版社 2005 年版。

吕叔湘：《中国文法要略》，商务印书馆 1982 年版。

吕叔湘：《现代汉语八百词》，商务印书馆 1980 年版。

陆俭明、沈阳：《汉语和汉语研究十五讲》，北京大学出版社 2005 年版。

王维贤等：《现代汉语复句新解》，华东师范大学出版社 1994 年版。

邢福义：《汉语复句研究》，商务印书馆 2001 年版。

朱德熙：《语法讲义》，商务印书馆 2000 年版。

朱德熙：《汉语语法研究》，商务印书馆 1980 年版。

张谊生：《现代汉语副词研究》，学林出版社 2000 年版。

二　期刊论文

程亚恒：《"既 X 也 Y"结构的衍生机制与动因》，《河南科技大学学报》2015 年第 1 期。

丁力：《复句三分系统分类的心理依据》，《汉语学报》2006 年第

3 期。

邓天玉：《说"越 X，却越 Y"》，《汉语学报》2014 年第 3 期。

李晋霞、刘云：《"由于"与"既然"的主观性差异》，《中国语文》2014 年第 2 期。

李晋霞、刘云：《复句类型的演变》，《汉语学习》2007 年第 2 期。

罗进军：《有标假设复句的语义关系特征》，《华中师范大学学报》（人文社会科学版）2012 年第 5 期。

梁如娥：《语域一致与语域偏离分析》，《郑州航空工业管理学院学报》（社会科学版）2008 年第 8 期。

李晓琪：《"既 A 又 B"、"既 A 也 B"的异同分析》，《暨南大学华文学院学报》2005 年第 3 期。

鲁晓琨：《副词"也"的深层语义分析》，《汉语学习》1992 年第 1 期。

李向阳：《"一 A 就 B"句的认知层面探究》，《绥化学院学报》2014 年第 12 期。

马清华：《并列连词的语法化轨迹及其普遍性》，《民族语文》2003 年第 1 期。

沈家煊：《复句三域"行、知、言"》，《中国语文》2003 年第 3 期。

邵敬敏：《建立以语义特征为标志的汉语复句教学新系统刍议》，《世界汉语教学》2007 年第 4 期。

沈家煊：《实词虚化的机制》，《当代语言学》1998 年第 3 期。

沈家煊：《语言的"主观性"和"主观化"》，《外语教学与研究》2001 年第 4 期。

宋增文：《"既 A 又 B"认知层面分析》，《淮海工学院学报》2015 年第 4 期。

王弘宇：《说"一 A 就 C"》，《中国语文》2001 年第 1 期。

张静：《论"既然 p，难道 q（吗）"反问推断句式》，《汉语学习》2014 年第 6 期。

邢福义：《汉语复句格式对复句语义关系的反制约》，《中国语文》1991 年第 1 期。

张亚茹：《"于是"句的多角度分析》，《云南师范大学学报》2008 年第 1 期。

赵新：《"因此、于是、从而"的多角度分析》，《语文研究》2003 年第 1 期。

赵运普：《说"于是"兼谈顺承、因果复句的划界》，《新乡师范高等专科学校学报》2001 年第 1 期。

赵玉萍：《谈语域的顺应与利用》，《焦作大学学报》2009 年第 1 期。

张桂英：《固定格式"一……就……"语用探微》，《语文学刊》2013 年第 1 期。

钟小勇、张霖：《"既然"句和"因为"句的主观性差异探》，《汉语学习》2013 年第 4 期。

三　学位论文

刘渝西：《连词"于是"的多角度研究》，华中师范大学，2001 年。

任丽慧：《汉语复句关系分类及"三分法"系统在对外汉语教学中的应用研究》，陕西师范大学，2012 年。

宋增文：《"如果 A 就 B"句式考察》，陕西理工学院，2016 年。

姚双云：《汉语复句关系标记的搭配研究与相关解释》，华中师范大学，2006 年。

第四编

"X 就是 X"句式研究

母秀秀

作者简介：毋秀秀（1990.8—　），女，河南焦作人，陕西理工大学 2013 级汉语言文字学专业硕士研究生，师从丁力教授，研究方向为现代汉语语法。读研期间发表学术论文《"只要 A，就 B"句式分析》。现工作于郑州市金水区食品药品监督管理局。

绪　　论

一　选题缘由

在现实生活中，我们经常使用"女人就是女人""拿了就是拿了""好就是好，坏就是坏"这类句子。通过简单观察发现，这一类句子主要有以下特点：从形式上看，句子的主语与表语同形同音；从内容上看，这类句子蕴含"言外之意"，言有尽而意无穷，十分耐人寻味。那么，这一类句子究竟还有什么样的特点？语尽而意不尽的修辞效果是如何实现的？诸如此类问题都值得我们继续深入研究。

同时，就所收集到的相关资料和论文来看，关于这类句式结构的研究多集中在体词性词语尤其是名词性词语的研究分析上，而对于能够进入该句式结构中的谓词性词语却很少涉及。这对于该句式结构的全面研究未免有些偏颇。因此有必要在前人时贤研究的基础上，着力研究能够进入该句式结构中的谓词性词语的特点，以全面认识这一句式结构。

本编就以邢福义的"小三角"理论为框架，以"三个充分"为研究方法，从语表形式、语里意义以及语用价值三个方面进行充分观察、描写、分析，以期能够全面认识、了解这类句子的特点。

二　研究对象

上述这种主宾同形的结构，学界称之为"同语式"，本编主要就同语式的定义以及同语式的表达式两方面来说明。

（一）关于"同语式"的定义

关于"同语式"的研究，最早可追溯到陈望道的《修辞学发凡》，其中，陈望道将其视为一种修辞格，他在"警策"格所举的例句"事实是事实"（鲁迅译《日本现代小说集·与幼小者》），其实就是我们所说的同语；后来，吕叔湘又从语法学的角度对这一结构发表了自己的独特见解，他在《中国文法要略》中认为，这种主宾同形的结构表示容认，"用这个'是'字，有时更把动词或形容词一先一后重复说两遍，有'要论什么，确然是什么，可是……'的口气"①。之后，吕叔湘在《现代汉语八百词》中将"是"字前后用相同词语的情况进行了详细描写，并分为六种类型来说明：第一，A 是 A，用于对举，强调二者不同，不可混为一谈；第二，A 是 A，连用，表示"地道""不含糊"；第三，A 是 A，单用，强调事物的客观性，"是"前常用"总、就、到底"等词；第四，A 是 A，单用，表示让步，有虽然的意思，第二小句常有"但是，可是，就是"等词；第五，A1 是 A2，A1 和 A2 的中心部分相同，表示让步，有虽然的意思，用于转折句；第六，动 + A + 是 + A，A 是数量词，一般表示不能勉强②。这两位学者虽注意到该结构，但并未给该结构以明确的命名。第一次给这种主语、表语同形同音的结构以明确命名的是张弓，张弓在《现代汉语修辞学》中正式将这一结构命名为"同语式"，并定义为主语、表语为同一词语，构成压缩性的判断句，叫作同语式③。认为它能引起听众、读者的深刻思考，耐人寻味，并且在形式上将"同语式"分为两类：一类是单提式，如"真理就是真理"；另一类是对举式，如"你是你，我是我"。

本编关于"同语式"主要采用张弓的定义，这也是目前学界普遍认同的定义，即为同一词语的主语和表语所构成的压缩性判断句。

（二）关于"同语式"的表达式

张弓虽给"同语"下了定义，但并没有用一个明确的表达式来表

---

① 吕叔湘：《吕叔湘全集》第 1 卷，辽宁教育出版社 2002 年版，第 434 页。
② 吕叔湘主编：《现代汉语八百词》，商务印书馆 2014 年版，第 500—501 页。
③ 张弓：《现代汉语修辞学》，天津人民出版社 1963 年版，第 179 页。

示同语，因此后来的学者对于同语表达式可谓"仁者见仁，智者见智"。以邵敬敏为代表的学者主张采用不同的符号来表示同语表达式，分别用 X_1 和 X_2 来表示同语式中的主语和表语；以刘德州、符达维为代表的学者主张采用同一符号来表示同语式，即主语和表语为相同的字母。这两类观点之所以不同，是因其出发点不同。邵敬敏等学者的观点主要是从同语式中主语和表语表示的意义这一角度出发的，他们认为，主语同表语的意义是不一样的，既然不一样，当然要有所区分。正如张弓所说，主语、表语辞面虽然相同，而意义实在不一样。表语的含义实际比主语更复杂些，能引起听众读者的思考，耐人寻味①。而刘德州等学者则是从形式的角度出发的，他们认为，根据张弓的定义，主语、表语是同一词语，既然是同一词语，当然得用一个符号来表示。正如刘德州所说："用同一个字母来代表同语的主语和表语，不仅符合逻辑习惯，而且在分析同语时也显得简单、清楚。"②

对于同语式的表达式，本编更倾向于刘德州的说法，即用同一个字母来表示同语的主语和表语。一是用同一个字母表示更符合张弓关于"同语式"所下的定义；二是诚如张弓所言，表语的意义更为复杂，但其具体意义当从整个语境中来探寻，而不是单单从一个词或词组来判断。因此，本编认为同语式的基本表达式为"X 是 X"，由变项"X"和常项"是"构成。而本编所研究的"好就是好"之类的结构可以归结为"X 就是 X"，它可以说是"X 是 X"结构的一个下位式，由变项"X"和常项"就是"构成。

三 研究现状

前面我们分析过"X 就是 X"结构是"X 是 X"结构的下位式，因此研究"X 就是 X"结构必然绕不过对同语式基本结构"X 是 X"的研究。因此，本编主要就对"X 是 X"结构的研究现状与"X 就是 X"结构的研究现状以及同语式扩展式的研究现状进行分析与说明。

① 张弓：《现代汉语修辞学》，天津人民出版社 1963 年版，第 179 页。
② 刘德州：《关于同语的三个问题》，《修辞学习》1997 年第 6 期，第 37 页。

（一）"X 是 X"结构的研究概述

之所以综述"X 是 X"结构的研究，是因为"X 就是 X"作为"X 是 X"的一个下位结构，必然与其有一定的联系。而且就所收集的相关资料和论文来看，学界对"X 是 X"结构的研究从结构分类到句法分布，从修辞效果到表达特点，对于"X 就是 X"结构的研究很有借鉴意义，我们可以利用相关研究方法或者相关结论来深化我们对"X 就是 X"结构的认识，在这里只选取几个有代表性的研究来论述。

在结构分类上，吴硕官与邵敬敏都提出了自己的见解。其中，吴硕官《试谈"N 是 N"格式》从结构是否连用这一角度出发，将结构分为单用与连用两种类型。又根据结构有无修饰语以及修饰语的位置，将单用时的结构分为三小类：第一，N + 修饰语 + 是 + N；第二，N + 是 + 修饰语 + N；第三，N + 是 + N①。邵敬敏在《"同语"式探讨》中分析了在实际使用过程中结构所产生的五种变式：一是同位式同语；二是准系词同语；三是对举式同语；四是转折式同语；五是前修饰同语等②。其中吴硕官所分的第二类与邵敬敏所分的第五类均不是本编所要讨论的内容。

在句法分布上，符达维与赵晓伟注意到了"X 是 X"结构同前后句子之间的联系。符达维在《作为分句的"X 是 X"》中主要讨论了"X 是 X"结构做分句时的两种用法：一是与分句"Y 是 Y"共同构成并列复句，此时，"X 是 X"与"Y 是 Y"彼此互为存在的条件；二是以第一分句的形式出现在转让复句中，后常有"但是"类词③。赵晓伟在《"X 是 X"结构的多维考察》中进一步指出，"X 是 X"结构多分布于具有联合关系和转折关系的复句中④。

在表达效果方面，邵敬敏注意到了语境对"X 是 X"结构的制约作用，而杨艳的《"A 是 A"格式的表达特点》认为，"A 是 A"作为现代汉语中极具特色的表达格式，很好地体现了语言的经济性原则，

---

① 吴硕官：《试谈"N 是 N"格式》，《汉语学习》1985 年第 3 期，第 7—12 页。
② 邵敬敏：《"同语"式探讨》，《汉语学习》1986 年第 1 期，第 13—19 页。
③ 符达维：《作为分句的"X 是 X"》，《中国语文》1985 年第 5 期，第 334—336 页。
④ 赵晓伟：《"X 是 X"结构的多维考察》，学位论文，南昌大学，2007 年。

能够表示区别、区别＋转折、列举、强调以及让步等意义①。

　　之后的学者在前人时贤研究的基础上，更注重从全面的角度描写"X 是 X"结构，开始注意进入该结构中词的分类，可以分为体词性词语与谓词性词语，分析了"X 是 X"结构同上下文之间的语义联系，并从多个角度论述了"X 是 X"结构的语用表达效果，如李娟的《现代汉语"X 是 X"同语结构研究》②，袁学荣的《现代汉语"X 是 X"结构研究》③。尤其是朱敏的《现代汉语同语判断式及其相关格式研究》可谓是集大成者，她将同语式分为体词性同语判断式与谓词性同语判断式两类，并指出在实际的语言运用中有一类与谓词性同语判断式的同形异构形式——谓词性同语式，二者的区别在于前后两个 X 都是指称性的，"是"为判断动词，前 X 是指称性的，后 X 是陈述性的，"是"为强调副词④。

　　总之，关于"X 是 X"结构的研究由局部到整体，不仅丰富了我们对"X 是 X"结构的认识，同时，也为我们深入研究"X 就是 X"结构奠定了基础，提供了理论、方法的指导。

　　（二）"X 就是 X"结构的研究概述

　　关于"X 就是 X"句式的研究，主要有高文利、齐沪扬、殷何辉、董洁琼、刘志祥等的成果。

　　高文利的《歧义字段"N 就是 N"》认为，"N 就是 N"是歧义字段而非歧义格式，认为"N 就是 N"这一歧义字段有两种可能的切分方式："N ＋就是＋N"与"N ＋就＋是＋N"。其中"N ＋就＋是＋N"的意义主要在于申明事物的独特性，"N ＋就是＋N"的意义多表示接受不理想的现实；并进一步指出这两种切分结果在格式意义、语表形式、转换方式以及出现频率等方面的不同，指出可以利用句法信息、

---

　　① 杨艳：《"A 是 A"格式的表达特点》，《东南大学学报》（哲学社会科学版）2004年第 7 期，第 105—110 页。
　　② 李娟：《现代汉语"X 是 X"同语结构研究》，学位论文，上海师范大学，2008 年。
　　③ 袁学荣：《现代汉语"X 是 X"结构研究》，学位论文，吉林大学，2014 年。
　　④ 朱敏：《现代汉语同语判断式及其相关格式研究》，学位论文，上海师范大学，2005 年。

语境知识以及出现频率等知识来作出正确的切分①。

齐沪扬、殷何辉、董洁琼等着重探讨"X 就是 X"结构中的副词特点。其中齐沪扬在《"X 是 X"句子中副词的作用及连续统模型的建立》中分析了能够进入"X 是 X"结构中副词的作用,认为"X 是 X"能够表示强调,也能够表示妥协,这完全是进入结构中副词的作用,正是这些副词建立了"X 是 X"的连续统模型②。殷何辉在《比评性同语式的句法语义特征》中着重分析了该结构中副词的特点,即具有主观评注功能。根据副词对结构表意功能的影响,将这一结构分为不同的类型③。董洁琼的《"N + Fm + 是 + N"同语式多角度研究》根据确定性语气的强弱,将进入该结构的语气副词分为极强确定性语气副词、较强确定性语气副词、较弱确定性语气副词三类,并依此建立了关于该结构的语气系统④。齐沪扬、殷何辉、董洁琼都充分认识到副词对这一结构的影响,尤其是在表达作用方面的影响。同时,殷何辉、董洁琼还对能够进入该结构中的名词进行了分析探讨。殷何辉认为能够进入这一结构的名词具有评价性,即所谓的名词性词语的描述性语义特征。董洁琼则从名词的褒贬义角度对能够进入该结构的名词进行了分类。

刘志祥、殷何辉分析了"X 就是 X"结构的篇章结构。刘志祥在《"A 就是 A"结构的语篇考察》中从语义域的角度分析了"A 就是 A"与上下文的语义联系⑤。殷何辉在《比评性同语式的篇章分析》中分析了语言环境对该结构在文章中的限制,以及同上下文之间的语

---

① 高文利:《歧义字段"N 就是 N"》,《益阳师专学报》2000 年第 5 期,第 42—43 页。
② 齐沪扬:《"X 是 X"句子中副词的作用及连续统模型的建立》,《语法研究与语法应用》1992 年第 7 期,第 73—81 页。
③ 殷何辉:《比评性同语式的句法语义特征》,《汉语学报》2006 年第 4 期,第 67—74 页。
④ 董洁琼:《"N + Fm + 是 + N"同语式多角度研究》,学位论文,上海师范大学,2012 年。
⑤ 刘志祥:《"A 是 A"结构的语篇考察》,《语文学刊》(高教版)2005 年第 9 期,第 63—65 页。

义联系①。同时刘志祥、殷何辉都认为这一结构具有主观评价性。殷何辉在《比评性同语式的语用分析》中明确指出该结构最基本的语用价值就是表达了说话人的主观判断，是说话人对某一事、物在主观方面的评价与认识②。

（三）同语式扩展式的研究概述

同语式扩展式即"X是X，Y是Y"，"X就是X，Y就是Y"等结构，对该结构的研究是为了更全面地认识和了解同语结构，目前对该结构的研究主要有郑丽雅、黄理兵、丁晓俊等人的成果。

这几位学者都认为所谓同语式的拓展式，其实是对举格式的一种。郑丽雅、丁晓俊明确指出"A是A，B是B"为对举格式。黄理兵则将该结构命名为"句联"。郑丽雅在《对举格式"A是A，B是B"所反映的规律》中提出了"A是A，B是B"这一结构不管是在结构意义方面还是在语境分布上，都与"A是A"结构有着很大的区别③。丁晓俊在《论"A是A，B是B"句式》中从内部构成与句法功能两方面分析了这一结构的特点④。黄理兵在《"A是A，B是B"句联的内部构造和外部构成》中认为，能够进入该句联的词可以是体词性词语，也可以是谓词性词语，并指出"A是A"与"B是B"之间不仅存在对举关系，也可以是平列关系⑤。他在《"A是A，B是B"句联的语义考察》中根据两个分句之间的关系，将"A是A，B是B"的语义分为列举型和区别型两类⑥。

---

① 殷何辉：《比评性同语式的篇章分析》，《孝感学院学报》2006年第9期，第35—39页。
② 殷何辉：《比评性同语式的语用分析》，《语言文字应用》2007年第5期，第59—64页。
③ 郑丽艳：《对举格式"A是A，B是B"所反映的规律》，《华南师范大学学报》（社会科学版）1994年第3期，第79—83页。
④ 丁晓俊：《论"A是A，B是B"句式》，《华中人文论丛》2013年第12期，第87—89页。
⑤ 黄理兵：《"A是A，B是B"句联的内部构造和外部构成》，《湖北民族学院学报》（哲学社会科学版）2003年第1期，第46—51页。
⑥ 黄理兵：《"A是A，B是B"句联的语义考察》，《辽东学院学报》2005年第6期，第70—76页。

四 研究思路

以上这些成果给予本编研究很大的启发:首先,在研究对象上,无论是"X 是 X"结构还是"X 就是 X"结构,均以 X 为体词性词语,尤其是名词性词语为重点来研究,而其他类型的体词性词语特别是谓词性词语或鲜有涉及,或寥寥几笔带过,这对于同语句的认识和研究未免失之概括性、全面性;其次,在语用价值方面,研究者多从语境这一角度来研究同语结构的语用意义,我们认为语境是无限的,因此不同语境下的语用意义也是无限的,而这无限的不应是我们语言学所重点关注研究的,故而从心态特征方面来研究"X 就是 X"结构的语用价值,以期对"X 就是 X"结构在语用方面有新的认识。

总之,本编以"小三角"理论为框架,以"三个充分"为方法,对"X 就是 X"结构进行全面的分析研究,力求做到概括准确、描写充分,从而揭示"X 就是 X"结构的内在规律与特点。

本编的语料主要来源于北京大学汉语语言学研究中心语料库,在此表示感谢。其中还有一部分来自相关参考文献,一部分来自网络,小部分自拟。

第一章 "X就是X"的语表形式

关于语表形式，邢福义说过，是"任何语法单位显露在外的可见形式"①。本章将从四个方面来论述"X就是X"结构的语表形式：一是"X就是X"中X的分类；二是"X就是X"中"就"的替换；三是"X就是X"的连用；四是"X就是X"的句法位置。

第一节 "X就是X"中X的分类

进入"X就是X"结构中的X可分为两类：一类是体词性词语，包括名词、代词、数量词及其相关短语；另一类是谓词性词语，包括动词、形容词及其相关短语。

一 体词性词语

（一）X为名词及名词性短语

当X为名词时，从意义上划分，可以是指人的，也可以是指物的，还可以是表示时间、地点的；从词的构成上划分，可以是单纯词，也可以是合成词。

（1）好，好，现账就是现账。今晚上交货，就是现账。（茅盾《林家铺子》）

---

① 邢福义：《现代汉语语法研究的"小三角"和"三个平面"》，《华中师范大学学报》（哲学社会科学版）1994年第2期，第98页。

（2）您连伊鲁盖都不知道？伊鲁盖就是伊鲁盖，也就是珠宝之城的意思。西夏的京城。（井上靖《敦煌》）

（3）然而黄秋生就是黄秋生，尽管烂片无数，但他的表演总是具有激烈个性或极端风格。（网络语料）

（4）姑婆叹息一声，"孩子就是孩子，一丁点至今，淘气不改。"（亦舒《红尘》）

（5）他往前走了两步，很勇敢，很坚决，心里说："今儿个就是今儿个了，成败在此一举啦。"（老舍《二马》）

（6）末了，有一位老鸟，学问很大，告诉了他："北就是北。"（老舍《小木头人》）

例（1）中"现账"表示具体事物，例（2）中"伊鲁盖"表示地名，例（3）中"黄秋生"、例（4）中"孩子"指人，例（5）中"今儿个"是时间名词，例（6）中"北"是方位名词，其中例（1）属于合成词，例（2）—（6）都是单纯词。

能够进入"X就是X"的名词，大部分都具有主观附加意义。所谓主观附加意义，是相对词的理性意义而言的，主要表现为或具有典型性特征，或具有一定的色彩意义。需要指出的是，这里的色彩义不仅仅指词的感情色彩、语体色彩、形象色彩等，而更偏重于语用方面的感情色彩。不管是词的典型性特征，还是词的色彩意义，都表示说话人对某人或某事的主观评价。如例（2）中的地名"伊鲁盖"，例（3）中的人名"黄秋生"，就其理性意义而言，是都城、演员，能够进入该结构，在于它们具有典型性特征："伊鲁盖"是西夏京城，珠宝之城，象征着富裕；"黄秋生"充满个性的表演风格广为人知。这些典型性特征表现了人们对这些名词的主观评价，属于词的理性意义之外的意义。而这种主观评价性，"它是词的所指对象使人们所联想到的'真实世界'中的经验"①，也就是说，它与说话人的个体经验密切相关。比如，提起"孩子"，有人会想到"天真""童趣"，有人

---

① 刘顺：《现代汉语名词的多视角研究》，学林出版社2003年版，第96页。

会想到"幼稚",有人会想到"淘气"……反映在文本中,则与语境密切相关,例(4)着重表现"孩子""淘气""顽皮"这一属性特征。同一个词,因语境不同,在一个结构中所表现出的主观评价、感情色彩实在是大相径庭。

(7)此刻,我深深体会到了母亲的舐犊之情,此刻我觉得女人就是女人,不管她多么名声显赫。(《1994 年报刊精选》)

(8)马参谋吸了一口冷气,说:"厉害什么?女人就是女人。女人再厉害也还是女人。你以为她厉害,那就要看什么人什么事了。(电视剧《历史的天空》)

同样是"女人就是女人",例(7)表现"女人"具有母爱的一面,体现女人作为母亲的舐犊之情,表达说话者对"女人"的赞赏之情,是褒义的;例(8)突出女人相对于男人而言软弱的一面,体现说话者对"女人"不屑的态度,是贬义的。

总之,一个名词的主观附加意义越是显著,那么,它就越容易进入"X 就是 X"结构中。

而能够进入"X 就是 X"结构的还有一类名词,如例(5)中的时间名词"今儿个",例(6)中的方位名词"北"等,这类名词的显著特征是它们的主观附加意义不那么显著,即提起这些词,在人们的头脑中很少会有理性意义之外的意义。如"今儿个"表示"今天","北"代表"北方向"等。在一般情况下,这类名词不能进入该结构之中,在日常生活中,我们几乎不会说类似于 *"桌子就是桌子", *"椅子就是椅子"这样的话语,但进入"X 就是 X"结构,旨在通过该结构或表达说话者的强调之意,或突出这类名词理性意义之外的某一特征意义。如:

(9)桌子就是桌子,怎么能当椅子坐呢?(殷何辉用例)

在通常情况下,当提起"桌子"时,在人们脑海中浮现的首先是关于"桌子"的理性意义方面的内容,即"家具,上有平面,下有支柱。在上面放东西或做事情等"①。在例(9)中,"桌子就是桌子",重在表现"桌子"的功用特征——伏案作业,即可以在上面做事情,但不能像坐在椅子上那样坐在桌子上。

X为名词性短语时,主要是定中结构与"的"字短语两类。

(10)优秀的文学就是优秀的文学,无论作者的出发点是什么。(网络语料)

(11)够派头的地方就是够派头的地方呗!像你这样的岁数,还问人什么叫够派头的地方,你叫我怎么说呢?(《追忆似水年华》)

(12)老王不禁称赞道:"北大的就是北大的,就是不一样,不一样啊。"(网络语料)

(13)这可不相干。福音书是福音书,讨厌的就是讨厌的。譬如说,我恨虚无党,特别是那些剪短头发的女虚无党,要是我假装喜欢她们,那就不好了。(列夫·托尔斯泰《复活》)

(14)假的就是假的,无论是借弘扬民俗的大旗,还是拉"现代科学"的虎皮,都是不能持久的。(《人民日报》1995年)

(15)这种交换要求交易主体之间有明确的产权界区,"你的就是你的,我的就是我的"。(《1994年报刊精选》)

例(10)(11)为定中结构,例(12)—(15)为"的"字短语。其中当X为定中结构时,根据定语可不可以带"的"分为两类:一类是可以带"的"的定语,一类是不可以带"的"的。凡是可以带"的"的定中结构都可以进入"X就是X"结构中,不可以带"的"的定中结构则不一定,如"三本书"可以进入该结构,而"这些孩子"则不可以进入该结构。根据定语的性质,可以将定语分为描

---

① 中国社会科学院语言研究所词典编辑室编:《现代汉语词典》,商务印书馆2005年版,第1798页。

写性定语与限制性定语。描写性定语如例（10）（11）中的"优秀"
"够派头"，这种描写性质本身就蕴含着说话者对中心语的主观评价。
如"优秀的文学"中的"优秀"，表现了说话者的主观评价认识：或
情节引人入胜，或蕴藏着取之不尽、用之不竭的思想宝藏。而限制性
定语如"三本书"中的"三本"，当作为限制性定语时，旨在借助
"X 就是 X"结构来强调限制范围。

　　"的"字短语是指助词"的"附加在别的词或短语之后构成的名
词性短语，用来指称人或事物①。其中"别的词或短语"可以是名词
性的，如例（12）中的"北大"；可以是动词性的，如例（13）中的
"讨厌"；也可以是形容词性的，如例（14）中的"假"；还可以是代
词性的，如例（15）中的"你""我"。进入"X 就是 X"中"的"
字短语也有主观附加意义，而"的"字短语是否具有主观附加意义，
与"的"字前的"别的词或短语"密切相关：当"的"字前的词或
短语有主观附加意义时，此"的"字短语也具有主观附加意义。如
例（12）中的"北大"是"北京大学"的简称，但在现实生活中，
人们将"北大"认为是"学识高"的代表，因而具有主观附加意义，
所以"北大的"不仅仅是北大的老师或是学生的省略，更表示"有
学识"的人。例（13）中的"讨厌"为动词，我们在使用"讨厌"
这一词时，也表达我们对某人或某事的主观评价态度，即"不喜
欢"，含有贬义色彩。因此，"讨厌的"也就带有贬义色彩。

　　（二）X 为代词

　　代词可分为人称代词、指示代词以及疑问代词等，进入"X 就是
X"结构中的代词，主要是人称代词。

　　（16）别以为我不支持你的奋斗，他想，冈林信康唱过：
"我就是我，我不能变成你。"他深深地吸了一口烟，然后把烟雾
吐向河谷。（张承志《北方的河》）
　　（17）天下恐怕没有最理想的事吧？那么，她就是她吧，定

---

① 朱德熙：《语法讲义》，商务印书馆 2000 年版，第 108 页。

婚就订婚吧,没别的办法,没有!(老舍《文博士》)

(18)"他们就是他们,"萧泪血看着龛中的神像,"就是这一对土地公公和土地婆婆。"(古龙《英雄无泪》)

例(16)(17)中为表示单数的人称代词,分别是第一、第三人称代词,例(18)中为表示复数的人称代词。当 X 为人称代词时,词的主观评价意义并不显著,说话者意在借助"X就是X"结构来表达自己的强调、肯定之意。如例(16)强调"我只能是我,而不能像你(黑骏马)那样自由奔跑"。

但是像表示疑问的代词,如"谁、哪(儿)里、怎(么)样、什么"等一般不能进入该结构当中。这是因为像"谁""什么"等疑问代词表示疑问的用法仍是其最基本的用法,因此它们一般出现在疑问句中;同时"X就是X"这一结构的基本语义是强调肯定,表达的是一种确信的态度,因而像这些疑问代词"谁、什么、怎样、哪(儿)里"本身表示疑问,与该结构所表达的这种确信态度相冲突,因此不能进入该结构当中。

(三) X 为数量词

X 为数量词时,可以是基数词,也可以是序数词,还可以是数量短语。

(19)"二十五!"阿裴一本正经的。"二十五就是二十五!瞒年龄是件愚蠢的事!"(琼瑶《月朦胧鸟朦胧》)

(20)第一就是第一,第六十七就是第六十七,怎么有可比性呢?

(21)西房3间,比想象中的稍大一些,但确实一间就是一间,没有卫生间,没有储藏室,没有厨房,也没有地下室,看来只是个客房。(张平《十面埋伏》)

(22)"这话也是。男人说话,一句就是一句,碰了钉子或者打了折扣,以后说话就不值钱了。"(高阳《红顶商人胡雪岩》)

例（19）中的"二十五"是基数词，表示年龄，例（20）中的"第一""第六十七"为序数词，例（21）中的"一间"，例（22）中的"一句"都是数量短语。就数量词本身而言，除了几个特殊的数词，如"六""八""九"等，其余的数词几乎是没有附加意义的，人们看到一个数词，只会想到这个数词所表示的关于数的意义。如例（19）中的"二十五"，说的仅仅是年龄而已。而至于例（21）中的"一间就是一间"表示"就是一间屋子，没有其他东西"，例（22）中的"一句就是一句"表示"男人说话要算话"，这些言外之意，其实是借助"X 就是 X"结构得以实现的。

二 谓词性词语

当 X 为谓词性短语时，主要是动词及动词性短语，形容词及形容词性短语这两类。

（一）X 为动词及动词性短语

进入"X 就是 X"结构中的动词性短语，可以是单个的动词，也可以是动词性短语，如状中结构、述宾结构、中补结构、主谓结构等。

（23）是的，马上给她买自由呢，没有想想看。生命是要流出来的，不能罐里养王八。不能！三角五一尺，自由呢。买，没有想想看，连价钱也不还，买就是买。（老舍《沈二哥加了薪水》）

（24）他记得，他一定不会漏下她。一来，多害一个人和少害一个人并没有多少分别，反正害人就是害人；二来，他知道一山是她的未婚夫——他不晓得她知道不知道一山是他害死的，可是他……（老舍《火葬》）

（25）有的工作岗位，任务很好量化，典型的就是销售人员的销售指标，做到了就是做到了，没做到就是没做到。（李可《杜拉拉升职记》）

（26）这事里，她是无辜的一个人，谁做错了就是谁做错了，

此节目的导演组的男性们应该承担起责任，不能闪烁其词。（网络语料）

例（23）中的"买"是单个的动词，例（24）中的"害人"为述宾结构短语，例（25）中的"做到了"为中补结构，"没做到"是状中结构，例（26）中的"谁做错了"为主谓结构短语。能够进入"X就是X"结构中的动词性词语，不管是单个的动词，还是动词性短语，都表示一定的动作意义，并且这种动作意义是可以通过具体言语描述出来的，如"买"就是"拿钱换东西"，"害人"是"通过一些手段使人受到伤害或死亡"等。而像"请""让"等使令动词则不能进入"X就是X"结构中，主要在于这些使令动词所表示的动作意义相对较虚，更多表现的是说话者的态度。因此，一个动词性词语，其动作意义越具体，就越容易进入该结构之中。

（二）X为形容词及形容词性短语

X为形容词性词语时，既可以是状态形容词，也可以是性质形容词，但以性质形容词居多，并且多是成对使用。

（27）黑就是黑，白就是白，善良战胜邪恶——至少在他的影片中是这样。（《星球大战》）

（28）"怎么会骂您呢？我们就希望别人坦率地对待我们。好就是好，不好就是不好，愈直爽愈不客气我们就愈敬重他。"于观挣扎着，强打精神说。（王朔《你不是一个俗人》）

（29）"是天生的，练不来的。善就是善，不善就是不善。我到保姆市场招工，什么话也不说，只静静地寻面善的女孩。"（毕淑敏《预约死亡》）

在通常情况下，性质形容词多受程度副词的修饰，但进入"X就是X"结构中的形容词则不受程度副词的修饰。这是因为"X就是X"这一结构本身就表示程度的加深、加重，若是性质形容词前再有程度副词修饰，则语义重复，画蛇添足。

第二节 "X就是X"中"就"的替换

"X就是X"句式中，其中副词"就"可以替换为"到底""毕竟"等。词与词之间可以相互替换，必然是因为它们之间有共通之处。就"就""到底"以及"毕竟"而言，作为副词，它们都是评注性副词，张谊生认为："评注性副词的基本功用是对相关命题或述题进行主观评价。"① "X就是X""X到底是X""X毕竟是X"中的"就""到底""毕竟"都表示强调义，强调事物具有其自身的特点，没有超出人的认知范围，具有显著的主观评价特点等。这是这三个副词可以互换的原因所在。但是在具体的应用当中，它们之间又是有区别的。

结合上下文语境，当"X就是X"结构所表示的为赞许的意义时，其中的"就"可以替换为"到底"；当"X就是X"结构表示批评、否定意义时，"就"则不能替换为"到底"。

（30）a. 高手就是高手，没有什么问题能难得到你。

b. 高手到底是高手，没有什么问题能难得到你。

（31）a. 在他们眼里，偷窃就是偷窃，不管他的罪行有多轻，这样的人都是不可信赖的。

b. *在他们眼里，偷窃到底是偷窃，不管他的罪行有多轻，这样的人都是不可信赖的。

例（30）中说话者强调"高手"当之无愧，可以解决任何难题，表现出钦佩之情，因而可以将"就"替换为"到底"；例（31）中，"他们"认为有偷窃行为的人，一日是小偷，终生是小偷，这样的人是不值得信赖的，有明显的贬义色彩，在这种情况下，"就"是不能够被替换为"到底"的。

---

① 张谊生：《现代汉语副词研究》，商务印书馆2014年版，第49页。

但例（30）（31）中的"就"都可以替换为"毕竟"：

（32）高手毕竟是高手，没有什么问题能难得到你。

（33）在他们眼里，偷窃毕竟是偷窃，不管他的罪行有多轻，这样的人都是不可信赖的。

在这里"毕竟"的侧重点并不在于表示赞赏，"毕竟"更侧重于通过强调事物的性质、特点、状态等，来说明存在或出现另一种情况或观点并不奇怪①。在例（32）中，说话者强调正是因为是"高手"，所以才能够解决任何问题；例（33）强调正是因为他"偷窃"，所以才不被人们信任，可以看出，使用"毕竟"时，句子间的因果关系会更强些。相较而言，在"X就是X"中"就"的申辩意味更强些：

（34）a. 可连长毕竟是连长，脸色由红变紫，由紫变黄，黄中泛青，嘴唇哆嗦着，可就是没吼起来。（简嘉《女炊事班长》）

b. 可连长就是连长，脸色由红变紫，由紫变黄，黄中泛青，嘴唇哆嗦着，可就是没吼起来。

例（34）a着重表现正因为他是连长，有作为一个连长的承受力与坚忍，因此没有吼起来；而例（34）b着重申明连长不同于普通战士，故而没有吼起来，申辩意味更强些。

第三节 "X就是X"的连用

"X就是X"句式可以扩展为"X就是X，Y就是Y"形式，甚至"X就是X，Y就是Y，Z就是Z"等形式，但在实际的语言应用中，后者出现的情况很少，因此本编所讨论的"X就是X"的连用，主要为"X就是X，Y就是Y"这一形式。在句式"X就是X，Y就

---

① 陈秀明：《评注性副词毕竟、到底、终究、究竟》，学位论文，暨南大学，2014年。

是Y"中的X、Y同句式"X就是X"中的X一样，可以是体词性词语：

（35）我相信鱼就是鱼，龙就是龙，鱼龙混杂才能把鱼龙分开。乡下是让人慢下来的地方。（麦家《风声》）

（36）在我的教育程序中，从一开头儿我就不准他想象。一就是一，二就是二，假若爱弥耳把一当作二，我宁可杀了他！（老舍《新爱弥耳》）

（37）玩笑终归是玩笑，双方都明白我就是我，你就是你，盐再白也不能漫天扬为雪，雪再晶也不能撒地堆成糖。（《读者》）

（38）"你知道了事情闭口不说没有一点好处，"斯威蒂曼太太说，"正义就是正义，谋杀就是谋杀。讲真情实话，谴责恶魔坏蛋。我就是这种立场。"（《清洁女工之死》）

也可以是谓词性词语：

（39）王华欣说："好。我再问你一遍，有没有需要向组织上交代的问题？有就是有，没有就是没有。你要想清楚。现在，我再重复一次，我们是代表市委跟你谈话的，你要慎重考虑。"（李佩甫《羊的门》）

（40）你要看他大的方面，骨子好不好，进步不进步，对革命是真心还是假意，那就能看透他，好就是好，坏就是坏。你说对不？（冯德英《迎春花》）

（41）但是，杀人就是杀人，看见了就是看见了，你逃不掉。（《清洁女工之死》）

在句式"X就是X，Y就是Y"中，当X、Y为体词性词语时，X、Y可以是名词性词语，如例（35）中的"鱼""龙"，可以是数量词，如例（36）中的"一""二"，也可以是代词，亦如例（37）

255

中的"我""你";当 X 为谓词性词语时,可以是动词性词语,如例(39)中的"有""没有",也可以是形容词性词语,如例(40)中的"好""坏"。

在词性上,X 同 Y 有着相同的词性,同为体词性词语或者谓词性词语,并且在一般情况下,Y 的词性是由 X 的词性所决定的。如"谋杀"一词既可以是名词性词语,也可以是动词性词语,但在例(38)中,由于"正义"为名词,"谋杀"一词只能属于名词;在词序上,X 和 Y 的顺序不可以随意更换,一方面是因为 X、Y 本身有先后逻辑顺序,如例(36)中的"一就是一,二就是二","一"位于"二"之前。再如例(41)中的"杀人"与"看见了",从时间上来讲,"杀人"与"看见"是同时间进行的,但从逻辑上说,只有先发生了"杀人"这个事件,才会有"看见了"这个结果。另一方面是社会使用习惯使然,如例(35)中的"鱼就是鱼,龙就是龙",例(39)中的"有就是有,没有就是没有"。

第四节 "X 就是 X"的句法位置

不管是结构单用时的"X 就是 X"或是结构连用时的"X 就是 X,Y 就是 Y",在分析讨论它们的句法位置时,为表述清楚,我们将其统一看作一个整体。它们在具体的文章段落中,可以是句子的某一成分,也可以是句子中的某一分句,还可以独立成句。

一 做句子的某一成分

"X 就是 X"做句子的某一成分时,一般主要是做宾语。此时的动词一般为表示主观感觉活动的心理动词,如"觉得""认为""以为""感到"等。

(42)这老绅士是一个爱德华王一派的花花公子,他认为生活就是生活,而粗制滥造的作家是另一事,对于康妮,这个乡绅总是表示殷勤温雅。(劳伦斯《查泰莱夫人的情人》)

（43）起初，他以为一支枪就是一支枪，一颗手榴弹就是一颗手榴弹；枪若是打不响，手榴弹若是个哑巴，那都活该。（老舍《无名高地有了名》）

当"X就是X"结构做句子的宾语时，一般由体词性"X就是X"结构充当，如例（42）中的"生活就是生活"，例（43）中的"一支枪就是一支枪，一颗手榴弹就是一颗手榴弹"，都是体词性词语。

还可以做谓语：

（44）一样东西破碎了就是破碎了——我宁愿记住它最好时的模样，而不想把它修补。（玛格丽特·米切尔《飘》）

（45）我们不会去计较这些了，人活着就是活着，短短的这几十年，这么渺小，你这么短暂的一个人生，现在就好好的享受人生享受生活。（叶广岑《走进深山的格格作家》）

当"X就是X"结构做句子的谓语时，一般由谓词性"X就是X"结构充当，通常是对一种状态的描述，如例（44）中"破碎了就是破碎了"描述的是一种既已形成的破裂状态；例（45）中"活着就是活着"描述的是人的一种状态。

二 做句子的分句

一是句式位于句首，一般是提出某个话题，或表达某种观点，接着由后文继续补充说明这个话题或观点，从而使句子表达的意思更加充分完整。

（46）"女人就是女人，女人还能有什么别的作用?"（井上靖《敦煌》）

（47）黑就是黑，白就是白，善良战胜邪恶——至少在他的影片中是这样。（《星球大战》）

"女人就是女人"位于句首，主观评价性十分强烈，以此来表明说话人对"女人"的观点态度，而这一观点态度是通过后面的反问句来体现的，即女人没什么作用。例（47）由"黑就是黑，白就是白"统领整句，诠释了他的影片的价值取向，即邪不胜正，正义终将胜利。

二是句式位于句中，作用主要是承前启后。

（48）如心忽然破涕而笑，姑婆就是姑婆，到底是老派人，净担心这些事。（亦舒《红尘》）

（49）我讲话都是很绝对的，对的就是对的，错的就是错的，我从来不模棱两可。（郎咸平博客）

例（48）中"姑婆就是姑婆"位于句子中间，它是如心破涕为笑的原因所在，即想到了姑婆这个人，而"老派人"则是对姑婆的描写，也是担心那些不必要事情的原因所在，承上启下，将各个分句连接为句意完整的一句话。例（49）中"对的就是对的，错的就是错的"承接前句的"讲话绝对"，对错是非分明，同时引出后句，说话从来不模棱两可，态度分明。

三是位于句尾，主要是总结性的说明议论，分释因性和评议性两种[1]，在多数情况下二者是互相融为一体的，你中有我，我中有你，并不是分得特别清，只是在不同的语境下各有侧重而已。

（50）但他还是很欣慰地看到，这孩子论酒虽然有些嫩，可到底不跑题，不豁边，谈酒就是谈酒。（王安忆《酒徒》）

（51）但因果关系具有绝对性，在某个具体的因果环节中，因就是因，果就是果。（网络语料）

例（50）中"谈酒就是谈酒"是对前文的"不跑题，不豁边"

---

① 殷何辉：《比评性同语式的篇章分析》，《孝感学院学报》2006年第9期，第37页。

的总结，同时也是"他"感到欣慰的原因所在。例（51）中句尾的"因就是因，果就是果"是对前面所说的"因果关系具有绝对性"的进一步总结，即因果是分明的，是决然不同的。

"X 就是 X"结构充当句子的分句时，同其他分句之间或存在因果关系，或存在转折关系，从而与之构成因果复句、转折复句。

（52）拉拉觉着，不论你是不是管理培训生，说穿了，应届生就是应届生，领悟能力再高，也得有个领悟的过程——在这一点上，她和 TONY 林的想法如出一辙。（李可《杜拉拉升职记》）

（53）新的就是新的，虽然新的不一定就是好的。（《人民日报》1993 年）

（54）她与她并不见得兴致相投，说说就吵起来，但姐妹就是姐妹，不用戴面具闪烁相处，一切可以倾心直说，一点都不会累。（亦舒《七姐妹》）

例（52）中"应届生就是应届生"同后面的分句存在因果关系，人们通常认为"应届生"欠缺经验，阅历不足，尤其是刚进入一个新环境，对各项事务的领会必然有个过程，例（52）所描述的与人们的普遍认知一致，与后一句构成因果复句。例（53）中"新的就是新的"同后一分句存在转折关系，在人们的普遍认知中，新的东西应当是好的，但在这里却说，新的不一定是好的，与人们的认知不一致，构成转折复句。例（54）由转折关系词"但"引导，与前一分句构成转折关系，构成转折复句。

三 独立成句

（55）戴维却说："我并不认为河流看起来像公路有什么好。这里才真正称得上河流。河流就是河流。"（莫怀戚《陪都旧事》）

（56）王华欣说："好。我再问你一遍，有没有需要向组织

259

上交代的问题？有就是有，没有就是没有。你要想清楚。现在，
我再重复一次，我们是代表市委跟你谈话的，你要慎重考虑。"
（李佩甫《羊的门》）

在通常情况下，"X 就是 X"很少独立成句，相较而言，"X 就是
X，Y 就是 Y"独立成句的情况比较常见，这是因为 "X 就是 X"句
式语义不足，独立成句意思很难表达完善，而 "X 就是 X，Y 就是
Y"由于有了语义相互对立的 X 与 Y，句意相对清楚。在例（55）
中，"河流就是河流"表现出说话者充分肯定自己所理解"河流"的
定义——河流应是蜿蜒曲折的，而不应该像公路那样一马平川。例
（56）中，"有就是有，没有就是没有"句意清楚明白，表达说话者
的强硬态度。

本章重点分析了 "X 就是 X"的语表形式，根据词性，将可以进
入 "X 就是 X"结构的词类分为体词性词语与谓词性词语两大类。其
中，能够进入这一结构的体词性词语有名词及名词性短语、代词、数
量词等，而根据名词有无主观附加意义又将名词分为两类，其中，主
观附加意义越是丰富的名词越容易进入结构之中，而主观附加意义不
那么显著的名词在特定语境下也可以进入该结构之中，通常是借助该
结构表强调义。能够进入 "X 就是 X"结构的短语主要是定中结构与
"的"字短语两类。代词一般以人称代词为主。能够进入 "X 就是
X"结构的谓词性词语主要是动词及动词性短语、形容词及形容词性
短语。其中，越是具有动作意义的动词性词语越容易进入该结构之
中，而进入该结构之中的形容词性词语在一般情况下不受程度副词的
修饰。同时还指出，当 "X 就是 X"结构表示的意义为褒义时，
"就"可以替换为"到底"，否则不可以，而"就"与"到底""毕
竟"可以在一定的条件下彼此替换，主要因为它们都是评注性副词。
接着简单分析了 "X 就是 X"结构的拓展式 "X 就是 X，Y 就是 Y"
结构的一些特点：首先，X 与 Y 具有相同的词性，一般而言，Y 的词
性由 X 的词性所决定；其次，X 与 Y 的顺序不可随意颠倒，一是 X
与 Y 本身有一定的逻辑性，二是受人们的习惯所影响。最后，分析了

"X就是X"结构的句法位置，可以做句子的某一成分，如宾语、谓语等；可以做句子的分句，并与上下文构成因果复句、转折复句等，还可以独立成句。

第二章 "X 就是 X"的语里意义

关于语里意义,邢福义在解释他的"小三角"理论时,认为它是指"隐含在内的不可见的关系或内容"[①]。语里意义虽不可见,却可以理解和认识,尤其是一些意义潜势丰富的句子,总是特别耐人寻味。同样地,作为一种意义潜势丰富的句式——"X 就是 X"句式有着丰富的意义内涵。本章主要从以下几个方面描写"X 就是 X"句式的语里意义。

第一节 "X 就是 X"中 X 的语义

同探讨"X 就是 X"结构中 X 的分类一样,对于"X 就是 X"中 X 的语义,也分为 X 为体词性词语与谓词性词语这两种情况来论述。

一 X 由体词性词语充当时的意义

在前一章分析"X 就是 X"的语表形式时,指出当能够进入"X 就是 X"结构中的 X 为体词性词语时,从 X 是否具有主观附加意义这一特性出发,可以将 X 分为两类来分析:一类是 X 具有主观附加意义,另一类是 X 主观附加意义不显著,进入"X 就是 X"结构中旨在强调 X 的某种理性特征。那么,当 X 为体词性词语时,分析 X 的语里意义,同样也分为这两种情况来论述。

---

① 邢福义:《语法研究中"两个三角"的验证》,《华中师范大学学报》(人文社会科学版) 2000 年第 9 期,第 38 页。

　　当 X 为具有主观附加意义的体词性词语时，"X 就是 X"结构中前后两个 X 的意义不一致，这也是目前学界普遍所持的观点。张弓曾指出，主语、表语辞面虽然相同，而意义实在不一样。表语的含义实际比主语更复杂些，能引起听众读者的思考，耐人寻味①。邵敬敏也指出，X_1（即本编所说的前 X）具有指称性，而 X_2（即本编所说的后 X）既是对 X_1 的解释，但又不全是，它比 X_1 更深刻，并且具有很强的主观色彩。张弓、邵敬敏等虽然都指出了前、后 X 语义存在差别的现象，但并没有解释它们意义不一样的原因。关于"X 就是 X"结构中前后两个 X 意义不一样的原因，我们可以从句子的主观判定关系②中得到解释：在"X 就是 X"结构中，前 X 为被判定项，后 X 为判定项，而判定项主要说明被判定项所具有的特征等，这也就决定了判定项的意义要丰富于被判定项的意义，除了自身所包含的理性意义外，还蕴含着人们的主观评价、认识，也就是主观附加意义。

　　（57）丫环就是丫环，叫她"自由"也没有用，天生来的不知好歹。（老舍《善人》）

　　（58）专家就是专家，面对如此棘手的问题，不慌不忙，一一理清彼此间的关系。

　　例（57）中，前"丫环"为被判定项，指的是文中穆凤贞女士的丫环"自由"，后"丫环"为判定项，除了"婢女"这一理性意义之外，还蕴含着穆凤贞女士对丫环"自由"的评价认识：只知道伺候人，不知道争取自由，即使为其取名"自由"，终究也是枉然。例（58）中，前"专家"为被判定项，是指"对某一学问有专门研究、擅长某项技术的人"③，后"专家"为判定项，蕴含着人们对"专家"

---

　　① 张弓：《现代汉语修辞学》，天津人民出版社 1963 年版，第 179 页。
　　② 主观判定关系，是指小句认知结构所反映的人们对各语义成分所具有的相互关系的主观判定。详见丁力《语言问题八讲》，中华书籍出版社 2012 年版，第 178 页。
　　③ 中国社会科学院语言研究所词典编辑室编：《现代汉语词典》，商务印书馆 2005 年版，第 1787 页。

的主观认识评价：有学问，本领强，能够解决难题。

这类具有主观附加意义的体词性词语如果从数学的角度来看，就像是一个集合，即是说这类体词性词语涵盖着你、我、他等的主观认识与评价。而在一个句子之中，它所表现的是哪一个具体的意义，则需要结合具体的语境。因此，同一句式结构，尽管有着一样的语言形式，但在不同的语境下，其所表达的意义也是千差万别的。

（59）小伙子就是小伙子，力气就是比姑娘大。

（60）小伙子就是小伙子，干什么都大大咧咧、毛毛躁躁的。

例（59）（60）两句说的都是"小伙子"所具有的特点：例（59）着重表现小伙子力气大的特点；例（60）突显的是小伙子不稳重，办事不靠谱的特点。

当 X 为主观附加意义不显著的体词性词语，如"桌子""椅子"等时，"X 就是 X"结构中前后两个 X 的意思一样，旨在通过该结构来强调这些体词性词语的某种理性特征或者某种言外之意。

（61）"今天就是今天吧！这可不能怨我！"（冯志《敌后武工队》）

（62）在我眼里，河流就是河流，不分什么左岸右岸的。（迟子建《额尔古纳河右岸》）

例（61）中的"今天就是今天吧"，前"今天"与后"今天"的意思完全一样，借助结构表达说话者强调"只能是今天"。同样，例（62）中"河流就是河流"，强调"河流"就应该是一个整体、系统，不应将其割裂为左岸、右岸。

二 X 由谓词性词语充当时的意义

当 X 为谓词性词语时，既可以是动词及动词性短语，也可以是形容词及形容词性短语，此时"X 就是 X"结构中前后两个 X 都是指称性的，表示对某一行为、性质、状态的强调与肯定，同时，后 X 的指称性也带有陈述性质，且与后续句构成解释说明的关系。

（63）顾不及想胜负，顾不及想安全，前冲就是前冲，一面白旗，一个心眼，为劳军而来，就必须闯进去。（老舍《蛻》）

（64）全舵主能说得动这许多人密谋作乱，必有极重大的原因。大丈夫行事，对就是对，错就是错。众位兄弟，乔峰的所作所为，有何不对，请大家明言便是。（金庸《天龙八部》）

例（63）中"前冲就是前冲"是对不顾一切、果敢向前冲这一动作行为的强调与认可，而后续句"一面白旗，一个心眼，为劳军而来，就必须闯进去"，则解释了如何"前冲"，为何"前冲"。例（64）中乔峰希望在场的各位能公平评判，是非对错直接言明，不必有所顾忌，因而才会说"大丈夫行事，对就是对，错就是错"。认为后 X 的指称性也带有陈述性质，这一点可以从句子的主观判定关系中得到解释。在"X 就是 X"结构中，当 X 为谓词性词语时，前 X 依然是被判定项，后 X 仍为判定项，判定项是为了说明被判定项，也就是说后 X 的意义仍旧丰富于前 X 所指的意义，在例（63）中，在我们说"前冲就是前冲"时，后"前冲"不仅仅指向前冲这一动作，还蕴含着人们"前冲"的主观认识：奋勇向前，不顾危险，为了民族的胜利而无所畏惧。因此，我们说后 X 的指称性具有陈述性质。

而作为判定项的后 X 与后续句有着千丝万缕的关系，即判定项后 X 所蕴含的主观认识与评价，与后续句的解释说明相互照应。如：

（65）想到这里，他打了个震动全身的冷颤！非写信告诉秀华不可：结婚就是结婚，不必格外的表演猴儿戏。（老舍《一筒炮台烟》）

（66）他把恋爱视成一种精力的浪费。结婚就是结婚，结婚可以省去许多麻烦，别的事都是多余，用不着去操心。（老舍《不成问题的问题》）

例（65）（66）都是"结婚就是结婚"，但它们所表达的意义着实不同：例（65）由后续句"不必格外的表演猴儿戏"，突显出"结婚"只是两个人、两个家庭的事，不必哗众取宠，做戏给别人看；例（66）则突显"结婚"相对恋爱而言，省去许多琐碎，是件一劳永逸的事。

第二节 "就是"的性质意义

从语法单位的性质上看，"就是"可以是谓词性短语，也可以是副词、连词、助词等。《现代汉语八百词》指出，"就是"有表示"强调肯定"的意思，短语"就 + 是"也有表示"加强肯定"的意思。关于"就是"的划分，高文利在《歧义字段"N 就是 N"》一文中将"就是"划分为两类：一类是做短语"就 + 是"讲，此时，"N 就是 N"表示申明事物的独特性；一类是做副词"就是"讲，此时，"N 就是 N"表示接受不理想的事实，并且在句末有语气副词"吧"时，可以转换为"X 就是 X"结构①。我们认为在"X 就是 X"结构中，"就是"主要做"就 + 是"的划分，是短语而非词，具体理由有二：

首先，区分词与短语的方法之一就是看它们在结构上能否扩展。我们知道，词具有凝固性的特点，因此在结构上不能够再插入其他成分。而短语相较于词而言，内部结构松散，可以插入其他成分。而在"X 就是 X"结构中"就"与"是"之间是可以插入别的词的，如"应该""该"等。

（67）桌子就应该是桌子，怎么能随随便便地坐在上面。

其次，"就"与"是"各自负载的意义不同，"就"为副词，表强调；"是"为判断动词，表判断。张谊生在对现代汉语副词进行分

---

① 高文利：《歧义字段"N 就是 N"》，《益阳师专学报》2000 年第 5 期，第 43 页。

类时，将"就"归为评注性副词，并指出评注性副词的突出特点之一便是具有主观性，"主要是表示说话者对事件、命题的主观评价和态度的"①，"就"即表示说话者强调与肯定的态度；齐沪扬在《语气副词的语用功能分析》中也指出，语气副词的作用可以归结为三个方面：表述性功能、评价性功能和强调性功能②。张谊生所说的评注性副词同齐沪扬所讲的语气副词就其本质而言是一类副词，只是称谓有所不同。而"就"正是通过其自身的强调性功能，来表达说话人对一个事物的认可。在"X 就是 X"句式中，"就"的意思即为"强调"之意，这样，在句子的表达效果上，虽然整个句子中并没有出现表示条件的相关词语，但始终都蕴含着一种"无条件的条件"③。如"真相就是真相"，蕴含着无论是怎样的真相，丑陋的、美好的抑或其他，但真相就是真相，不管在什么条件下，都是不能否认或者改变的。"是"在"X 就是 X"句式中做判断动词，"主要起肯定和联系的作用，并可以表示多种关系"④。在"X 就是 X"结构中，前 X 具有指称作用，后 X 是人们根据自己的经验对 X 的性质、特征、属性等方面的主观认识与评价。正是通过"是"的判定作用，判定后 X 所表示的属性、特征是前 X 所具备的。周韧也指出，作为判断句的同语式，"通过'是'字的判断作用，将 X$_2$ 附有的内涵意义传递给 X$_1$"⑤，如：

（68）但陈毅就是陈毅！他那凛凛正气，磊磊胸怀，震撼着人们。（《"陈老总"轶事》）

例（68）中前"陈毅"即是文中所说的陈司令，也是我们大家

① 张谊生：《现代汉语副词研究》，商务印书馆 2014 年版，第 18 页。
② 齐沪扬：《语气副词的语用功能分析》，《语言教学与研究》2003 年第 1 期，第 62 页。
③ 邵敬敏：《语法研究与语法应用》，北京语言学院出版社 1994 年版，第 75 页。
④ 吕叔湘主编：《现代汉语八百词》（增订版），商务印书馆 2014 年版，第 496 页。
⑤ 周韧：《从理性意义和内涵意义的分界看同语式的表义特点》，《语言教学与研究》2009 年第 6 期，第 12 页。

所知道的那个陈将军,而后"陈毅"则是作者对陈毅将军的主观解读——正气凛凛,胸怀磊落,为人们所佩服。通过"是"的判断作用,将后"陈毅"的主观解读传递给前"陈毅"。

第三节 "X 就是 X"结构的语义

"X 就是 X"中前后两个 X 同形同音,因此有不少学者将这一句式称为"同语复说"或"重言"。从逻辑的意义上讲,同形同音的两个 X 所构成的"X 就是 X"句式结构属于"无聊命题",它并没有增加任何新的知识,在任何情况下都是真命题,因而也可以说是废话。可我们通过前文的分析知道,这两个形音相同的 X,其意义委实不一样,这也就使得"X 就是 X"结构的意义蕴含十分丰富。我们主要从"X 就是 X"结构单用时的语义与结构连用时的语义两方面来分别说明。

一 "X 就是 X"结构的语义

(一)"X 就是 X"结构的基本语义表示强调

"X 就是 X"结构,前后两个 X 同音同形,本身就有一种强调义,再加上副词"就"的强调作用,因而"X 就是 X"结构主要表示强调义,但这强调义之中蕴含着申辩意义。

"X 就是 X"结构就其本质而言,它属于判断句的范畴。吕叔湘说过:"判断句有两个用处,一是解释事物的涵义,二是申辩事物的是非。"① 可见,申辩义是判断句的作用之一,在通常情况下,判断句的解释和申辩这两种作用是息息相通的,如:

(69)鲸鱼是哺乳动物。

(70)鲸鱼是哺乳动物。

(71)鲸鱼不是鱼。

---

① 吕叔湘:《中国文法要略》,商务印书馆 2014 年版,第 60 页。

"鲸鱼是哺乳动物",这是解释"鲸鱼"的含义,但鲸鱼既然是哺乳动物,自然就不是鱼了,但当说"鲸鱼是哺乳动物"的时候,并不注重"鲸鱼不是鱼"这个意思。也就是说,"鲸鱼是哺乳动物"其实已经蕴含了"鲸鱼不是鱼"这一层意思。而如果想要注重这一层意思,或者把"是"字说得重一些,或者直接说"鲸鱼不是鱼",这是申辩。

判断句的解释和申辩这两种作用虽然是息息相通的,但其实是有着不同的形成条件的,我们可以从说话人与问话人的心态特征来说明。

(72)问话人:鲸鱼是什么?
说话人:鲸鱼是哺乳动物。
(73)问话人:鲸鱼是鱼。
说话人:鲸鱼是哺乳动物。
鲸鱼不是鱼。

当说话人回答:"鲸鱼是哺乳动物"时,针对的是问话人的所问:"鲸鱼是什么?"此时问话人希望说话人能提供一个具体的答案,说话人的回答可以是事物的属性、范围、形状、用途等,但一定传递了问话人所不知道的某种新信息。而说话人在进行申辩时,其实是认为对方对事物的认知与自己对这一事物的固有认知或常识有冲突,需要与之"辩论",以表明自己的立场、观点,或者通过重音强调,或者直接否定对方的观点。因此,就像吕叔湘说过的:"凡否定的判断句都是申辩是非的,肯定的判断句却可以有解释和申辩两种作用"①。邵敬敏(1986)又进一步引申指出:"这种肯定性判断句的解释作用是显性的,而申辩作用则是隐性的。"②

"X就是X"结构就其本质来说是一个肯定性的判断句,但"X

---

① 吕叔湘:《中国文法要略》,商务印书馆2014年版,第60页。
② 邵敬敏:《"同语"式探讨》,《语文研究》1986年第1期,第13页。

就是 X"结构的申辩作用是显性的，而解释作用则是隐性的。这是因为在"X 就是 X"结构中，前后两个 X，同形同音，就解释而言，并没有传递新的信息，因而不构成解释作用；同时，"X 就是 X"这一结构蕴含着"X 并不是非 X"的意义。也就是说，听话人在听到该结构的句子时，一方面需要通过语境以及自身对 X 的主观认识、评价来表达对某一事、物的主观判断，即判断被判定项与说话人自身的主观世界中所存在的理想认知模型是否相符合；另一方面，这种判断的过程本身就是申辩，强调被判定项是其自身而不是其他。因此，"X 就是 X"结构的强调义与申辩义是一个过程的两个方面，是"你中有我，我中有你"的，互相作用，从而构成"X 就是 X"结构的独特表达作用。

（74）队长一见新媳妇挑头给他提意见，满心不高兴，冷冷地说："女的就是女的，怎么能跟男人比？"（李有干《新媳妇》）

（75）大家就是大家，就是一根弦拉到你心头去，感觉到确切，感觉到过瘾。（钱邵武《漫谈艺术》）

例（74）中"女的就是女的"带有强烈的主观评断，说话人（队长）根据自己的经验，强调女人就是头发长，见识短，没有见过大世面，不识大局，故而对"新媳妇挑头给他提意见"的做法甚是不满，而通过后半句"怎么能跟男人比"，其实是强调"女的不能与男的相提并论"，将句子的申辩义表述完整。例（75）中"大家就是大家"，一是强调"大家"才艺高超，表演深入人心，为人所赞叹；二是强调"大家"果然不同于普通表演者，蕴含申辩意味。

（二）"X 就是 X"结构表示解释

"X 就是 X"结构作为一个肯定性的判断句，虽然解释作用是隐形的，但并不意味着没有，在一定的语境下"X 就是 X"结构表示解释，但用这一结构表示解释时，由于没有提供新的信息，因此它的解释作用相当于零，往往蕴含言外之意。

（76）——（车长杰是谁？）

——车长杰就是车长杰呗，还能是谁？（杨朔《三千里江山》）

在通常情况下，在我们被问到"车长杰是谁"时，我们的答语格式一般为"车长杰是……"而在例（76）中，说话者回答"车长杰就是车长杰"，没有起到预期的解释作用，相当于没有回答，而听话者只能从当下语境中揣测其言外之意。

（三）"X 就是 X"结构表示妥协

"X 就是 X"结构还可以表示妥协，在这种情况下，往往体现出说话者的一种无奈，即虽然知道这不是能让自己满意的现状、结果，但自己也无力改变，不得不接受。

（77）况且她还许带过几辆车来呢，干吗不享几天现成的福！看透了自己，便无须小看别人，虎妞就是虎妞吧，什么也甭说了！（老舍《骆驼祥子》）

例（77）中，祥子并不喜欢虎妞，更不愿意娶虎妞，但迫于现实的残酷，为了早点拥有属于自己的一辆车的梦想，不得不向现实低头妥协，无奈地选择了虎妞。

二 "X 就是 X，Y 就是 Y"结构的语义

"X 就是 X"结构连用，构成"X 就是 X，Y 就是 Y"结构。其基本语义表示区别。其实，"X 就是 X"结构连用表区别义，在其单用时已见端倪。在结构单用时，即"X 就是 X"结构的基本语义表示强调，但这一强调义蕴含着申辩义，即表示 X 就是其自身而不是其他。结构连用，即"X 就是 X，Y 就是 Y"明确对比对象，表达 X 与Y 不是一回事，不能将二者相互混淆。在"X 就是 X，Y 就是 Y"结构中，X 与 Y 之间的关系可分为意义相近与意义对立两种情况来分析。

（一）X 与 Y 意义相近

当 X 与 Y 之间意义相近时，X 与 Y 其实就是我们通常所说的近义词的关系，此时，"X 就是 X，Y 就是 Y"结构的语义与"X 就是 X"结构的基本语义一样，表示强调。

（78）德来斯笑着说，"我们对你们一点恶意也没有。生意就是生意，买卖就是买卖，欠债还钱，孩子也知道这个道理。"（《地球杀场》）

例（78）中，"生意"与"买卖"意思相近，都表示用事物或者货币来换取物品的行为。此时，"生意就是生意，买卖就是买卖"与"生意就是生意"或者"买卖就是买卖"所表达的强调义是一样的，即生意（买卖）要讲信誉，可以赊账，但一定要还债，这是生意（买卖）最基本的要素。但通过结构的连用，这种强调义更突出，更深刻。

（二）X 与 Y 意义对立

在通常情况下，"X 就是 X，Y 就是 Y"结构中的 X 与 Y 是作为语义对立的双方而存在的，此时，"X 就是 X，Y 就是 Y"结构表示区别义。其中，X 与 Y 之间的对立关系主要表现在三个方面：语义特征对立、语用环境对立、逻辑顺序对立。

1. 语义特征对立

存在语义特征对立关系的 X 与 Y，类似于平日我们所说的反义词，其最突出特征是不管在何种语境中，其对立关系是永远成立的。

（79）如他以为自己许多的观念与行动还全都多少受了老书的恶影响，使他遇到事不敢说，黑就是黑，白就是白，而老那么因循徘徊，象老书那样的字不十分黑，纸不完全白。（老舍《四世同堂》）

（80）买就是买，不买就是不买，干吗欺哄孩子呢？（老舍《离婚》）

如例（79）中的"黑"与"白"是反义词，例（80）中的
"买"与"不买"有反义关系，这两组词的对立关系是在任何情况下
都成立的。

2. 语用环境对立

存在语用环境对立关系的X与Y，其显著特征是X与Y的对立关
系往往是语境性的、临时性的，即脱离当下的语言环境，X与Y尽管
有不同，但并没有直接的对立关系。

（81）解放前八旗子弟养百灵十三喥都讲求顺序不能颠倒，
不能搀杂音儿，猫叫就是猫叫，喜鹊叫就是喜鹊叫。（魏润身
《挠攘》）

如例（81）中的"猫叫"与"喜鹊叫"尽管有区别，但其本身
并不存在直接的对立关系，只是在这一特定的语境下，将二者临时对
立起来。

3. 逻辑顺序对立

存在逻辑顺序对立关系的X与Y，其突出特征是X与Y本身有一
定的次序，这也就决定了X与Y的顺序不可随意颠倒，其中一些使
用频繁，往往构成熟语，因而也就具有了约定俗成性。

（82）一就是一，二就是二，爱仍如黑白分明，清清楚楚，
绝不含糊。（梁凤仪《激情三百日》）

如例（82）中"一就是一，二就是二"中"一""二"为基数
词，"一"在前，"二"在后，本身不存在对立关系，但在实际表达
当中，表示不能将"一""二"混淆，表达毫不含糊的意思，显然，
这是一种引申意义，是从人们的生活中概括提炼出来的。与之相类似
的还有我们平日所说的"丁就是丁，卯就是卯"，"丁""卯"分别为
天干地支中天干的第四位、地支的第四位，二者位数相同但宫位不
同，不能将二者混为一谈，以此来表示做事认真，不含糊之意。这与

"一就是一，二就是二"其实是一样的，都是在长期的社会生活中约定俗成的。

　　本章重点介绍了"X 就是 X"结构的语里意义，由局部到整体，从"X 就是 X"结构中 X 的语义入手，依次分析了"就是"的性质意义以及"X 就是 X"结构的整体语义。其中，在 X 的语义方面，通过判定结构说明了"X 就是 X"结构中前 X 与后 X 在语义上存在差别的原因。并指出"就是"做"就＋是"的切分，其中，"就"为评注性副词，"是"为判断动词。最后从结构单用与连用两方面分析了"X 就是 X"结构的语义。

第三章 "X 就是 X"的语用价值

　　"X 就是 X"是日常言语交际中使用非常广泛的句式结构，有着丰富的语用意义。从表面看来，"X 就是 X"结构前后两个 X 同音同形，只是词语的重复，并没有传递出新的信息。可是，深入分析便能感受到"X 就是 X"结构所传递的信息绝非只是字面那样简单，而是有着深层含义，是说话人意会可是却没有直接言明的意义。正是这一独特的表达方式，"X 就是 X"结构总能够引起听者与读者的思考与共鸣，传达出说话者的言外之意。这一部分将重点分析"X 就是 X"结构言外之意产生的原因、心态特征以及语用类型等方面。

第一节 "X 就是 X"结构言外之意产生的原因

　　"X 就是 X"结构所传达的言外之意才是说话人真正想要表达的意思。而这种"言外之意"其实就是语言学所讲的会话含义，那么"X 就是 X"结构的这种会话含义是如何产生的呢？搞清楚这一点，我们有必要了解与会话含义有关的会话合作原则及其相关准则。

　　会话合作原则是美国语言学家格赖斯提出的，他在其著名论著《逻辑与会话》中指出，在正常情况下，我们的谈话并不是由一串不连贯的话组成的，而是有着一定的逻辑性。也就是说人与人之间的谈话能够顺利进行是因为谈话各方有共同的目的和方向，并在谈话的过程中彼此共同向着这个目的和方向努力。在这种谈话中双方自觉遵守的"隐形约定",格赖斯称之为"合作原则"①。

之后,格赖斯又将"合作原则"具体化为四个准则:第一,量的准则,指会话双方所提供的信息要满足当下谈话的需要,不能过少也不能过多;第二,质的准则,指会话双方所说的内容必须是真实的;第三,相关准则,指会话双方所说的内容要与当前谈论的内容有关联,不能答非所问;第四,方式准则,指会话双方要以简洁明了的方式准确清楚地传达出自己想要表达的意思。

理想的会话过程是会话双方都遵循着会话合作原则与准则,"你来我往",和谐地完成会话。但是在交际过程中,总有一方或者无意,或者有意违反会话合作原则,此时,就会造成会话的中止,会话的另一方若想继续进行会话,那么他就会认为违反合作原则的一方其实是遵守会话合作原则的,并会进行思考,领悟对方所说的话的含义,也就是我们常说的"言外之意",即会话含义产生的机制。

而"X 就是 X"结构之所以总给人某种"言有尽而意无穷"的感觉,正是因为这一结构违反了会话合作原则中"量的准则"。"量的准则"要求说话人提供能够满足当下谈话的信息量,不能过多,也不能过少,比如,回答"他是谁"这一问话时,正常的回答应是"他是我的未婚夫"之类,问话者可以准确理解"他"的具体含义,而在"X 就是 X"结构中,则会得到"他就是他"这样的答复,问话者得到的信息量过少,不明所以。此时,如果问话者认为听话者是合作的,那么他就必须从答话者的回答中推导出字面以外的意义,以理解答话者真正所要表达的意义。正是"X 就是 X"结构违反了"量的准则",才使得该结构具有语意含蓄但却丰富的特点。

(83)——"他是谁?"这样问也许不太合适,可匆忙之中,我脱口而出了。

——"他就是他呀!"妹妹"咯咯咯"地笑起来。从他俩亲昵的态度中,我终于下了判断,他就是我未来的妹夫。(《新民晚

---

① 转引自 [美] A. P. 马蒂尼奇《语言哲学》,商务印书馆 1998 年版,第 301 页。

报》1986 年）

例（83）中，问话者"我"不知道"他"是谁，因而询问"妹妹"，以期有一个清晰而具体的答案，在问话者心中，妹妹的答语格式应是："他是（我的）……"可是，"妹妹"的回答却只是重复了"我"的提问，没有给"我"一个理想的答复，是一个相当含混不清的答案。而正是这样一个似答非答的回答引起了"我"的思考，并最终使"我"悟出了这个"他"的真正含义——妹妹的未婚夫。这比"妹妹"直接回答"他是我的未婚夫"更有修辞效果，充分表现出"妹妹"欲说还休的情态。由此可见，正因为"X 就是 X"句式违反了量的准则，使得听话者不得不反复斟酌句子的意义，从而体味出句中后 X 与前 X 尽管形音一样，而意义实在不一样，后 X 所蕴含的意义才是说话者所要表达的真正意思，而这种意味非一般的陈述句式所能直接表现出来的。

第二节 "X 就是 X"结构的心态特征

"X 就是 X"结构在不同语境下的不同会话含义，其实反映了说话者不同的心态特征。因为语言是用来表达和理解人的内心世界的，当我们说出一句话或者听到一句话时，不仅是对信息的传递与接收，也是对不同的内心世界的表达与理解。因此，研究"X 就是 X"结构在不同语境下的会话含义，有必要分析"X 就是 X"结构的心态特征。

所谓心态特征，"是指说话人在特定的语境类型中使用某一句法格式时所共同具有的一系列观念、认识等，也就是说，没有这些共同的观念、共同的认识，说话人在这种特定语境类型中不会用这种句法格式；反过来，这种句法格式在这种特定语境类型中又反映了说话人的这些共同的观念、共同的认识。这一系列共同观念、共同认识，也就是心态特征的集合，就构成了该句法格式在这种特定语境类型中所具有的心态模式，而这种心态模式，也可以说，就是对这种特定语境类型的一种规定和描述"①。说话人在使用"X 就是 X"结构时，反映了他所具有的以下几种心态特征：

心态特征 1：说话人认为某人或某事与自己的理想期望值有差距。

心态特征 2：说话人认为某人或某事符合自己心中的期望值，以加强印证自己的看法。

心态特征 3：说话人知道对方所提问题的答案，但出于某种考虑，不能将其告之。

心态特征 4：说话人不知道该怎么回答对方的提问。

心态特征 5：说话人没有办法改变自己所处的境况。

心态特征 1—心态特征 5，就构成了"X 就是 X"结构的心态模式。通观这五种心态特征，可以发现心态特征 1 与心态特征 2 是说话人对某人或某事的主观评价；心态特征 3 与心态特征 4 是说话人对某人或某事的解释。接下来，我们将分为三组，对这五种心态特征——进行描述。

一　心态特征 1 与心态特征 2

（一）心态特征 1

"X 就是 X"结构的心态特征 1 反映了说话人这样一种认识，即说话人认为某种客观情况有违常理，不符合自己的理想期望值，而想要申辩，以此来表明自己的态度、观点。如：

（84）勺子就是勺子，怎么能用来吃面条呢？

（85）筷子就是筷子，不能用来喝汤！

当说话者说出例（84）这样的语句时，我们可以推断出，说话人一定是看到了有人拿着勺子在吃面条，而且可能还吃不到，这完全不符合他关于勺子用途的认知，也是违背常识的，因此他要表明自己的观点：强调勺子是用来喝汤的，而不是用来吃面条的。当说话人是心

---

① 丁力：《现代汉语列项选择问研究》，华中师范大学出版社 2003 年版，第 130 页。

态特征 1 时,"X 就是 X"结构的后续句往往是反问句或否定句,以加强说话人不赞成对方的语用效果。

(二)心态特征 2

"X 就是 X"结构的心态特征 2 反映了说话人这样一种认识,即说话人认为某人或某事符合自己的理想期望值,而要加强、印证自己的看法。如:

(86)名分上是官,吃着官俸,私底下又与青帮黑会勾结,杀人越货,强取豪夺。土匪就是土匪,哪改得了多占黑吃的德行。就这样,明暗双雕,白黑通吃,一时间成了杭州城里的豪富恶霸,过着穷奢极欲又穷凶极恶的生活。(麦家《风声》)

例(86)中说话人认为,土匪的本性不管到什么时候都不会改变,强取豪夺、杀人越货、胡作非为,而现实情况也确实与自己所预期的一样,说话人使用"X 就是 X"结构,就是为了印证自己的观点、看法,此时,"X 就是 X"结构的后续句往往起着解释说明的作用,以进一步论证自己的观点。

心态特征 1 与心态特征 2 从根本上说都是说话人的一种主观评价,不过就表达效果而言,心态特征 1 申辩意味更浓,心态特征 2 的强调意味更重。它们之间的细微差别,可以通过大脑中的两种思维来解释。

大脑中的两种思维主要是指主观推测层面和客观反映层面:主观推测层面是大脑思维中的一个认知层面,该层面所反映的认识不是客观现实情况在大脑中的直接反映,而是人们依据自己的生活经验、背景知识等,对客观现实情况所进行的一种主观猜测或判断;客观反映层面是大脑思维中不同于主观推测层面的另一个认知层面,该层面所反映的认识不是人们依据自己的生活经验、背景知识等对客观现实情况所进行的一种主观猜测或判断,而是客观现实情况在大脑中的直接反映[1]。

① 丁力:《汉语语法问题研究》,三秦出版社 2012 年版,第 44、47 页。

在心态特征 1 中，主观推测层面与客观认知层面不一致，如例（84）中，在主观推测层面，说话人根据自己已有的生活经验、常识，认为勺子是用来喝汤的；在客观认知层面，有人却拿着勺子在吃面条，因而在这一心态特征下，说话人的辩解意味更重。在心态特征 2 中，主观推测层面与客观认知层面一致，如例（86）中，在主观推测层面，说话人根据自己的社会经验总结出土匪的特征：野蛮、凶恶、胡作非为、烧杀抢夺等；在客观认知层面，土匪即使买了官做，依然本性不改，甚至变本加厉，更是无恶不作，因而在这一心态特征下，说话人主要表示强调。可见，心态特征 1 与心态特征 2 之间的区别就在于主观推测层面与客观认知层面是否一致。

二 心态特征 3 与心态特征 4

（一）心态特征 3

"X 就是 X"结构的心态特征 3 反映了说话人这样一种认识，即说话人其实是知道问话人的具体所指，但出于某种原因，而不能将答案告诉问话人。如：

（87）——他的身份到底是什么？

——他就是他，这是我军机密，现在还不能告诉你。

例（87）中，说话人显然知道"他"的具体身份，但由于当下"他"的身份等信息仍处于保密状态，不能随意外泄，因此说话人尽管知道"他"的具体身份，也不能将之告诉问话者。

（二）心态特征 4

"X 就是 X"结构的心态特征 4 反映了说话人这样一种认识，即说话人虽然知道问话人所问的内容，但对于问话人的提问，的确不知该从何说起。

（88）茅通接着说："这有什么不好懂的！鸥就是鸥，也就是鸥。"（欧阳山《苦斗》）

例（88）中，茅通显然知道问话人问的"鸥"为何物，在茅通看来，"鸥"这种鸟类该是每个人都认识、知道、熟悉的，没有什么不好理解的。可当被问到什么是"鸥"时，茅通一时语塞，不知该如何解释说明。

心态特征 3 与心态特征 4 就其本质而言，是说话人的一个回复、解释，针对的是问话人提出的问题，但二者之间也存在着差别。主要表现在心态特征 3 是"能而不愿"，而心态特征 4 是"愿而不能"。为了便于说明，先来明确以下两个相关概念：

能力程度，用来描述人们有能力做成某件事的可能性，用 $Pn[X]$ 表示，其取值区间为 $[0, 1]$。其中，$Pn[X] = 1$，表示有能力完成某件事；$Pn[X] = 0.5$，表示不知道是否有能力完成某件事；$Pn[X] = 0$，表示没有能力完成某件事；$0 < Pn[X] < 0.5$，表示能完成某件事的可能性小；$0.5 < Pn[X] < 1$，表示能完成某件事的可能性大。

意愿程度，用来描述人们是否愿意做某件事，用 $Py[X]$ 表示，其取值区间为 $[0, 1]$。其中，$Py[X] = 1$，表示愿意做某件事；$Py[X] = 0.5$，表示不知道是否愿意做某件事；$Py[X] = 0$，表示不愿意做某件事；$0 < Py[X] < 0.5$，表示愿意做某件事的可能性小；$0.5 < Py[X] < 1$，表示愿意做某件事的可能性大。

在心态特征 3 中，$Pn[X] = 1$，$Py[X] = 0$，如例（87）中，对于说话人而言，$Pn[他的身份] = 1$，$Py[他的身份] = 0$，即说话人十分清楚他的身份是怎样的，但是不愿意告诉对方关于他的身份的具体信息。在心态特征 4 中，$Pn[X] = 0$，$Py[X] = 1$，如例（88）中，对于说话人而言，$Pn[什么是欧] = 0$，$Py[什么是欧] = 1$，即说话人十分愿意以生动形象的语言向对方解释什么是欧，但就是有种话到嘴边反而不知该怎么说，而不能将其告之。由此，可以清楚地看到心态特征 3 与心态特征 4 之间的差别。

三 心态特征 5

"X 就是 X"结构的心态特征 5 反映了说话人这样一种认识，即说话人对于自己所处的境况虽然感到不甘心，却无可奈何，没有办法改变。如：

（89）歇了一阵子，他才自言自语："记不住就是记不住。"（欧阳山《三家巷》）

例（89）中，可以看得出来他很努力地记忆某个事物，奈何主客观条件的限制，令他心有余而力不足，就是记不住，最后不得不面对残酷的现实，充分突出他的无可奈何。

"X 就是 X"结构的这几种心态特征既有区别，又有联系，彼此之间相互制约，影响说话人对"X 就是 X"结构的使用。比如，心态特征 5 表现的是说话人对自身所处的境遇感到无可奈何，首先要对自己所身处的境遇进行确认、肯定，即说话人清楚自己的实际情况是怎样的，这种对自身境遇的确认其实就是心态特征 2。

总之，这几种心态特征之间即有区别，又相互联系，正因如此，才使得"X 就是 X"结构成为一个语义丰富且耐人寻味的句式结构。

第三节 "X 就是 X"结构的语用类型

作为一个意义潜势丰富的句式结构，"X 就是 X"结构有着丰富的语用类型。接下来主要从结构单用时与结构连用时两方面进行简单说明。

一 结构单用时的语用类型

"X 就是 X"结构单用时，在不同的语境下有着不同的语用效果，以是否具有感情色彩为标准，可以分为两大类：事理类与寄情类。

（一）事理类

当"X 就是 X"结构的语用效果为事理类时，重在强调事实的客观性或事物的本质属性不会改变，如：

（90）"特像蒙古马是吗？"南希沾沾自喜："不一样就是不一样哦。"（王朔《谁比谁傻多少》）

（91）钱还是被挪用于当地某偏僻山村盖校舍，上面也有乡长、书记的签名，但挪用就是挪用，白纸黑字是没有人情可讲的。（网络语料）

例（90）重在表现南希的马不同于一般的马，而这种"不一样"是事实如此的，以此强调"不一样"的客观性。例（91）重在说明这笔钱尽管是用来做了好事，纵然有乡长、书记的签名做保证，但这笔钱是公款，未经允许私自支配使用，无论是否做了好事，都属于挪用公款。而这一违法性质不会因为你做了好事而有所改变，最终还是要接受法律的制裁。

（二）寄情类

当"X 就是 X"结构的语用效果为寄情类时，主要表达说话人的敬佩之情、不耐烦情绪以及说话人无可奈何的心态等。

1. 表达说话人的敬佩之情

（92）大家就是大家，就是一根弦拉到你心头去，感觉到确切，感觉到过瘾，听到的感觉就是那么回事。（钱绍武《漫谈艺术》）

例（92）强调"大家"就是我们心中的那个大家，果然不同于一般人，表现出说话者发自内心的敬佩、赞叹之情。

2. 表达说话人不耐烦的情绪

（93）"书房棋就是书房棋，没有什么引申的意思。就是棋风。"杨晖说。（新华社 2001 年新闻报道）

在例（93）中，在说话者杨晖看来书房棋作为与街坊棋相对应的一种象棋棋风，只是一种下棋风格而已，与街坊棋虽有比较但绝无贬损之意。故只随口回答"书房棋就是书房棋，就是棋风"，十分不耐烦，在这里含有"书房棋只是书房棋，不是其他别的什么"的意味。

3. 表现说话人无可奈何的心态

（94）已经盯着卷子很久的胖胖，最后瘫坐在椅子上，自言自语道，"不会做就是不会做啊！"

例（94）中，从内心来讲，胖胖其实非常有意愿将卷子完成，奈何主客观条件的限制，令他心有余而力不足，就是不会做卷子上的题，最后不得不面对残酷的现实，充分突出他无可奈何的心态。

二 句式连用时的语用类型

"X 就是 X，Y 就是 Y"句式的语用类型主要有二：一是表示区别；二是表示列举。

（一）表示区别

"X 就是 X，Y 就是 Y"句式表示区别意义时，不是为了说明 X、Y 的特征属性是否与主观认识相符合，而是为了说明 X 与 Y 各自有不同的特征属性，不能将二者混淆。其中，当"X 就是 X，Y 就是 Y"句式表区别意义时，根据语境，语义侧重不同，又可将其分为偏别式、平别式①。

1. 偏别式

偏别式的"X 就是 X，Y 就是 Y"中，X 与 Y 的地位是不平等的，有所侧重，在一般情况下，此时句式的语意重点在 Y，着重突出 Y 的特征、属性，以强调 Y 是不同于 X 的。

（95）职场上，老总就是老总，员工就是员工，分派工作检查工作等等，都是职业化的分工，还是尽量忘记你的年龄吧。

---

① 偏别式与平别式的观点采用黄理兵的说法，详情参看黄理兵《"A 是 A，B 是 B"句联的语义考察》，《辽宁学院学报》2005 年第 6 期，第 70—76 页。

（网络语料）

（96）外地就是外地，家乡就是家乡，在外地无论生活多久，每逢佳节心底总会涌动强烈的思乡之情。（网络语料）

例（95）的语意重点在员工，强调作为一名员工要摆正自己的位置，做好自己分内工作，因为在职场上，有的只是职业化的分工，纵使年龄大，也要服从老板的分配调度。例（96）通过对比外地与家乡，以区别外地和家乡在人们情感世界中的地位，同时重点强调家乡在每一个游子的心中都是不可取代的，是根，是思念的源泉。

2. 平别式

平别式的"X就是X，Y就是Y"中，X与Y的地位是平等的，没有特别强调任何一方的意思。说话者重在区别X与Y，强调X与Y是不同的人或事物，不能将它们混淆起来。

（97）"你知道了事情闭口不说没有一点好处，"斯威蒂曼太太说，"正义就是正义，谋杀就是谋杀。讲真情实话，谴责恶魔坏蛋。我就是这种立场。"（阿加莎·克里斯蒂《清洁女工之死》）

（98）它考验人的方法是简单而明确，尖锐又严峻，立竿见影，一清二白，人就是人，鬼就是鬼，没有丝毫的含糊或犹豫。（李英儒《野火春风斗古城》）

例（97）强调正义与谋杀是绝对不能混淆的，正义必须要弘扬，而谋杀则必须得到相应的惩罚。例（98）展现了这一考验人的方法简单而有效，是人是鬼一试便知，从侧面说明了人（同志）与鬼（奸细）是绝不可能一样的。

（二）表示列举

"X就是X，Y就是Y"句式还可以表示列举。当句式表示列举时，还可以再次扩展，即"X就是X，Y就是Y，Z就是Z……"通常而言，句式所列举的各项一般属于某一事物的几个方面，或属于统一的范畴,有的各项之间可能会存在反义关系,但并不表示对立,而是表示列举。

（99）在叙述案情以前,他用亲切愉快的口吻向陪审员解释了好久,说什么抢劫就是抢劫,偷盗就是偷盗,从锁着的地方盗窃就是从锁着的地方盗窃,从没有锁着的地方盗窃就是从没有锁着的地方盗窃。(列夫·托尔斯泰《复活》)

（100）那贴近让人不由地兴奋!张三就是张三,李四就是李四,当她们站出来亮相时,那许许多多个围着锅台转的日子在这里一并得到了化解。(李佩甫《羊的门》)

例（99）中他向陪审员所解释的事情:抢劫、偷盗、从锁着的地方盗窃、从没有锁着的地方盗窃等,都是犯罪行为,是最终判刑的依据。这些是区别,区别它们之间的不同,为自己的罪行进行申辩;但从整体看来,实属罗列、列举自己所犯下的罪行。例（100）以"张三""李四"两个虚拟的人来代表所有的妇女,在这里,"张三""李四"不是对立、有所区别的两个人,而是广大妇女同胞的象征。

"X就是X,Y就是Y"在表示列举时,在一定的语境下还可以表示达到某种标准、要求。

（101）身材嘛,当然是要国际级一流标准,胸就是胸,腰就是腰,臀就是臀。(网络语料)

例（101）中所列举各项同属于身体的某一部分,是评判身材好坏的参照物,在这里含有"要胸有胸,要腰有腰,要臀有臀"的意思。

本章着重分析了"X就是X"结构的语用价值,以"X就是X"结构产生会话含义的原因为切入点,指出由于说话人有意违反会话合作原则,使得"X就是X"结构有着丰富的会话含义。而会话含义的产生固然与语境有关,但这种会话含义更是说话人在特定语境下其特定心态特征的反映，因此，又深入探讨了"X 就是 X"结构五种不同的心态特征，并通过大脑中两种不同的认知层面揭示了心态特征 1 与心态特征 2 之间的联系与差别，通过能力程度与意愿程度揭示了心态特征 3 与心态特征 4 之间的联系与差别。最后简单分析了在特定语境下，"X 就是 X"结构所表现出的几种典型的语用效果。

结　语

　　本编以"X 就是 X"结构及其扩展式"X 就是 X，Y 就是 Y"结构为研究对象，在前人时贤研究的基础上，从语料分析入手，以邢福义的"小三角"理论为框架，从语表形式、语里意义以及语用价值三个方面进行了充分观察、描写、分析，力求准确揭示"X 就是 X"结构的特点与规律。

　　在语表形式方面，我们认为可以进入"X 就是 X"结构及其扩展式"X 就是 X，Y 就是 Y"的词类有体词性词语与谓词性词语两大类。其中，进入"X 就是 X"结构的体词性词语按有无主观附加意义分为两类：一类具有主观附加意义，如像"女人"一样的大部分名词，另一类则是主观附加意义不那么显著，如像"桌子"一样的部分名词、人称代词、数量词等，这类词进入"X 就是 X"结构或是突出事物理性意义某一方面的特征或是借助结构表示强调义。谓词性词语主要有动词、形容词及其相关短语，其中动词性词语越具有"动作意义"，则越容易进入该结构之中，而进入该结构之中的形容词则不受程度副词的修饰。同时，根据"X 就是 X"结构所表示意义的褒贬性讨论了"就"的替换情况，当句子所表示的意义为褒义时，"就"可以替换为"到底"，否则不可以；并简要分析了"X 就是 X"结构的句法结构，可以做句子的某一成分，如宾语、谓语等，可以做句子的某一分句，通过上下文构成因果复句、转折复句等，还可以单独成句。

　　在语里意义方面，由局部到整体，分别分析了"X 就是 X"结构中 X 的语义、"就是"的语义以及整体结构的语义。其中，对于"X

就是 X"结构中前后两个 X 的语义,大部分研究者都认为,前后两个 X 的意义是不一样的,这一点我们可以引用判定结构来说明。在"X 就是 X"结构中,前 X 是被判定项,后 X 是判定项,判定项是为了解释说明被判定项,因此,尽管前后两个 X 同形同音,但后 X 的判定作用决定了它的意义有别于前 X,判定前 X 具有什么样的属性、特征。同时还指出,在"X 就是 X"结构中,有一类词的前后意义是一样的,旨在通过该结构表示强调义。在"X 就是 X"结构中的"就是"做"就 + 是"的切分,其中"就"为评注性副词,"是"为判断动词,将后 X 的主观附加意义传递给前 X。"X 就是 X"结构的基本语义表示强调,还可以表示解释、妥协等意义,而"X 就是 X,Y 就是 Y"主要表示区别义。

在语用价值方面,以"X 就是 X"结构的内涵意义丰富为切入点,分析了结构会话含义丰富的原因,即有意违反了会话"合作原则"中量的准则,从而引起听话人思考其内在含义。"X 就是 X"结构会话含义丰富固然与语境有着莫大的关系,但语境其实是心态特征的反映,因而着重分析了人们在使用"X 就是 X"结构时的五种心态特征,这几种心态特征既有区别,又有联系,共同构成了人们使用该结构的心态模式,也使得该结构成为一个内涵意义丰富、耐人寻味的结构。最后则具体分析了"X 就是 X"结构及其扩展式"X 就是 X,Y 就是 Y"结构具有代表性的语用类型。

以上是对本编内容的简要总结说明。这里需要说明的是,"X 就是 X"作为一个语义潜势丰富的结构,其丰富的内涵意义必然和语境有着莫大的关系,前人时贤也充分认识到这一点,并作了详尽的分析,前文已有分析,在此不作赘述。而我们从心态特征上研究分析"X 就是 X"结构,并不是否定语境对"X 就是 X"结构的影响,因为不同语境类型的"X 就是 X"的内涵意义,其实反映了说话人的不同心态特征,而这种心态特征是适应了这一结构在特定语境中所共有的观念、认识。如果说语境是个性的话,那么心态特征就是共性的,而我们要做的就是总结分析出这种共性的东西,进而推导出特定语境类型会话含义的语用模式,从而更加全面、深刻地认识"X 就是 X"

结构。

在本编研究的过程中，有以下几个问题未能得到完全解决：首先，关于能够进入"X 就是 X"结构中的形容词，就所收集的语料来看，进入"X 就是 X"结构的形容词多成对出现，并且是反义关系，因此不能准确描写进入该结构中形容词的特点；其次，关于"X 就是 X"结构的扩展式"X 就是 X，Y 就是 Y"的分析还相对浅薄，对扩展式的语用价值也仅限于对语用类型的分析，还有待从心态特征方面进行深入，从而构建"X 就是 X"结构的语用推导模式，相信这对今后研究"X 就是 X"结构有着更深远的影响意义。

参考文献

一　专著

［美］A. P. 马蒂尼奇：《语言哲学》，商务印书馆 1998 年版。

陈望道：《修辞学发凡》，复旦大学出版社 2014 年版。

丁力：《现代汉语列项选择问研究》，华中师范大学出版社 2003 年版。

丁力：《汉语语法问题研究》，三秦出版社 2002 年版。

丁力：《语言问题八讲》，中国书籍出版社 2012 年版。

刘顺：《现代汉语名词的多视角研究》，学林出版社 2003 年版。

吕叔湘：《吕叔湘全集》第 1 卷，辽宁教育出版社 2002 年版。

吕叔湘主编：《现代汉语八百词》，商务印书馆 2014 年版。

吕叔湘：《中国文法要略》，商务印书馆 2014 年版。

齐沪扬：《"X 是 X"句子中副词的作用及连续统模型的建立》，《语法研究与语法应用》，北京语言学院出版社 1992 年版。

邵敬敏：《语法研究与语法应用》，北京语言学院出版社 1994 年版。

张弓：《现代汉语修辞学》，天津人民出版社 1963 年版。

张谊生：《现代汉语副词研究》，商务印书馆 2014 年版。

中国社会科学院语言研究所词典编辑室：《现代汉语词典》，商务印书馆 2005 年版。

朱德熙：《语法讲义》，商务印书馆 2000 年版。

二　期刊论文

丁晓俊：《论"A 是 A，B 是 B"句式》，《华中人文论丛》2013

年第 12 期。

　　符达维：《作为分句的 "X 是 X"》，《中国语文》1985 年第 5 期。

　　高文利：《歧义字段 "N 就是 N"》，《益阳师专学报》2000 年第 5 期。

　　黄理兵：《"A 是 A，B 是 B" 句联的内部构造和外部构成》，《湖北民族学院学报》2003 年第 1 期。

　　黄理兵：《"A 是 A，B 是 B" 句联的语义考察》，《辽东学院学报》2005 年第 6 期。

　　刘德州：《关于同语的三个问题》，《修辞学习》1997 年第 6 期。

　　刘志祥：《"A 就是 A" 结构的语篇考察》，《语文学刊》（高教版）2005 年第 9 期。

　　齐沪扬、胡建锋：《试论负预期量信息标记格式 "X 是 X"》，《世界汉语教学》2006 年第 2 期。

　　齐沪扬：《语气副词的语用功能分析》，《语言教学与研究》2003 年第 1 期。

　　邵敬敏：《"同语" 式探讨》，《语文研究》1986 年第 1 期。

　　王同伦、丁旻：《同语句语用功能实现的根本机制与认知动因》，《连云港师范高等专科学校校报》2008 年第 12 期。

　　吴硕官：《试谈 "N 是 N" 格式》，《汉语学习》1985 年第 3 期。

　　邢福义：《现代汉语语法研究的 "小三角" 和 "三平面"》，《华中师范大学学报》1994 年第 2 期。

　　邢福义：《语法研究中 "两个三角" 的验证》，《华中师范大学学报》2000 年第 9 期。

　　杨艳：《"A 是 A" 格式的表达特点》，《东南大学学报》2004 年第 7 期。

　　殷何辉：《比评性同语式的句法语义特征》，《汉语学报》2006 年第 4 期。

　　殷何辉：《比评性同语式的篇章分析》，《孝感学院学报》2006 年第 9 期。

　　殷何辉：《比评性同语式的语用分析》，《语言文字应用》2007 年第 5 期。

周韧：《从理性意义和内涵意义的分界看同语式的表义特点》，《语言教学与研究》2009 年第 6 期。

郑丽雅：《对举格式"A 是 A，B 是 B"所反映的规律》，《华南师范大学学报》1994 年第 3 期。

三 学位论文

陈秀明：《评注性副词毕竟、到底、终究、究竟》，暨南大学，2006 年。

董洁琼：《"N + Fm + 是 + N"同语式多角度研究》，上海师范大学，2012 年。

李娟：《现代汉语"X 是 X"同语结构研究》，上海师范大学，2008 年。

袁学荣：《现代汉语"X 是 X"结构研究》，吉林大学，2014 年。

赵晓伟：《"X 是 X"结构的多维考察》，南昌大学，2007 年。

朱敏：《现代汉语同语判断式及其相关格式研究》，上海师范大学，2005 年。

后　记

　　2017 年，陕西理工大学文学院决定挑选一批硕士研究生学位论文加以出版，一有为学校 60 年校庆献礼之意；二是借以鞭策毕业者不断进取，迈向研究的更深领域；同时督促在校生，在先前毕业生的基础上不断将研究推向深入，力争达到更高的层次。在此背景下，由我的导师丁力教授所指导的研究生学位论文的出版首先被提上日程。可能是考虑到我们丁老师所带的 14 名研究生毕业论文选题相对接近，专题性较强。蒙丁老师不弃，交由我联系同门，编排体例，调整格式，校对文稿。受同门委托，由我为本书撰写后记。我受宠若惊，既恐负学院栽培，又怕辱师门名声。思来想去，决定借此与大家实实在在地分享一下我们论文写作的过程，以此来提醒我们不忘初心，继续前行。

　　陕西理工大学文学院自 2012 年开始招收汉语言文字学硕士研究生。我的导师丁力教授共指导 14 名现代汉语方向研究生，至今都已毕业。我们 14 人的毕业论文选题较为接近，大都涉及汉语复句格式与认知层面的关系这一核心问题。丁老师以 2006 年在《汉语学报》上发表《复句三分系统的心理依据》为标志，一直致力于用认知层面的角度来解释汉语复句格式。我们毕业论文的选题也都源于此。当然，为了全面探究汉语复句格式，丁老师指导我们运用"小三角"理论综合考察复句格式的语表形式、语里内容、语用价值，以此来完善我们的认知。因此我们看到所有 14 个人的论文在各自的体系上全部应用"小三角"理论来统领整篇论文。丁老师从来没有要求我们毕业论文选题必须要选复句研究，但是我们大都不约而同地选择了这一论题，我想这不但是我们对用"小三角"理论体系和认知层面来角度解决复句问题发自内心的认同，同样也体现着我们对师门的传承。

我至今清晰地记得，丁老师在我们入校的第一节课上教导我们，语言研究一定要树立"语言观、物质观、辩证观""一定要用语言的、物质的、辩证的观点来看待所有的语言问题""要拓宽观察语言的视角，也要接受别人的语言观"。这种思想一直贯穿我们研究的始终，对我们的语言学习产生了很大的影响。我想正是这种思想才指引着我们在面对某一语言问题时要细致地思考、辩证的看待，争取做到"充分观察、充分描写、充分解释"。在此思想下我们开始了语言的学习和论文的写作，同时也开始了对我们来说收获最大、影响最深的讨论。由于学校规定每个研究生在校期间要至少发表一篇学术论文，丁老师让我们每人选一个复句格式或者自己平时积累的认为有价值的问题去思考，去查阅当前这一问题的研究现状，然后自己思考解决这一问题的思路、解决的切入点和大体框架。在这个过程中必须要搜集大量例句来支撑。丁老师要求大家一篇小的论文必须要至少两百条随机选取的例句作为基础语料库，这样研究起来才相对全面和具有说服力。丁老师常对我们回顾当年邢福义先生上课时搜集预料的方法：邢老师从各种期刊、文献甚至小说中截取例句，汇总之后裁成一个一个小纸条，一张纸条上面写上一个例句，最后把相似的例句剔出，剩下的都是独特的有价值的例句，以此来搜集例句支撑论文。现在虽然条件好了，但是我们认为这种老一辈学者做踏踏实实做学问的精神和态度值得我们学习和传承，所以我们每个人的第一篇论文搜集到的语料全部都采用邢老师的方法：200 多条例句，200 多张纸条。我至今依然保存着写第一篇文章时的纸条，200 多张小纸条大约 3—4 厘米厚。我以此来时常提醒自己恪守并传承老一辈学者踏实、严谨的学术精神。我想其他人也是一样。

在搜集完语料并对问题进行思考之后，每一个人在讲台上向大家介绍自己的问题和解决思路，并提供相关支撑例句。包括丁老师在内所有人在下面听，对其问题和思路提出意见，可以提出质疑，也可以提供佐证例句。大家一起思考、讨论提出的问题，对其研究的价值和可行性进行分析。如果大家认为这个问题没有研究的价值就再换一个问题，如果认为有研究价值下一节课在黑板上列出解决这一问题的大纲，大家再进行讨论完善。确定下大纲之后开始展开写作。论文成型之后每个人再到讲台上进行汇报，逐步修改完善，直至最后定稿。这个反复讨论与辩驳的过程，我认为是不同思想交流和碰撞的过程，同时讨论也加深了我们对问题的思考，拓宽了我们的思路，促使我们的观点和例句更加严谨，努力做到经得起读者的推敲。此外，所有人都参与到其中一人的问题中，对其他人来说也是一个难得的学习和思考过程，不但可以使我们了解到更多的知识，同时也能拓宽我们思考问题的角度，打破固有思维的禁锢，更重要的是锻炼了我们的反复推敲的思维，使我们受益匪浅。我们毕业论文的写作也是沿用同样的思路和模式，每个人的毕业论文至少大家一起讨论了三稿，丁老师又单独给大家修改了3稿，才最终定稿。这种反复讨论与修改的过程我想我们一定会保持并传承下去。

　　我们14篇硕士学位论文大都选取了某一汉语复句格式作为研究对象。其中，4篇研究因果类复句和6篇研究转折类复句的论文已分别出版。剩余的4篇分别是2012级研究生王桂芳撰写的考察并列类复句格式的《现代汉语层级对比复句研究》，2013级李向阳撰写的考察跨类复句格式的《"哪怕A，也B"句式探析》，2014级王秀廷撰写的考察跨类复句格式的《现代汉语跨类复句研究》，还有一篇2013级毋秀秀撰写的考察单句的《X就是X句式研究》。经过与丁老师商讨确定了《"小三角"视域下汉语复句问题研究》为本书书名。丁老师在代前言中提到，小句一旦包含拓展功能词，具有特定的拓展结构，往往也会涉及不同认知层面的关系问题。毋秀秀的硕士毕业论文"X就是X句式研究"就涉及到含拓展功能的词"就"所构成小句的认知层面考察，可见小句的拓展结构也是认知层面研究的内容，同时，《X就是X句式研究》这一篇单句的研究里面也涉及到"X就是X，Y就是Y"这一广义并列复句格式的考察，此外，这篇文章自身的体例也是引用"小三角"理论来架构的，所以我们将其放在《"小三角"视域下汉语复句问题研究》这本书中。我们诚挚邀请马庆株先生为本书作序，由丁力教授为本书撰写代前言。

毕业论文是我们硕士研究生学习的一部分，有些方面还略显稚嫩，有些问题的研究还有待继续深入。此次出版既是对我们的激励，也是对我们的鞭策。我们想借出版的机会提醒自己，牢记师嘱，守住传承，继续钻研，踏踏实实坐好冷板凳，以期日后能够对得起学校的培育和老师的教诲。

从最初着手编纂到最终付梓刊行，感谢一路上各位老师的指导，各位同门的支持。特别感谢导师丁力老师，感谢丁老师对我们的指导和培养，感谢丁老师为我们毕业论文的写作和本书刊行付出的心血和倾注的宝贵精力；感谢各位编者在繁忙工作之余对本书出版的关心和支持；感谢陕西理工大学"中国语言文学"省级重点学科经费的资助；感谢陕西理工大学"中国语言文学"省级优势学科负责人付兴林教授以及文学院李宜蓬院长对本书编纂的支持以及体例编排上的建议；诚挚感谢马庆株先生百忙之中为本书作序；同时特别感谢中国社会科学出版社和各位编辑在本书出版过程中所付出的辛勤劳动。

即使经过仔细的文献核对和文稿校对，也不免书中有瑕疵疏漏和错舛之处，请各位专家读者批评指正。

宋增文
2017 年 10 月于汉中

主编简介

丁力（1958— ），陕西安康人。文学博士，教授，陕西理工大学汉语言文字学学科负责人，硕士研究生导师，主要从事现代汉语语法及语言理论研究。1982 年毕业于汉中师范学院，获得学士学位。1994 年毕业于华中师范大学，获得博士学位。曾在汉中师范学院、湖北大学、陕西理工学院任教。在《中国语文》《汉语学报》《语言研究》《南开语言学刊》《澳门语言学刊》《华中师范大学学报》《湖北大学学报》等学术期刊上发表学术论文三十余篇；主持教育部人文社会科学研究项目两项，陕西省社会科学基金一项，陕西省教育厅人文社会科学研究计划项目两项；出版学术专著六部。

宋增文（1989— ），山东临沂人。陕西理工大学汉语言文字学专业 2013 级研究生，师从丁力教授，研究方向为现代汉语语法。现为华中师范大学汉语言文字学专业在读博士研究生。